O DIÁRIO DE
SABRINA

PELO ESPÍRITO
Alexandre Villas

PSICOGRAFIA DE
Fátima Arnolde

O DIÁRIO DE SABRINA

LÚMEN
EDITORIAL

O diário de Sabrina
pelo espírito Alexandre Villas
psicografia de Fátima Arnolde

Copyright © 2016 by
Lúmen Editorial Ltda.

1ª edição – fevereiro de 2016

Direção editorial: *Celso Maiellari*
Direção comercial: *Ricardo Carrijo*
Coordenação editorial: *Casa de Ideias*
Projeto gráfico e arte da capa: *Casa de Ideias*
Impressão e acabamento: *Gráfica Orgrafic*

Dados Internacionais de Catalogação na Publicação (CIP)
(Câmara Brasileira do Livro, SP, Brasil)

Villas, Alexandre (Espírito).
O diário de Sabrina / pelo espírito Alexandre Villas; psicografia de Fátima Arnolde. – São Paulo: Lúmen Editorial, 2016.

ISBN 978-85-7813-168-5

1. Espiritismo 2. Psicografia 3. Romance espírita I. Arnolde, Fátima. II. Título.

15-11039   CDD-133.9

Índices para catálogo sistemático:
1. Romance espírita psicografado : Espiritismo   133.9

Rua Javari, 668
São Paulo – SP
CEP 03112-100
Tel./Fax (0xx11) 3207-1353

visite nosso site: www.lumeneditorial.com.br
fale com a Lúmen: atendimento@lumeneditorial.com.br
departamento de vendas: comercial@lumeneditorial.com.br
contato editorial: editorial@lumeneditorial.com.br
siga-nos nas redes sociais:
twitter: @lumeneditorial
facebook.com/lumeneditorial

2016

Proibida a reprodução total ou parcial desta obra
sem prévia autorização da editora
Impresso no Brasil – *Printed in Brazil*

sumário

Leandro e Sabrina 11
Marisa 15
O plano de Leila 18
Leandro em foco 22
A estratégia de Leila 29
O pedido de namoro 37
O ciúme de Marisa 44
Leila ajuda Marisa 48
A traição 51
A indignação 56
Uma linda descoberta 64
O julgamento 68
O tempo de Sabrina 74
O remorso de Leandro 81
A confiança em Evangelina 89
O nascimento de Júnior 95
O arrependimento de Leila 101
A confissão de Leila 107

LEANDRO FINALMENTE REVÊ SABRINA 111

A DEPRESSÃO DE LEANDRO 120

SABRINA RECEBE AJUDA 124

O SOFRIMENTO DE LEANDRO 132

A VISITA DOS PAIS A LEANDRO 139

OS ENSINAMENTOS DE ALEXANDRE 147

LEANDRO SE ENTREGA 153

A RECUPERAÇÃO DE LEANDRO 161

O PRIMEIRO RESGATE DE SABRINA 169

A FELICIDADE TOMA CONTA DE TODOS 175

A HISTÓRIA DE ALEXANDRE 181

ALEXANDRE SE ABRE PARA EVANGELINA 189

O AMOR DE CLÉO 196

A VIDA VAI SE ALINHANDO 203

A VIDA SEGUE SEU RUMO 206

ALEXANDRE CONTINUA SUA HISTÓRIA 214

A VISITA DE SABRINA 224

LEANDRO RETOMA SUA VIDA 232

A CONVERSA COM LEILA 239

A CONVERSA COM EVANGELINA 242

OS ACERTOS DE LEANDRO 247

UMA CONVERSA COM MARISA 254

A LIBERDADE DE LEILA 262

A HORA DA VERDADE 268

UMA CHANCE PARA CLÉO 282

A DECISÃO DE LEANDRO 287

ALEXANDRE CONTA UMA HISTÓRIA 294

Sabrina começa a entender 299

Tudo faz sentido 301

A ajuda a Marisa...311

O aprendizado de Sofia 318

Marisa vai melhorando 326

Marisa finalmente se rende..331

Enfim, a paz...338

Leandro segurou em suas mãos um caderno de capa dura com muitas páginas, parecia ser um diário. Sem atinar o que poderia ser, abriu aleatoriamente e viu que se tratava de um diário. Amargurado, começou a ler do início.

Capítulo um
Leandro e Sabrina

Leonor era uma mulher trabalhadora. Nos fundos de sua casa, em um quartinho, havia uma pequena oficina de costura que ela mantinha com muito capricho. Embora houvesse muitas clientes, ela vivia às duras penas. Tinha duas filhas, Sabrina e Leila, e o esposo Carlos Antonio era contador de uma empresa. Sabrina trabalhava em uma loja de calçados. Depois de muito tempo como vendedora, foi promovida a caixa da loja. Era uma moça simples e amável. Já Leila era muito vaidosa, não era dada ao trabalho, ostentava o que não havia possibilidade de manter e vivia pedindo dinheiro à mãe para gastos fúteis.

Sabrina mantinha uma longa amizade com Cléo, sua amiga mais chegada desde a adolescência.

Passava da uma hora da tarde quando chegou Leandro, filho de Eduardo e Marisa, que prosperaram muito com as lojas de calçados e logo inaugurariam uma no shopping. Leandro também tinha uma irmã, Patrícia:

— Boa tarde!

— Oi, Lê, tudo bem?

— Tudo ótimo, mas ficarei melhor se aceitar almoçar comigo.

— Mas não posso sair do caixa; a Bete ainda não veio do almoço.

— Tudo bem, eu espero.

— Ah... Leandro, não acho uma boa ideia.

— Por que não?

— Você sabe muito bem.

— Já sei: minha mãe.

— Isso mesmo... Não preciso me justificar mais, preciso?

— Isso não é desculpa; você vai almoçar comigo, e não com minha mãe.

— Muito engraçadinho...

— Vamos, vai!

Nesse meio-tempo Bete chegou, e Sabrina ficou sem saída:

— Pronto, a Bete já está de volta – disse Leandro, empolgado.

— Tudo bem... Você venceu.

— Por favor, Bete, fica aqui no caixa até que a Sabrina e eu almocemos; não vamos demorar.

— Tudo bem...

Leandro e Sabrina foram almoçar. Acomodaram-se em uma mesa em um restaurante simples perto da loja.

— Já escolheu? – perguntou Leandro.

— Já.

— Já sei. Pela rapidez, filé à parmegiana, não é?

— Se sabe qual é meu prato preferido, por que perguntou?

Leandro riu alto e pediu o mesmo.

— Vai à festa em casa?

— Não sei.

— Quando vai parar de pensar na minha mãe? Você está bastante crescidinha para saber o que quer e aonde vai.

— Vou pensar... a Cléo vai estar lá?

— Lógico que sim, afinal, nossa amizade está acorrentada pelo resto da vida.

— Às vezes me pego pensando em quando todos nós nos conhecemos.

— Pois é, já faz muito anos, e eu ainda continuo... – Sabrina o cortou:

— Por favor, Lê, não vamos falar sobre esse assunto.

— Tudo bem, eu respeito você, mas quero que saiba que meus sentimentos não mudaram nada. Pelo contrário, a cada dia amo mais você.

Sabrina abaixou a cabeça, tristonha.

— Por que sempre que eu tento falar do que ainda sinto você me corta? Não quer me ouvir?

— Porque nossos mundos são diferentes, nunca daria certo. Sua mãe...

— Minha mãe... Minha mãe... Sempre minha mãe. Pare com isso! Nosso tempo de colégio já passou.

— Mas a implicância da sua mãe ainda não. Não vê que ela não me quer junto de você?

— Mas eu fiz minhas escolhas, e entre elas está você. Eu te amo Sabrina, e pra mim não importa o que minha mãe pensa ou não. Além do mais, sei muito bem lidar com ela.

Os pratos chegaram e os dois, mudando de assunto, saborearam a comida esquecendo-se de Marisa, mãe de Leandro. Riram muito de lembranças em que foram muito felizes. Ao término do almoço, Leandro pagou a conta e foi saindo, acompanhado por Sabrina. Na porta do restaurante encontraram Leila e Patrícia:

— Lê!

— Aonde está indo?

— Ao shopping...

— Não faltou na faculdade não, né, Paty?

— Claro que não! Hoje saí mais cedo.

— Ah, então tudo bem. Não gostaria de vê-la faltando às aulas.

— Fica frio, mano. Você sabe que eu não faria isso.

— Não vão me apresentar, não? – questionou Leila ao encontrar com Leandro depois de anos.

— Claro... Esse é meu irmão Leandro... Essa é Leila...

— Minha irmã... – completou Sabrina, meio contrariada.

— Leila? Puxa se trombasse com você por aí nunca imaginaria que era aquela garotinha magrela!

Leila estendeu a mão para cumprimentá-lo. Ficou admirada com a beleza do rapaz de um metro e oitenta e cinco que olhava para ela com aqueles grandes olhos azuis.

— Puxa, quanto tempo!

— O que achou? Melhorei ou não? – perguntou Leila, deixando Leandro desconcertado.

— Com todo respeito, muito melhor...

— Bem... Tenho que voltar para a loja, Leandro – cortou Sabrina.

— Prazer em revê-la.

— Pode ter certeza de que o prazer é todo meu.

Leandro deu um sorriso sem graça, e foi andando ao lado de Sabrina.

— Puxa, sua irmã ficou muito bonita.

— Mas devo avisar que é melhor você ficar atento à sua irmã.

— Por quê?

— Leila não é de trabalhar nem estudar.

— Sério? Seus pais não falam nada?

— Ai, desculpe, Lê, esquece o que falei.

— Nossa, ela é tão perigosa assim? – brincou Leandro.

— Claro que não... Pelo contrário, é muito ingênua e burra. Desculpe, você acabou de reencontrar Leila e eu fico falando mal dela. Esquece o que eu disse.

— Eu entendo. Preocupo-me com minha irmã, é natural, estou sempre de olho para ter certeza de que ela não falta na faculdade.

O assunto parou ali. Leandro deixou Sabrina na loja e foi para o escritório.

Capítulo dois
Marisa

Não demorou muito e Marisa entrou na loja com toda a sua arrogância.

— Boa tarde a todos.

— Boa tarde, dona Marisa.

— Se arrume, Sabrina. Você vai me acompanhar nas compras que tenho a fazer para a festa lá de casa.

— Mas não posso deixar... – Marisa a cortou de pronto:

— Mas claro que pode, afinal de contas quem é a dona desta loja?

— Me desculpe, senhora, é que... – Marisa a cortou novamente:

— Sem mais nem menos, vá... Vá pegar sua bolsa. Bete fica no seu lugar, afinal, há tantos vendedores aqui!

Sabrina, sem alternativa, pegou a bolsa e saiu com Marisa. Andara a tarde toda atrás dos detalhes da festa que se realizaria na casa dela. Coitada de Sabrina... Marisa comprava e ela carregava as sacolas – parecia até um burro de carga. Marisa sentia prazer em humilhá-la por ter roubado o coração do filho, a pessoa que mais amava. No final, depois de tanto andarem, passaram na loja do shopping para ver como estava indo a obra para a inauguração. Assim que Marisa entrou, foi dando ordens aos funcionários que estavam a pleno vapor, dedicando-se ao trabalho para que no dia exato estivesse tudo em ordem como os donos queriam. Eduardo deu o ar da graça:

— Marisa, minha querida, por aqui?

— Mas é claro... Precisava ver como está indo essa obra toda.

Não demorou muito e Leandro, que ouviu a voz da mãe, apontou na porta dos fundos, aproximou-se e a beijou no rosto. Depois se deu conta da presença de Sabrina em um canto, com muitas sacolas, esperando.

— Sabrina, você por aqui?

— É meu braço direito, meu filho. Sei que Sabrina tem bom gosto e a busquei para me ajudar a escolher algumas coisinhas que ainda faltavam.

Marisa era esperta. Fazia tipo na presença do filho, como se fosse um anjo de candura, mas no fundo seu intuito era sempre humilhar a garota por quem seu filho era apaixonado desde os tempos de escola.

— Puxa vida, fico feliz de estarem juntas fazendo compras.

— Essa garota sabe das coisas. Comprei muitos objetos a seu gosto. Acho que será uma ótima doméstica... Quer dizer, uma ótima dona de casa. Pelo menos, leva jeito.

Leandro estava feliz por Sabrina passar um tempo com sua mãe... Mal sabia ele.

— Deixe todas essas compras aí em algum canto e vamos tomar um café com chocolate.

Sabrina olhou para Marisa com receio. Ela cinicamente respondeu de maneira amável:

— Pode ir, garota, não se incomode comigo. Só não tome muito para não ficar gorda. Homens não gostam de mulheres cheinhas.

— Ah, mãe, pare com isso, nem que Sabrina tomasse uma dúzia de cafés com chocolate ficaria gorda ou feia. E, depois, fique sabendo que homens gostam de uma gordinha, viu?

Sabrina e Leandro, felizes, foram ao café. Marisa ficou bufando.

— Não sei o que Leandro viu nessa sonsa.

— Pois é, você fala, bufa, mas sempre que pode anda com ela à tiracolo.

— Precisamos ter nossos inimigos sempre ao nosso lado.

— Pare com isso, mulher. Sabrina é uma boa garota, e está muito linda também.

— Não entendo os homens. O que você e seu filho viram nessa garota? É uma sonsa, isso, sim. Não gosto de pessoas muito boazinhas, não me inspiram boa coisa, prefiro as espontâneas, mais espertinhas. Pelo menos mostram o que são.

— Olha, Marisa, um dia você acabará afastando seu filho de você.

— Antes disso afasto a Sabrina.

Capítulo três

o plano de Leila

Patrícia e Leila entraram no shopping para ver as lojas e as novidades.

— Paty, o que é aquilo, meu Deus?

Patrícia olhava para as vitrines e não prestava atenção no que Leila dizia.

— Você está me ouvindo, Paty?

— O que disse?

— Por que quando está em um shopping você nunca presta atenção em nada?

— Porque no mínimo deve ser bobagem.

— Estou falando do seu irmão... Como está lindo! Por que não o convida para sairmos juntos?

— Porque ele não iria.

— Pare com isso... Claro que iria.

Patrícia entrou em uma loja sem dar importância ao que a amiga falava e pediu algumas roupas para experimentar.

— Quer prestar atenção no que estou dizendo?

Patrícia, seguindo o vendedor, respondeu:

— Estou ouvindo! Ouço com os ouvidos, e não com os olhos. Além do mais, você está falando do meu irmão. Ele não irá, a não ser que eu convide sua irmã.

— Está dizendo que aquele amor de adolescente ainda existe?

— Ainda existe, não, nunca passou... Quer saber? Ele está mais apaixonado do que nunca.

— Não acredito...

— Pois pode acreditar. O Lê ama sua irmã.

— Porque não me conheceu direito!

— Não se acha convencida demais, não? Mesmo que a conheça, o Leandro é e sempre será apaixonado pela Sabrina, portanto, tire seu cavalinho da chuva que com esse você não fica.

— Vamos ver, então?

— Se parar de falar do meu irmão deixo você escolher uma roupa, mas, por favor, não insista, conheço o Leandro.

Leila por ora esqueceu-se de Leandro, pois queria ganhar uma roupa nova, era ambiciosa.

Já eram mais de oito horas da noite quando Sabrina entrou casa, muito cansada.

— Oi, pai, tudo bem?

— Comigo, sim, e com você, minha querida?

— Estou bem também.

— Chegou tarde.

— Pois é, saí com minha patroa.

— Ela abusa de você. Você não devia deixar acontecer isso, é funcionária da loja, mas não dela em particular.

— Eu sei, pai... Mas quero evitar conflitos.

— Como assim?

— Ah, pai, deixa pra lá. O jantar está pronto?

— Sim, minha filha, sua mãe ainda está costurando, deixou seu prato sobre o fogão.

— Então vou comer, estou morrendo de fome.

— Vá, sim, minha filha.

— Leila já chegou?

— Já... E já saiu também.

— Para onde foi?

— E eu lá sei alguma coisa da sua irmã? Disse que ia sair com uns amigos. Sabe, minha filha, sua mãe está acostumando a Leila muito mal. Fica atrás daquela máquina dia e noite para ganhar uns trocados e sua irmã levar tudo em cinco minutos. Já disse a ela que está errada, mas nunca me ouve. Quem sabe se você falar com ela, com seu jeitinho, ela desperta para a realidade?

— Não há jeitinho que desperte realidade em nenhuma das duas, pai. Quer saber? Hoje não estou a fim de ouvir falar de mamãe, e muito menos de Leila.

— Mas alguém tem que chamar sua irmã à razão. Quando ela vai começar ganhar o próprio dinheiro e adquirir maturidade?

— Não sei, pai, a única coisa que sei é que mamãe ainda vai sofrer muito por causa dos mimos que dá a Leila.

Sabrina estava muito cansada. Pousou um beijo no rosto do pai e, em seguida, tomou banho, jantou e foi se deitar.

Na manhã seguinte, Sabrina e o pai acordaram para tomar café e cada um seguir seu caminho e deram de cara com Leila já toda arrumada.

— Nossa, Leila, caiu da cama?

— Muito engraçada, né?

— Mas é de admirar! Não são nem sete horas da manhã e você já está de pé e arrumada?

— Ah, pai, para de me encher logo cedo. Vou procurar emprego.

— Nossa, que bom! – exclamou Sabrina.

— Vou com você hoje, Sabrina.

— Comigo?

— Sim... Vou tentar uma vaga na loja em que você trabalha ou na do shopping, tanto faz. Vou aproveitar que agora é época das festas de fim de ano.

— Pelo amor de Deus, Leila, não vá arrumar confusão para mim. Não posso perder meu emprego.

— Não pode perder o emprego ou o trouxa que se arrasta atrás de você?

— Não me provoca, não, viu?

— Vamos parar já com essa conversinha as duas. Sabrina, por que sua irmã não pode trabalhar em uma das lojas como você?

— Mas há tantas lojas, por que exatamente aquela em que trabalho? Se ela arrumar confusão, além de ser mandada embora, me leva junto.

— Também não é assim. Pare de ser egoísta e arrume um emprego para sua irmã também.

— Tudo bem, vamos ver o que posso fazer...

— Eu sabia que você iria me ajudar, maninha!

— Não se anime, não. Primeiro vou falar com dona Marisa. Vamos ver o que ela diz.

— Obrigada... Obrigada... Maninha!

— Agora sou maninha, né?

Leila se levantou e beijou a irmã muitas vezes. Sabrina terminou de tomar seu café e saiu. Leila levantou-se para voltar ao quarto.

— Não levantou cedo para arrumar um emprego? E agora volta para o quarto?

— Pai, se Sabrina vai arrumar um emprego pra mim, por que vou bater perna e perder tempo na rua?

Leila cinicamente voltou para o quarto e Carlos ficou muito zangado.

— Isso não está certo, Leonor, ela também tem de se esforçar. E se Sabrina não conseguir?

— Pare de implicar com sua filha. Às vezes penso que só Sabrina é sua filha.

— Que engraçado, e eu às vezes penso que só Leila é sua filha. Só trabalha para dar todo o seu dinheiro a ela, faz mais roupas para ela do que para Sabrina. Quer saber? Estou farto dessa situação!

Carlos levantou-se, mal tomou seu café e saiu. Leonor blasfemou e resmungou.

Capítulo quatro
Leandro em foco

Sabrina tentou falar com Marisa, que dava o ar de sua graça todos os dias na loja, mas foi em vão, pois ela não lhe deu atenção nenhuma. Achou melhor deixar para o outro dia. Pensou bem e se deu conta de que a patroa deveria estar muito atarefada com a festa e a inauguração da nova loja.

Mais um dia chegou ao fim, e Sabrina, como funcionária dedicada, fechou o caixa, e em seguida o carro forte veio recolher a féria do dia. Sentia-se cansada – na verdade, mais que cansada, sentia-se angustiada pela situação que vivia. Sempre amou Leandro, desde quando eram dois jovenzinhos sem ideia das consequências que a vida poderia um dia trazer. Era quase impossível conviver com ele e fingir que nada sentia, que tudo não passou de amor de criança. Estava melancólica. Fechou a loja com os outros funcionários e foi embora.

Ao chegar em casa, Leila veio correndo esperando por boas notícias:

— E aí, Sabrina, já arrumou uma colocação para mim?

— Ainda não... Dona Marisa mal olhou na minha cara.

— Mas você não consegue nada mesmo! Sabia que não podia contar com você.

— Eu disse que era para ter paciência. Eles são pessoas ocupadas, estão atarefados até o último fio de cabelo. Calma, eu chego lá.

Leila foi para o quarto resmungando.

— Eu falei que esperar só por Sabrina não daria certo

— Ai, Carlos, pare de repetir sempre as mesmas coisas. Também aposto que Sabrina nem se esforçou para falar com dona Marisa... – retrucou Leonor.

— Mãe, eu tentei, mas ela não quis me ouvir, disse que estava muito ocupada e que eu sabia muito bem disso. Foi o que tive que ouvir ainda.

— Não esquente, minha filha, sua irmã que se esforce também. Você saiu à procura de emprego por dias seguidos. Por que ela não pode fazer o mesmo?

— Mas você não coopera mesmo, né, Carlos? – disse Leonor contrariada. – Vou colocar o jantar na mesa e me deitar, estou cansada até de viver.

Leonor vivia reclamando, e isso já fazia parte de sua rotina. As reclamações são vícios que os encarnados vão adquirindo ao longo da vida sem se dar conta dos males que trazem pra si. Eles acabam fazendo parte do espírito, atrasando o próprio aperfeiçoamento.

Sabrina nem quis jantar. Tomou banho e foi deitar no seu cantinho, o único lugar que dava asas aos seus sonhos. Em sua imaginação, via-se nos braços de Leandro, amando-o como pedia sua alma. Chegava a ter a sensação de estar em seus braços. Depois de tanto imaginar, acabou adormecendo.

Leandro estava impaciente. Logo após o jantar, foi à casa de Cléo, que o recebeu com muito amor.

— Entre, seja bem-vindo!

— Não estou atrapalhando?

— Deixa de ser bobo, você sabe que é sempre bem-vindo.

Leandro se acomodou no espaçoso e confortável sofá.

— Não precisa me dizer quais são as novidades, porque, pela sua carinha, já sei.

— Pois é, nunca trago novidade nenhuma, são sempre as mesmas.

— Sempre esse aperto no coração por causa da Sabrina.

— É... Acho que ninguém no mundo me conhece mais que você.

— Não desista, meu rapaz...

Leandro olhou ao longe pela extensão da sala e viu que Vitória se aproximava:

— Tá difícil, tia...

— Eu sei... Se o amor fosse tão simples, não haveria graça alguma. A conquista é a alma e prova de quanto o "tal amor" é poderoso.

Vitória se aproximou de Leandro e passou as mãos delicadamente em seus cabelos.

— Como pode em uma noite como essa um rapaz maravilhoso como você estar dentro de casa se lamentando por amor?

Leandro deu um leve sorriso, não havia ânimo em sua alma.

— Leandro, posso ser sincera contigo?

— Claro, tia...

— Enfrente sua mãe...

— A troco de quê? Sabrina não me ama.

— Sabrina não sabe lidar com essa diferença entre sua família e a dela, mas te ama tanto ou mais que você.

Leandro abriu um lindo sorriso.

— Aliás, garanto que não é a única.

— O que é isso, tia? As mulheres não caem assim aos meus pés, não.

— Você que pensa, ou melhor, não consegue enxergar. No seu coração só cabe a Sabrina. Assim, fica difícil enxergar o óbvio.

Cléo olhou para a mãe, sem graça.

— Que tal tomarmos um delicioso café com chantili? – perguntou Vitória, animando o ambiente.

— Boa ideia... – respondeu Cléo.

— Vou com você.

— Se quiser, pode ficar com a mamãe.

— Que tal irmos nós três preparar esse delicioso café?

— Por favor, Lê, faça companhia para a mamãe, eu preparo.

— Tudo bem, com muito prazer, já que não quer minha ajuda – brincou Leandro.

O silêncio se fez por um tempo. Depois, Vitória se pronunciou:

— Nunca olhou para outra mulher a não ser a Sabrina?

— Me pegou, né, tia? Não sei se foi amor, mas houve uma época em cheguei a pensar em ficar com Cléo.

— Minha Cléo?

— Lógico, tia, é a única que conheço. Éramos bem novos ainda, mais ou menos uns 12, 13 anos.

— Por que não aconteceu?

— Por quê? A senhora sabe que não sei... – Leandro riu alto recordando a época. – Ela era a garotinha mais linda da escola, não parecia com as outras, com pernas longas de garça e magrelas. Ela já era ajeitadinha, tinha um bumbum arrebitado, pintava os olhos com lápis preto, eu me amarrava. Mas nós nos dávamos tão bem que desisti, não queria estragar o amor que sentíamos um pelo outro.

— Que amor era esse?

— Não sei explicar... Um amor forte, puro. Nas poucas vezes em que senti uma atração por ela aconteceu alguma coisa, chegou alguém. Até que desviei meu interesse.

— E acabou se apaixonando por Sabrina definitivamente.

— Foi... Lembro como se fosse hoje. Ela não fazia parte da nossa turma. Era hora do intervalo e nos esbarramos, e todo o trabalho dela caiu no chão. Ela ficou muito brava, mas seu olhar acabou comigo, fiquei arreado, de quatro mesmo. E até hoje a amo como naquele primeiro dia em que cruzamos nossos olhares. Às vezes penso que vou enlouquecer.

— Gosto muito da Sabrina, ela sempre me pareceu uma boa garota, mas ficaria muito feliz se você tivesse insistido na atração que sentiu pela Cléo.

Era quase inacreditável a beleza que irradiava de Leandro quando ele sorria – era como luz a cintilar. E ele riu com gosto. Cléo, que vinha entrando com a bandeja e os cafés, ficou sem saber o que fazer por tudo o que havia escutado. Nunca poderia imaginar que em algum momento de sua vida ela havia sido importante para ele.

— Já cheguei... – disfarçou Cléo, nervosa.

— Está tudo bem com você? – perguntou Leandro ao vê-la tremer.

— Claro que sim...

— Parece que está tremendo.

— Impressão sua.

— É falta de amor...

— Mãe! Que coisa desagradável... Até parece que passei da idade.

— Imagina, está no ponto.

— Leandro!

— O que eu fiz? Só disse a verdade: está no ponto.

— Que conversa é essa? Falam de mim como se eu não estivesse presente!

— Não falávamos de você como se não estivesse presente, falávamos que Leandro já teve uma queda por você, e que é uma pena que Sabrina tenha aparecido.

— Que brincadeira mais sem graça. Eu e Lê sempre fomos amigos.

— Não, sua mãe tem toda a razão. Muitas vezes olhei para você de maneira diferente, rolou uma atraçãozinha fatal.

Cléo ficou vermelha e, com a voz tremida, questionou com surpresa:

— Quando... isso... aconteceu? Nem fiquei sabendo!

— Pois é, apareceu a Sabrina e atrapalhou tudo – disse Vitória chamando a atenção da filha.

— Ah... Lembro bem, vocês dois se trombaram... Aí ficamos todos amigos.

— Falando em amigos, vocês precisam ver como ficou linda a irmã da Sabrina!

— Está falando da Leila?

— Sim... Mas ela era mais nova, não fazia parte da nossa turma.

— E era chata até...

— Nossa, Cléo, que coisa feia de se dizer.

— Pois, se quer minha opinião, continua até hoje, além de chata é arrogante, e se acha!

— Não me pareceu.

— Você é um anjinho de candura, gosta de todo mundo, sempre tem uma palavra de consolo. Não gosto dela. Infelizmente, é irmã de Sabrina.

— Vamos deixar o assunto Leila para lá. Falávamos da atração de Leandro por você.

— Ah... Mãe vamos parar por aí. Isso tudo já passou, já faz muitos anos.

— Como sabe que já faz muitos anos? Nem comentei em que época foi.

— Pois é, vai ver que na época a Cléo também percebeu seus olhares cobiçosos.

Leandro riu das brincadeiras de Vitória e da cara amarrada de Cléo.

— Podemos mudar de assunto? Éramos muito jovens, crianças praticamente.

— Tem toda a razão, mesmo porque eu a tenho como uma grande amiga.

— É, seu Leandro, se não tivesse o ombro amigo da Cléo, choraria com quem?

— Talvez não chorasse tanto. Seria mais forte e convicto dos objetivos que desejo alcançar.

— Então está na hora de deixar de se lamentar e correr atrás do que quer – disse Cléo contrariada.

— Tudo bem... Não precisa me puxar a orelha.

O assunto se prolongou por mais algum tempo. Depois, Leandro se despediu e foi para sua casa. Assim que chegou, passando pelo quarto da irmã, viu a luz acesa.

— Posso entrar?

— Oi, Lê... Claro...

Leandro entrou, sentou-se ao lado da irmã na cama e perguntou:

— Está indo à faculdade regularmente?

— Lógico, irmão. Por que essa preocupação?

— Por nada, apenas fico preocupado.

— Se está se referindo "àquela pessoa", fique sossegado, não nos encontramos mais.

— Melhor assim.

— Por que não se preocupa mais com sua vida amorosa do que com a minha?

— Não precisa se zangar comigo, quero seu bem.

— Quer minha opinião?

— Sobre?

— Sobre tudo, sobre todos.

Leandro ficou olhando para ela, admirado.

— Claro... Deve...

— Não acredito em nenhuma vírgula dessa história com Maurício.

— Paty, ele foi pego com o material.

— E daí? Não poderiam ter armado tudo aquilo para ele?

— Não quero julgar, pois Maurício sempre me pareceu um cara do bem. Fiquei decepcionado demais com ele, não tenho como negar. Mas acho melhor você se afastar, deixe que o tempo prove a verdade.

Patrícia deixou cair algumas lágrimas, e o irmão, penalizado, a abraçou.

Quando se fez o contato físico entre os irmãos, Patrícia sentiu-se mal. Rapidamente afrouxou o abraço e correu para o banheiro, tomou alguns comprimidos e voltou.

— Está tremendo... Está passando mal?

— Lê, confia em mim?

— Claro, Paty, sempre.

— Tome cuidado... Muito cuidado.

— Como assim? Já sei, começou com aqueles ataques e se entupiu de remédios.

— Vocês não me entendem, nunca vão me entender. Também me preocupo com você, quero seu bem. Não deixe ninguém dizer o que deve ou não fazer.

— Com "ninguém" você quer dizer a mamãe?

— Não importa quem seja. Faça o que tiver de ser feito, viva sua vida, somos livres, ninguém é de ninguém. Estamos aqui para ser felizes da melhor maneira possível, desde que não prejudiquemos ninguém.

Leandro há muito tempo não via sua irmã falar daquela maneira, da última vez foi quando ficou doente e precisou de tratamentos médicos. Ficou assustado.

— Por que está me dizendo isso? Da última... – mas a irmã o cortou.

— Esqueça o que houve comigo, vocês não acreditam, mas nunca estive doente, pelo menos não é esse o nome a dar. Por favor, irmão, confie em mim, se cuide.

— Tudo bem... Não precisa se preocupar comigo, sei me cuidar.

— Eu te amo, desejo a você todo o bem e toda a felicidade.

Leandro beijou a testa da irmã e foi para seu quarto. Patrícia se ajoelhou e orou muito. Lembrou-se de dona Evangelina, que a havia ensinado a elevar suas súplicas a Deus orando com a alma, e aos poucos serenou e acabou dormindo.

Capítulo cinco
A estratégia de Leila

O tempo passou e o dia da festa tão bem organizada por Marisa havia chegado. Na mesa do café da manhã estavam Marisa e a filha. Eduardo já havia tomado seu café e estava lendo jornal.

— Paty, ligue para a Sabrina e peça que ela venha o mais rápido que puder.

— Para quê, mamãe?

— Preciso dela para ajudar a servir os convidados na festa.

— Sabrina? Enlouqueceu?

— Por que não? Ela ganhará um extra, não se preocupe.

— Mas não é essa a questão. Leandro não vai aprovar isso.

— Quem se importa? E, depois, vou chamar quem?

— Sei lá, Deolinda ou Romualdo, mas ela, não. Além do mais, ela está na loja. Esqueceu que está chegando o Natal?

— Mas é só à noite, ela estará livre.

Nesse meio-tempo, tocou o telefone.

— Telefone pra você, Paty – avisou Deolinda.

— Alô...

— Paty, sou eu, Leila.

— Oi, Leila, tudo bem?

— Tudo e com você?

— Também.

Marisa de longe gritou:

— Quem é, minha filha?

— É Leila, irmã de Sabrina.

— Pois então peça para ela avisar a irmã que venha pra cá à noitinha.

— O que sua mãe está falando? – perguntou Leila ao ouvir a dona da casa gritando.

— É minha mãe, ela está louca.

— Por quê?

— Porque ela quer que a sua irmã venha ajudar a servir os convidados. Isso é um absurdo, meu irmão não vai admitir isso.

— Sua mãe vai pagar?

— Lógico, né, Leila!

— Diga a ela que eu vou.

— O quê?

— Isso mesmo, eu vou, estou precisando de um extra mesmo.

— Você está brincando, né?

— Claro que não. Além do mais, vou unir o útil ao agradável. Aprecio a festa e ganho um dinheiro.

— Tudo bem... Se você acha conveniente, vou falar com a minha mãe.

— Fala com ela, daqui a pouco estarei aí para me apresentar.

Patrícia desligou o telefone.

— Deu o recado para a irmã da Sabrina?

— Não, mãe, fiz melhor. Já arrumei uma ajudante.

— Quem?

— Leila, a irmã da Sabrina. Ela está de bobeira mesmo.

— Ai, que bom, preciso dela o mais breve possível.

— Ela já está chegando, mãe.

— Ótimo, melhor assim.

Marisa saiu para averiguar os funcionários que havia contratado para a decoração. Leandro acordou mais tarde. Sua irmã terminava de tomar o café.

— Bom dia, irmãzinha.

— Bom dia, irmãozinho.

Leandro beijou o rosto da irmã e sentou-se. Logo em seguida chegou Leila, toda esbaforida. Tudo o que ela queria era estar naquela casa, cara a cara com o garotão de um metro e oitenta e cinco e grandes olhos azuis. E correu para encontrar com ele.

— Oi, pessoal...

— Olá, Leila, tudo bem?

— Tudo.

Leila beijou Patrícia e pousou um beijo no rosto de Leandro, que não esperava. Patrícia ficou a observá-la, já que a conhecia muito bem.

— Sente-se, fique à vontade. Quer tomar café? – perguntou Leandro, gentilmente.

— Não, obrigado. Pronto, já estou aqui, onde está a sua mãe?

— Desculpe me meter, mas o que está rolando?

— Ai, Lê, as ideias da sua mãe.

— Que ideias?

— Ela queria que a Sabrina viesse trabalhar esta noite como garçonete.

Leandro até engasgou.

— O quê?

— Isso mesmo que você ouviu.

— A mamãe enlouqueceu?

— Foi o que eu disse a ela.

— Não precisam se preocupar, eu vim fazer o serviço no lugar dela.

— De jeito nenhum! Tem pessoas especializadas para esse tipo de serviço – disse Leandro, contrariado.

— Pois é... Mas você conhece a mamãe.

— Eu sei bem o que ela pretendia, mas nem Sabrina nem você farão isso.

Leila ficou desapontada. Pensou que fosse usufruir da festa.

— Ainda fica decepcionada? – perguntou ele, confuso.

— É que será uma festa e tanto, e eu pensei que mesmo trabalhando poderia apreciar tudo de perto.

— Então, está convidada.

— O quê?

— Isso mesmo, está convidada. A festa é minha e eu convido quem eu quiser.

— Só você, Lê, que pode, com seu jeitinho maneiro, convencê-la de que precisamos de profissionais, e não dessa louca da Leila, para servir.

Leandro riu alto.

— Deixe comigo, onde está ela?

— Deve está lá fora, no jardim. O pessoal da decoração já chegou.

Leandro saiu em busca da mãe.

— A festa é do seu irmão? – perguntou Leila, curiosa, quando Leandro saiu.

— É aniversário dele, mas nem pense em contar para alguém, ele não gosta. Para todos os efeitos, é apenas uma festa. Minha mãe vive insistindo em tratá-lo como se ainda tivesse 12 anos. Ele odeia ser o centro das atenções.

— E ninguém sabe que é aniversário dele?

— Os parentes todos sabem, né? Mas só...

— Tudo bem, não comentarei com ninguém.

— Bom... Já que está aqui, que tal ir comigo ver o que vou vestir hoje?

Leila acompanhou Patrícia, admirando tudo à sua volta com entusiasmo.

— Que casa bacana!

— Obrigada. Logo você se acostuma.

Patrícia foi para o quarto acompanhada de Leila.

— Bom dia, mãe! – disse Leandro.

— Bom dia, meu filho! Como está? Dormiu bem? Feliz aniversário!

— Por favor, mãe, o que combinamos?

— Já sei... Sem comentários. Para todos os efeitos, foi só uma festa que sua mãe inventou.

— Sim... Mãe, pare tudo o que está fazendo por alguns segundos e me ouça.

— O que foi?

— Eu não queria festa nenhuma, mas, já que está toda empenhada, me deixe dizer uma coisa.

— Diga, meu filho.

— A senhora não quer um desastre hoje à noite, quer? Porque, se quiser se preocupar a noite inteira e não aproveitar os convidados, contrate a Sabrina e a Leila.

— Por que está dizendo isso?

— Mãe, há pessoas especializadas em servir, para que correr o risco? E depois, eu jamais deixaria a Sabrina servir os convidados. Ela é minha convidada. Muito menos a irmã dela, a Leila. Uma moça tão bonita de garçonete?

— A irmã da Sabrina é bonita?

— Muito... Às vezes a senhora não tem noção das coisas. Já que insistiu nessa festa, vamos aproveitá-la, chamaremos pessoas que já estão acostumadas a servir.

Marisa beijou o rosto do filho com carinho.

— O que seria de mim sem você? Isso mesmo, tem razão, não quero que nada dê errado.

— Pois, então, já pensou a Leila equilibrando uma bandeja sem nunca ter feito isso?

Marisa riu alto ao imaginar o desastre.

— Você providencia isso para sua mãe?

— Claro... Agora mesmo.

Marisa voltou-se para os responsáveis pela decoração, e Leandro providenciou a equipe adequada para servir.

Leandro não estava feliz. Sempre se sujeitava aos caprichos da mãe protetora e zelosa. Pensativo, sentou-se em uma espreguiçadeira perto da piscina e ficou pensando em como havia começado aquele amor tão profundo: "Por que Sabrina recusa meu amor? Será mesmo que me ama?". O jovem rapaz de olhos azuis estava melancólico. Vivia amargurado sem saber por quê. Ele estava absorto em seus pensamentos quando Leila se aproximou e sentou-se ao seu lado.

— Dou um tostão por seus pensamentos.

Leandro apenas sorriu, não respondeu.

— Você não parece feliz.

— Às vezes penso que a felicidade ainda não chegou para mim.

— Por que tanta amargura?

— Não estou amargurado, apenas estou esperando pela "tal" felicidade.

— Lembro-me vagamente de quando estudávamos na mesma escola. Confesso que depois de anos me admirei, pois você se tornou uma bela jovem.

— Obrigada. E você ficou mais bonito ainda. Sabrina não serve para você.

Leandro olhou para ela, indignado.

— O que disse?

— Isso mesmo que ouviu. Eu sou mais jovem que vocês e quase não ficávamos juntos, minha turminha era outra, mas lembro que você gostava da minha irmã.

Leandro silenciou por alguns instantes.

— Eu não gostava da sua irmã, eu ainda gosto dela. Aliás, agora eu a amo.

— Sabrina é muito na dela, quase não se abre, é retraída. Não acha que já está em tempo de arrumar uma garota à sua altura?

— O que eu acho é que você não deveria julgar sua irmã tanto assim. Cada um tem seu modo de ser. Eu a amo como ela é, e não como as pessoas gostariam que ela fosse.

— Está falando da sua mãe?

— Pelo que estou vendo, você gosta de julgar as pessoas. Nem a conhece.

— Desculpe, fui atrevida, mas não faz tanto tempo assim para eu não lembrar que a sua mãe já implicava com a aproximação de vocês.

— Eu falo das pessoas em geral, porque sei que sua irmã pensa muito no que as pessoas poderiam pensar se ficássemos juntos. E minha mãe é, sim, uma delas, mas nada mudará meus sentimentos.

Marisa, quando viu Leila perto do filho, aproximou-se.

— Você quem é?

Leila, sem jeito e fazendo o tipo boa moça, apressou-se em se levantar.

— Muito prazer, dona Marisa, sou Leila, irmã da Sabrina.

Leila estendeu a mão para cumprimentá-la. Marisa olhou para ela de cima a baixo, e a garota fez o mesmo.

— Não me diga que é aquela garotinha magrela e sem graça?

— Mãe... Que falta de educação! – repreendeu o filho.

— Não faz mal, não me importo, eu era uma magricela mesmo.

— Puxa, garota, você está muito bonita. Meu filho tinha razão, uma moça como você não poderia fazer um trabalho tão medíocre como o de garçonete.

— Muito obrigada, dona Marisa, mas se precisar não faz mal, posso ajudar, sim – respondeu Leila sabiamente.

— De jeito nenhum. Leandro já a convidou para hoje à noite?

— Lógico, mãe... Antes mesmo de a senhora ter tido a infeliz ideia de convidar ela e Sabrina para esse serviço.

— Gostei muito de você. Venha, me faça companhia na decoração.

Marisa puxou a esperta Leila pela mão como se fosse íntima dela. Leandro observou magoado: "Por que já se afeiçooou a essa garota que mal conhece? Por que não é igualmente gentil com Sabrina? Onde está a diferença que não enxergo?".

— Já sei em que está pensando!

Leandro, distraído em seus questionamentos, olhou para a irmã que se aproximara.

— Por que mamãe às vezes é tão individualista? Por que sempre faz gosto em nos contrariar? Seja sincera. Qual a diferença entre a Sabrina e a Leila?

— Quer a verdade?

— Sim...

— A beleza, a impetuosidade e o atrevimento da Leila. Pessoas como ela atraem a atenção da mamãe.

— Está dizendo que Sabrina não é uma garota bela, que é sem graça?

— De modo algum, mas elas são diferentes. Sabrina é discreta em todos os sentidos, até na maneira de se vestir. Leila, não, ela faz questão de mostrar que chegou. Consegue atrair os olhares de todos à sua volta. Já a Sabrina é meiga, discreta, prefere se deixar conhecer com o tempo, a partir da amizade que possa vir a amadurecer, e não se mostrar, como é próprio dos jovens. Sabrina é muito bonita, mas há algo especial em seu espírito que a faz não provar nada de momento, e sim com o tempo. Sabrina é uma garota muito especial.

Leandro deu um leve sorriso.

— Você descreveu Sabrina direitinho. Realmente é a meiguice em pessoa, e eu a amo muito.

— E isso dói demais, não é?

— Não é que dói. Eu só queria entender essa negação da parte dela. Todos, sem exceção, dizem que ela me ama muito também, mas não é isso que demonstra. Pelo menos para mim.

— Sabrina te ama mais que a própria vida.

Leandro olhou fixo para a irmã.

— Me explica isso, porque eu não consigo entender.

Patrícia segurou as mãos do irmão com amor.

— Confie no que digo: Sabrina o ama muito, talvez mais do que você a ame. Você precisa focar no que quer, mostrar que a quer de qualquer maneira. Sei que ela espera isso de você. Seja mais atrevido, roube beijos, abraços, suspiros. Você a respeita muito, principalmente as escolhas passivas dela. Há mulheres que devem ser tratadas com mais impetuosidade. Pegue-a de jeito e mostre que quem manda é o amor, e não os percalços de seus caminhos. Mostre que as diferenças que ela vê não são tão grandes assim. Eu torço por vocês, gostaria muito de ter Sabrina como minha cunhada.

Leandro sentiu seu coração disparar. Sua alma se encheu de alegria com as sábias palavras da irmã. Não sabia de onde vinha tanta sabedoria e compreensão, mas ela confortava muito seu coração.

Capítulo seis
o pedido de namoro

Caiu a noite e com ela veio uma brisa agradável. Cléo tocou a companhia e foi entrando na casa de Sabrina.

— Ô, de casa... Estou entrando.

— Entre, Cléo, seja bem-vinda.

— Sabrina já está pronta?

— Está terminando de se arrumar. Está tão bonita! – disse o pai todo orgulhoso.

— Eu imagino...

Leonor, que vinha da cozinha, escutou a conversa.

— Não sei por que Sabrina vai a essa festa. É tratada tão mal! Será que não enxerga que a dona Marisa não gosta dela?

— Nossa, dona Leonor, a senhora não deveria falar assim da sua filha. Além do mais, quem se importa com tia Marisa? Lá haverá tantos que amam sua filha.

— Não sei por que a Sabrina insiste em querer namorar Leandro. Ele não combina com ela.

Cléo ficou perturbada com o mau humor de Leonor e sem mais a cortou.

— Bem... Se me derem licença, vou chamá-la.

— Pode ir, minha querida, ela vai ficar contente em vê-la – disse Carlos com ênfase.

Cléo se dirigiu ao quarto e Carlos não conseguiu se calar.

— Você faz questão de colocar sua filha para baixo. Nem parece que ela saiu de dentro de você.

— Não adianta ficar bravo, eu só estou falando a verdade.

— Então, me diga, com quem Leandro combinaria?

— Com muitas moças, mas a ideal é a Leila. Ela é alta, bonita, tem um belo corpo, é extrovertida, simpática...

— Pois é, pena que não tem o que Leandro quer. Por isso é melhor deixá-la sossegada. Pare de implicar com Sabrina. Quem tem que gostar dela é o Leandro, o resto não importa.

— Preste atenção no que estou dizendo, essa história ainda vai dar problema.

— Até parece que está preocupada com ela.

— Estou, sim... Pode não parecer, mas falo isso para o bem dela. Há tantos rapazes por aí, por que tem que ser esse dito-cujo?

— Sabe de uma coisa, mulher? Não dá para falar com você. Vou dar umas voltas por aí, às vezes você me cansa!

Cléo bateu na porta e entrou.

— Oieeeee...

— Cléo, entre...

— Nossa, como você está linda!

— Comprei este vestido hoje, achou que ficou bom?

— Está maravilhosa! Essa cor combinou com você, está um arraso.

— Venha aqui, quero te mostrar uma coisa – disse Sabrina, quase sussurrando. As duas amigas se sentaram e Sabrina abriu uma caixinha de veludo na qual havia duas medalhinhas.

— Vou dar de presente para o Leandro hoje à noite. Acha que ele vai gostar ou é muito careta?

Cléo, com um sorriso nos lábios, disse empolgada:

— Ele vai amar!

Sabrina comprou duas correntinhas com pingentes. Cada um deles tinha os nomes de Sabrina e Leandro e a data gravados. Juntando-os, eles formavam um só coração, e em cada parte do coração havia um pequenino brilhante cravejado.

— Deve ter custado caro, Sabrina!

— É, não foi barato, mas a ocasião pede um produto de qualidade. Fiz algumas economias e encomendei. Gostou mesmo?

— Com certeza, amiga... Isso quer dizer que você vai assumir seu amor?

Sabrina, com as medalhinhas na mão, disse feliz:

— Vou... Eu o amo demais para me preocupar com o que as pessoas vão pensar. Não posso mais negar o que sinto... Como tê-lo ao meu lado o tempo todo e não poder extravasar o que sinto aqui dentro do meu peito? Quero é amá-lo muito...

Cléo abraçou a amiga com satisfação.

— É isso mesmo. Desejo que sejam felizes. Então, vamos?

— Vamos, sim... Só me deixe guardar na minha bolsa. Hoje vou completar minha alma.

As duas amigas saíram. Sabrina estava muito linda. Pela primeira vez abusou um pouco da vestimenta colada ao corpo e da maquiagem – parecia outra garota. Talvez fosse a felicidade que saía de sua alma que a havia deixado mais bonita. Quando estava de saída, Leila chegou toda apressada.

— Já está indo? Não dá para me esperar, não?

Leila estava toda apressada, mas não deixou de medir a irmã de cima a baixo. Não acreditou no que seus olhos registraram. Sabrina parecia uma moça da alta sociedade, estava muito bem arrumada.

— Nossa, de onde surgiu essa nova mulher?

— Hoje quis caprichar. Se disser que não estou bem, é inveja! – disse Sabrina, animada.

— Realmente, não posso dizer o contrário, mas garanto que ficarei muito mais bonita que você hoje!

— Você foi convidada, Leila? – perguntou Cléo, confusa.

— Convidadíssima pelo próprio Leandro. Aliás, hoje ficamos praticamente o dia todo juntos.

— É mesmo? Deve ter mordido os cotovelos por não poder sequer sentir seu perfume!

— Está tirando uma com a minha cara, Cléo?

— Imagina... Estou dizendo o que realmente aconteceu contigo.

— Quer saber? Não precisa me esperar, não, você é uma chata!

Cléo riu alto e as duas saíram.

— Você não deveria provocá-la. Se mexer com ela, minha mãe fica muito possessa da vida.

— Fiz de propósito. Desculpe, mas sua irmã é muito oferecida. Se der moleza, vai ficar atrás do seu namorado, infernizando.

— Meu namorado? Obrigada pela força, mas ele nem sabe que vai se tornar meu namorado hoje...

— Mas vai saber, não vejo a hora!

Assim que chegaram à festa, Cléo pegou dois aperitivos da bandeja de um garçom que vinha passando e fez Sabrina dar uns goles para descontrair.

— Beba... Hoje você precisa de algo forte!

Não demorou muito e Leandro avistou Sabrina de longe e, mais que depressa, foi ao seu encontro.

— Minha nossa, como você está linda!

Leandro segurou delicadamente na ponta de seus dedos e a fez dar uma voltinha.

— Uau... É uma ocasião especial?

Cléo deu um cutucão na amiga.

— Bem... É, sim... Primeiro, porque é seu aniversário, e segundo...

Leandro adiantou-se:

— Em segundo?

— Fala logo! – disse Cléo, impaciente.

— Podemos sair um pouco lá fora? Vou precisar de um ar – disse Sabrina supernervosa.

— Com certeza...

Leandro pegou em sua mão e a levou ao jardim. Estava tudo muito bem decorado, e a iluminação dava um ar nostálgico e aconchegante. Sabrina não sabia como começar, estava com o coração acelerado e o corpo todo tremendo. Leandro pôs-se à sua frente e delicadamente passou a mão em seus cabelos sedosos e perfumados. Com a voz fraca Sabrina disse, pausadamente:

— Por favor, feche seus olhos.

Leandro sorriu.

— O que está acontecendo?

— Feche seus olhos e espere, por favor.

Leandro obedeceu. Sabrina tirou os pingentes da bolsa. O rapaz estava impaciente.

— O que está havendo?

— Fique quietinho. Já, já você vai ver, espero que goste do meu presente.

Sabrina colocou a corrente em volta do pescoço de Leandro.

— Pronto, pode abrir.

Leandro abriu os olhos e ao sentir as mãos de Sabrina em volta de seu pescoço olhou, curioso.

— Para mim?

Leandro segurou o pingente para ver melhor e leu o nome de Sabrina e a data em sua metade do coração.

— Gostou?

— Amei... Mas aqui está faltando outra metade.

Sabrina tirou da caixinha a outra metade e deu em sua mão para que ele colocasse em seu pescoço também.

— Leandro, quer namorar comigo? – disse Sabrina, perdendo totalmente o medo de amá-lo por inteiro.

Leandro sentiu como se sua alma se exaltasse de tanta felicidade. Suas mãos transpiravam de nervoso. Sem conter o amor que sentiam um pelo outro, os dois se abraçaram e se beijaram apaixonadamente. A felicidade de suas almas completava a ânsia do amor contido desde a adolescência. Era um misto de lágrimas, sorrisos e sussurros ardentes entre os jovens amantes. Quando conseguiram se acalmar, Leandro, entre meios sorrisos e lágrimas, agachou-se e tirou do bolso um lindo anel.

— Quer namorar comigo?

Sabrina teve uma crise de choro e Leandro mal conseguiu colocar o anel em seu dedo, de tanto que tremia. A felicidade plena parecia ter chegado. Já era tempo, pois, quando vemos almas apaixonadas, também torcemos para que sejam felizes e completas pelo resto de seu caminho.

Leandro e Sabrina mais uma vez se abraçaram, completando o significado daqueles pingentes que emanavam uma luz espiritual e a bênção dos amigos amparadores.

Marisa, à procura do filho por toda a casa, viu-os no jardim, na mais absoluta felicidade. Ela não conteve a raiva por vê-los se abraçando e se beijando sem se importar com quem quer que fosse. Não se aproximou, mas entrou pisando duro e suando frio pelo ódio que consumia sua alma. Para não fazer feio, foi para os fundos, passando pela copa, e entrou em um banheiro que havia ali. Parecia ter sido traída pelo marido. Suas lágrimas desciam sem que ela permitisse. Seus pensamentos eram os piores: "Isso não pode estar acontecendo! Ah, mas não vai ficar assim. Nem que eu tenha que vender minha alma ao diabo!".

Como somos o que vibramos, mais uma vez deixo aqui meu recado: Estamos longe da perfeição, contudo, podemos começar com boas vibrações e bons pensamentos, nos vigiar para não julgar, nos policiar quando algum comentário ou pensamento infeliz vem à nossa mente. Os muitos que seguem suas doutrinas, principalmente aqueles que se dizem espíritas, cumprindo seus deveres com devoção, amor e caridade, ainda estão longe de bater no peito e dizer "sou bom em meus trabalhos espirituais", pois, segundo Alexandre, instrutor de André Luís, ainda somos muito falhos, mesmos os médiuns, nem sempre estamos com o teor de limpeza e luz necessário, como deveríamos estar a cada trabalho feito nas casas espíritas. Portanto, desapeguem, porque nada nem ninguém pertence a nós. Estamos apenas com alguns empréstimos temporários, cada qual com seus merecimentos, mas não se iludam. Nada pertence a nós, a não ser os valores morais de caráter, de bondade, de caridade, que são nossa bagagem verdadeira. Somos espíritos sempre, seja em um corpo, seja em outra morada, como colônias, lares etc. Mas seremos sempre o que somos e ponto-final. Estamos sempre em busca da evolução, e o primeiro passo é entender que nada, absolutamente nada, é nosso. Filhos, por exemplo, são enviados para suas provações. Sei que as provações deles estão diretamente ligadas às nossas, porém, a criação foi permitida pelo "Criador" para nos dar a ambos a oportunidade de reparar nossas desavenças ou desapegos. Os animais, que consideramos irracionais, depois de um tempo ao lado dos pais, têm de seguir seu caminho e aprender a sobreviver sozinhos. O que diremos de nós, então, que temos plenamente o raciocínio de refletir sobre quais são nossos deveres? Filhos são amados e bem-vindos, porém, um dia terão de seguir seu caminho, errar, acertar, assim como vocês fizeram um dia. Aí está a evolução de cada um, para que no final o bem prevaleça como um todo. A evolução da humanidade é coletiva.

Marisa estava longe de entender quais eram os reais valores para uma família evoluir junta. Tudo tinha de ser como ela queria. Por exemplo, embora não fosse tão apegada à filha quanto ao filho, cometeu absurdos para separá-la de Maurício, a quem Patrícia amava muito.

Capítulo sete
O ciúme de Marisa

Leila chegou depois de um tempo, e estava linda, estonteante, atraindo todos os olhares de quem se encontrava na festa. Entrou como se fosse a convidada principal, a princesa do reino.

Marisa, já refeita, voltou aos convidados. Sabrina, de mãos dadas com Leandro, era só felicidade. Juntaram-se a Cléo e Vitória, que também havia chegado. Eduardo se aproximou:

— Pelo que estou vendo, vocês se resolveram?

Sabrina sorriu sem graça.

— Pai, acabamos de assumir um compromisso. Sabrina e eu estamos juntos, foi o melhor presente dessa noite.

— Fico feliz por vocês!

Eduardo era da paz, sabia que a moça era do bem, e não se opunha à relação. Marisa, quando entrou na sala principal, avistou Leila, que chamava a atenção de todos.

— Olá, Leila... Tudo bem?

— Tudo, dona Marisa, e com a senhora? Não parece bem, está pálida!

— Tive um mal-estar, mas já passou. Segunda-feira precisamos nos encontrar, quero falar com você.

— Comigo?

— Sim, sem falta. Conhece a cafeteria do shopping?

— Sim, conheço.

— Espero você lá pelas onze da manhã.

— Tudo bem. Mas a senhora está bem mesmo?

— Sim... E, por favor, pare de fazer tantas perguntas. Vamos nos juntar ao pessoal, que está tão feliz. Vamos ver qual o motivo de tanta felicidade.

Leila, muito esperta, logo olhou para onde estavam sua irmã, Leandro e mais um pessoal, e logo deduziu o motivo do mal-estar de Marisa.

— Olá... Nossa, Sabrina, você chegou e eu nem a vi. Como está?

— Tudo bem, dona Marisa.

— Está tão bonita que quase não a reconheci.

— Muito obrigada.

— Estão tão felizes, posso saber o motivo?

Eduardo foi quem respondeu:

— Assumiram o compromisso hoje, mulher. Aliás, até que enfim!

— Eu já acho que deveriam ter esperado mais um pouco e comemoraríamos juntos. Pelo que estou vendo, está até com um belo anel. Não é o que estou pensando, é?

— É, sim, mãe. Dei um anel de compromisso para Sabrina. Graças à minha irmã, que me deu uns puxões de orelha para eu atacar minha garota.

Marisa mal se segurava de tanto ódio que estava sentindo.

— Ah, e tem mais. Parece até que combinamos. Olha só o pingente que Sabrina me deu hoje!

Marisa olhou para o pingente de Leandro e para o outro no pescoço de Sabrina.

— Nossa, que romântico! Metade de um coração... Que lindo, juntando fica uma só peça!

— Afff... Acho cafonérrimo! Tinha que ser ideia da minha irmã. Isso já está ultrapassado... Metade de um coraçãozinho? Poupe-me, né, irmã! Que mau gosto.

— Pois fique sabendo que adorei a ideia. Nunca mais sairá daqui, pode ter certeza – disse Leandro.

Sabrina ficou sem graça.

— Pare de ser desmancha-prazeres, Leila. Eu também gostei muito. E, depois, o que importa é que Leandro gostou do presente. O resto é o resto.

— Desculpe me intrometer, mas eu gostei muito também, achei romântico. Teve uma ótima ideia, Sabrina, é uma bela peça – emendou Eduardo.

— Bem, acho que a única que não gostou fui eu... Me deem licença, vou dar umas voltas por aí.

Marisa, por mais que se esforçasse, estava passando muito mal. Vitória percebeu.

— Marisa, vamos beber algo, estou precisando, afinal, acabei de chegar e ainda não molhei a boca.

Vitória pegou no braço da amiga e saiu. Eduardo também foi solicitado pelos amigos e saiu.

— Cléo, você poderia me acompanhar até o banheiro?

— Claro, vamos lá. Já trago sua amada de volta, Leandro – brincou Cléo.

— Por favor, não demorem, vou ficar morrendo de saudade.

Assim que Cléo saiu acompanhada de Sabrina, Patrícia foi atrás.

— Venham comigo...

Ambas olharam para Patrícia com cara de interrogação. Ela era uma boa garota. Percebeu o desconforto de Sabrina e resolveu levá-la para seu quarto. Assim que Sabrina entrou, deixou-se cair sobre a cama.

— Sabrina, não sofra, por favor.

— Mas você não viu a vergonha que minha irmã me fez passar na frente dos seus pais?

— E daí? Olhe para seu dedo, veja bem o que significa! Leandro ama você, colocou um anel de compromisso no seu dedo, é com ele que você tem que se preocupar, e não com sua irmã.

— Paty tem toda a razão. Sabrina, não caiu a ficha ainda? Você e Leandro estão noivos, estão juntos como sempre sonharam.

— Até quando? Você não viu a cara da dona Marisa?

— Foi justamente por isso que a trouxe aqui. Por favor, não entre na energia de minha mãe. Vamos ser francas como nunca, precisamos ser. Agora que assumiram esse amor, preciso dizer o que sinto.

— Nossa, Paty, você está me assustando!

— Somos adultas. Todas nós sabemos que minha mãe tem ciúme do meu irmão e vai fazer de tudo para separá-los, portanto, não ceda, vá em frente, aconteça o que acontecer.

Sabrina deu um sorriso amarelo.

— O que é isso, garota? Leandro te ama! – disse Cléo.

— Pois é, entre tantas que o amaram, ele escolheu você – disse Patrícia olhando para Cléo. – E digo mais, você tem amigas de verdade ao seu lado, pode contar com a gente. Nós daremos todo o apoio de que precisar.

Sabrina se animou com a força dada pelas amigas.

— Vamos retocar essa maquiagem e voltar para o seu amado. Aproveite e namore bastante, faz um bem danado para o espírito, e mais ainda para o corpo!

— Só você mesmo, Paty, para me animar assim... ou melhor, você também, Cléo. Amo muito vocês e sou grata pela força.

Sabrina retocou a maquiagem, ajeitou-se e voltou para Leandro, que a esperava impaciente. Cléo e Patrícia se misturaram ao pessoal e aproveitaram a festa até o fim.

Leandro levou Sabrina e a irmã para casa e voltou para a dele. Mal conseguiu dormir no restante daquela noite, estava explodindo de felicidade. O dia nem bem amanheceu e ele levantou, tomou banho, arrumou-se todo e foi buscar Sabrina. Eles iam passar o dia juntos, longe de tudo e de todos, de seus pais e dos pais de Sabrina também – não por Carlos, que era um homem do bem, mas Sabrina não queria ficar em casa. Sua mãe não se conformou com aquele compromisso, para ela era tudo um absurdo. Mais uma vez, relembro: Leonor era viciada em reclamar, o que, obviamente, é um grande atrativo para os malefícios.

Capítulo oito

Leila ajuda Marisa

Os dias passaram, e Leandro e Sabrina viviam o mais puro e sublime amor. Não se largavam para nada, faziam tudo juntos. Leandro, com muita ânsia em sua alma, desejava marcar logo a data do casamento.

Segunda-feira, na hora marcada, Leila já esperava por Marisa, que chegou alguns minutos depois.

— Olá, Leila...

— Como vai, dona Marisa?

— Péssima!

— Mas por quê? – perguntou Leila, já sabendo o motivo e rindo por dentro.

— Não viu?

— Não vi o quê? – perguntou a jovem se fazendo de sonsa.

— Leandro ficou noivo de sua irmã!

— E daí? Tantos ficam noivos!

— Será que não percebe que a sua irmã não combina com o meu filho? E depois, nunca gostei dela.

— E eu com isso, dona Marisa? Isso é um problema da senhora com seu filho.

— Você é muito atrevida, garota!

— Dona Marisa, não sou ingênua como minha irmã, portanto, vá logo ao assunto.

Marisa sentiu que estava lidando com uma garota muito esperta e ambiciosa, que de burra não tinha nada.

— Muito bem, quer falar às claras? Então vamos lá: quanto você quer para separar meu filho de sua irmã?

— O que é isso, dona Marisa? Quem pensa que sou? Afinal, estamos falando da minha irmã!

Marisa, a princípio, ficou com receio.

— Vamos parar com joguinhos, sei que você é bem esperta, gosta de uma mordomia, e tem os olhos compridos para meu filho.

— Mas se não aprova minha querida irmã, por que me aprovaria? Olha aqui, dona Marisa, vamos ser sinceras. A senhora não quer Sabrina nem qualquer outra garota ao lado do seu filhinho. O que quer é ele solteiro ao seu lado, manipulando-o.

— Mas é muito atrevida!

— Acorde, senhora. Está falando comigo, Leila, e não com a tonta da minha irmã.

— Tudo bem... Vamos nos acalmar...

O silêncio se fez por alguns instantes. Leila apenas a observava.

— Pode não parecer, mas gosto muito da Sabrina. Afinal de contas, é minha irmã! – Leila completou com cinismo depois de alguns instantes.

— Mas deve haver alguma possibilidade de a gente se entender.

— Bem, deve haver... Mas meu preço é muito alto, e a senhora não poderá pagar.

— Pois diga. Farei qualquer coisa para separá-los.

— Gosto muito de viver bem, mas não sou chegada ao trabalho... Cansa minha beleza. Vivo para ser bonita, para me cuidar... E o mais importante: gosto de gastar muito. Isso precisa ficar muito caro para senhora!

— Dê seu preço.

— Quero uma mesada e quero frequentar o meio em que a senhora vive.

— O meio em que vivo? O que quer dizer com isso?

— Seus amigos, as festas que frequenta. Quero me tornar uma mulher da alta sociedade como a senhora.

Marisa ficou pensativa. Depois se pronunciou:

— O melhor que tenho a fazer, então, é contratá-la como minha assistente direta.

— Já disse que não gosto de trabalhar!

— Mas tenho que justificar o dinheiro e a mordomia que você terá. Nós somos empresários e, como tal, tudo é contabilizado.

— Ah, dona Marisa, vai me dizer que não faz suas retiradas extras?

— Claro que faço... Mas o que você está me pedindo realmente é um preço alto. Como vou justificar seus ganhos e sua presença em todos os lugares que frequento? As festas e tudo mais?

— É, dona Marisa, a senhora tem razão. A senhora pensa em tudo, hein?

— E então, o que vai ser?

— Ficarei grudada com a senhora vinte e quatro horas por dia? Ah, adoro um salão de beleza, viu?

Marisa bufou. Estava perdendo a paciência, mas só tinha Leila como aliada para seu intento.

— Tudo bem, pagarei bem pelos serviços, mas vá pensando em algo para separar sua irmã do meu filho.

— Pode deixar comigo... Se quiser, amanhã mesmo começo a colocá-lo em prática.

E assim ficou combinado. Leila foi contratada pela empresa da família. No dia seguinte, começou seu trabalho como assistente pessoal de Marisa e, assim, ia com ela a todos os lugares, principalmente a lojas de departamento de alto padrão, salões de beleza etc. E o acordo teve um ponto positivo, pois Leila realmente ajudava Marisa em tudo, agendava todos os compromissos dela. Leila se tornou a secretária particular de Marisa e estava se saindo muito bem. Inclusive passava nas lojas da família para controlar a entrada e a saída dos lucros e a inspeção dos funcionários. Com o tempo, Marisa até começou a achar que o que pagava era justo, pois não precisava pensar em mais nada. Deixava tudo por conta de Leila, que se tornou uma assistente exemplar.

Capítulo nove

A traição

Leandro sentia-se mais feliz a cada dia. Era hora do jantar e ele anunciou a data do casamento para seus familiares.

— Pessoal, tenho uma ótima notícias para todos! Eu e Sabrina vamos nos casar daqui a dois meses.

A fisionomia de Marisa mudou completamente.

— Mas já, meu filho? Acho muito precoce essa ideia.

— Mãe, não há mais nada o que esperar. Eu e Sabrina nos conhecemos desde os 15 anos, estamos juntos há mais de nove meses, não tem mais por que esperar.

— Parabéns, meu irmão! – cumprimentou Patrícia, feliz.

— É isso aí, meu filho. Acho que é o tempo certo, não há nada que os impeça! Vamos fazer um brinde agora – disse Eduardo, satisfeito com a felicidade do filho.

— Claro que não – disse Marisa em tom taxativo.

Todos olharam para ela.

— Por que não, mãe? É o momento de comemorarmos, sim, já que meu irmão está nos comunicando seu casamento!

— Desculpem, não quis ser desmancha-prazeres, só acho que teríamos que preparar um jantar e trazer os pais de Sabrina aqui para anunciar oficialmente.

— Boa ideia – disse Leandro, ingênuo.

Patrícia, como já conhecia as artimanhas da mãe, ficou meio desconfiada, mas não quis julgá-la.

— Então, faremos o seguinte: no próximo sábado comemoraremos oficialmente o anúncio do casamento – disse Eduardo, entusiasmado.

Marisa pensava em milhões de coisas ao mesmo tempo para ver o que poderia fazer para que não houvesse o tal jantar.

Na manhã seguinte, assim que Leila chegou e todos já haviam saído, cada qual para seu compromisso, Marisa logo foi falando, sem parar:

— Pois então, Leila, estou fazendo minha parte e você até agora não fez nada para separar Leandro de Sabrina. Não vou admitir.... – mas Leila a cortou.

— Não vai permitir que eles se casem?

Marisa caiu sentada na poltrona atrás de si, olhando para ela abismada.

— Quer dizer que você já sabia desse casamento absurdo e não fez nada?

Leila calmamente sentou-se à mesa e chamou Deolinda. A senhora de pronto se apresentou.

— Pois não, senhorita Leila?

— Por favor, traga meu café da manhã. Estou faminta.

Deolinda se retirou e Marisa deu uma de louca.

— Como pode ficar assim tão passiva enquanto o mundo está desabando sobre nossa cabeça?

— Nossa, não... Na sua, apenas.

— Você é muito atrevida, garota! – gritou Marisa.

Deolinda trouxe a bandeja com o café da manhã completo para Leila e se retirou.

— Para de drama. Senta e toma um café forte.

Marisa se aproximou da mesa, sentou-se de frente para Leila e disse, possessa:

— Você não serve para nada! Como pude confiar em você?

— Se acalme e se prepare. Esta semana Leandro estará livre.

— Como assim?

— Dona Marisa, fizemos um trato, não fizemos? Pois, então, espere até chegar esse jantar absurdo. Tudo estará acabado.

— Quero saber o que pretende.

— Não direi, apenas se prepare.

Leila tomou seu café calmamente e depois disse:

— Já está pronta? Temos muito compromissos hoje, inclusive já estou atrasada para uma hidratação nos cabelos.

— Tem certeza de que posso confiar em você?

Leila olhou para ela fixamente e respondeu:

— Pode deixar comigo, meu plano está acertado.

— Mas preciso saber do que se trata.

— Gosto de emoções fortes. Se eu contar, estragará tudo. Aguarde com paciência que Leandro vai terminar esse noivado antes de meus pais serem convidados para o jantar.

Os dias se passaram, e o fim de semana ia se aproximando, mas na quinta-feira tudo foi concluído.

Sabrina fechava o caixa no fim do dia para o carro-forte vir recolher a féria e se desesperou porque as contas não batiam. Nesse ínterim, chegaram Marisa e Leila. Marisa não sabia absolutamente de nada do que estava por vir. Entraram, cumprimentaram-se e Marisa sentiu Sabrina aflita.

— O que houve, Sabrina? Está tão nervosa!

— Pois é, dona Marisa, não sei o que está acontecendo, mas as contas de hoje não estão batendo.

— Como não? Você contou direito?

— Milhões de vezes, mas nada... não sei o que está havendo.

— Quanto está faltando?

— Bastante, mas não é possível, fiz tudo direitinho como faço todos os dias...

— Eu sei, dona Marisa! – gritou um jovem rapaz que há pouco havia começado a trabalhar como vendedor.

— Sabe? – perguntou Sabrina, aflita.

— Sei, sim...

— Então diga, rapaz, o que houve?

— A senhora poderia me acompanhar até o escritório?

Marisa olhou para o rapaz desconfiada, mas o acompanhou. Sabrina estava saindo para ir também quando Leila disse, de maneira ríspida:

— Você não, Sabrina, espere aqui, isso é uma conversa particular.

Sabrina ficou sem ação. Parou na metade do caminho sem saber o que fazer. Mais uma vez, Leila foi dura:

— O que você aprontou, garota?

— Eu? Nada... Não sei o que houve hoje.

Sabrina voltou para o caixa e ficou esperando. Passou mais ou menos meia hora e a polícia chegou. Sabrina, assustada, estava indo até a porta da loja para ver o que tinha acontecido, mas não deu nem tempo de chegar lá. A polícia entrou com armada.

— Quem é Sabrina de Almeida?

A garota, assustada, respondeu pausadamente:

— Sou... eu... senhor...

— A senhora está presa!

— Mas por quê? O que fiz? – perguntou Sabrina com lágrimas nos olhos.

— Por desviar dinheiro dessa loja.

— Eu, senhor? Deve haver algum engano!

Marisa, acompanhada de Leila, veio dos fundos, onde era o escritório, e disse, taxativa:

— Pode levá-la. É ela mesma que vem nos roubando há alguns meses.

— Por favor, dona Marisa, deve estar havendo algum engano. Eu jamais seria capaz de cometer um ato como esse!

— Senhor policial, pode levá-la. Na delegacia ela acerta as contas com a Justiça.

O rapaz que havia acusado Sabrina não saiu até tudo estar terminado. Sabrina foi algemada como um bandido, e suas lágrimas caíam tempestivamente.

— Por favor, Leila, diga a dona Marisa que eu jamais faria uma coisa como essas, por favor, irmã. Por favor, você sabe que sou honesta – gritava Sabrina desesperada.

Leila limitou-se a abaixar a cabeça sem dizer sequer uma palavra em favor da irmã. Sabrina foi para a delegacia e, como tinha direito a um telefonema, ligou para Leandro, que imediatamente seguiu para o local. Assim que chegou, deixaram que falasse com ele, e seu primeiro impulso foi correr para os braços do amado. Leandro, apesar de já saber pela mãe o que havia acontecido, a abraçou forte.

— Por que fez isso? Por que, se estava precisando tanto de dinheiro, não falou comigo?

Sabrina olhava para ele incrédula e sem entender nada.

— Do que está falando, Lê?

— Do dinheiro que vem desviando há meses da loja.

— Não sei do que está falando! Só hoje o caixa não bateu, e realmente faltou uma quantia boa, mas nunca aconteceu isso, eu juro!

— E o dinheiro que está na conta?

— Que conta? Nem tenho conta em banco.

— Não minta para mim, Sabrina, você sabe que pode contar comigo.

— Mas estou dizendo a verdade, não tenho dinheiro algum em banco, porque não tenho conta!

— Por favor, Sabrina, não faça isso comigo, não me decepcione. Já sabemos que você abriu uma conta e que tem mais de trinta mil reais guardados.

As lágrimas de Sabrina desciam cortantes pelo rosto.

— Acredite em mim, nunca tive conta em bancos. Você sabe que o que eu ganho mal dá para ajudar em casa!

Leandro retirou do bolso um extrato bancário com o nome completo de Sabrina e registrando a quantia de trinta mil reais. Sabrina olhou sem crer no que seus olhos embaçados pelas lágrimas registravam.

— Sempre confiei em você, sempre te amei, e o que queria era apenas meu dinheiro. Não precisava fazer isso, mesmo sem seu amor eu lhe daria esse dinheiro.

Leandro levantou-se para sair. Sabrina, em desespero, gritou:

— Eu te suplico, Leandro, eu te amo... Te amo como nunca amei ninguém. Acredite em mim, você vai ver, tudo se esclarecerá.

Leandro, com ódio do mundo e dele mesmo por amá-la tanto, vociferou, arrancando o anel de seu dedo.

— Não acredito no seu amor... Você nunca me amou... Só pensava no meu dinheiro... Nunca mais quero vê-la de novo!

Ele saiu, e Sabrina, sem conseguir raciocinar, foi levada para trás das grades.

Capítulo dez

A indignação

Nesse ínterim, em que Leandro foi à delegacia com a aprovação da mãe, pois ela já estava a par de tudo – aliás, uma hora antes Leila a havia comunicado de seu plano, ou seja, aquele ar de quem não sabia de nada quando chegou à loja foi apenas uma encenação –, Marisa seguiu para casa. O rapaz que entregou Sabrina evaporou da loja e nunca mais foi visto.

Assim que entrou, antes que a casa ficasse movimentada, Marisa, muito feliz, fez milhões de perguntas à sua parceira:

— Como fez tudo isso? Conte-me em detalhes.

— Contratei esse rapaz como se fosse você quem houvesse pedido, mas fiz isso só para finalizar meu plano.

— E se ele aparecer?

— Não vai, foi bem pago para isso. Seu papel era só entregar Sabrina.

— E quanto ao dinheiro em nome da Sabrina no banco?

— Fui eu quem abriu a conta. Fui colocando na conta o dinheiro que você me pagava sem que ninguém soubesse.

— Mas e agora? Perdemos esse dinheiro, Leila?

— Lógico que não. Se ela roubou a loja, esse dinheiro voltará, afinal, pertence a vocês. Quer dizer, o dinheiro é meu, porque era o meu dinheiro que estava em nome dela, então, nada mais justo que me devolva quando resgatá-lo.

— Justíssimo, minha cara. Darei cada centavo de volta. Puxa vida, você foi de uma competência impecável!

— É, não vá cantando vitória antes do tempo. Leandro foi à delegacia, é apaixonado por ela. Vamos esperar o resultado. E, também, nunca se esqueça de que uma hora antes você concordou com a minha armadilha, portanto, é cúmplice!

— Quem se importa com isso? O que importa é que deu certo! Aliás, precisamos brindar! – contemplou Marisa, feliz.

No fundo, Leila achou que tinha ido longe demais – e se sua irmã não conseguisse se livrar da acusação?

Patrícia apareceu muito nervosa:

— Mamãe, é verdade que Sabrina foi presa?

— Sim...

— O que houve?

— Sempre desconfiei daquela garota. Ela não é de confiança, roubou a nossa loja.

— Não é possível! E você, Leila, não fez nada para defender sua irmã?

Leila ficou pensativa por alguns segundos.

— Responda, Leila!

— O que queria que eu fizesse? Ela foi imprudente.

— Não estou acreditando que você está passiva assim. É sua irmã, meu Deus!

Patrícia pegou a chave do carro e saiu desnorteada. Andou por algum tempo. Quando se deu conta, estava em frente à casa de Maurício. Desceu do carro.

— Por favor, o Maurício está?

O porteiro, gentil, ligou pelo interfone da casa e confirmou:

— Sim, ele já chegou.

— Por favor, diga a ele que é Patrícia.

O porteiro fez a ligação novamente e retornou abrindo o portão:

— Ele disse para você entrar.

Maurício já a esperava no grande jardim.

— O que houve?

Patrícia não respondeu nada, apenas o abraçou forte. Maurício gentilmente silenciou e esperou que ela se pronunciasse. Após alguns segundos, disse, muito nervosa:

— Sabrina está presa em uma delegacia!

— Como assim?

— Cléo me ligou desesperada, o meu irmão está completamente fora de si, está na casa dela.

— Entre um pouco, por favor.

Patrícia entrou acompanhada de Maurício, e logo na entrada estava Marta, mãe do rapaz. Ela ficou apreensiva pela vinda da jovem, já que havia muito tempo que tinham cortado relações.

— Patrícia, você por aqui? O que houve?

— Lembra da Sabrina?

— Claro que sim, uma menina meiga e educada.

— Pois é, foi presa.

Marta ficou boquiaberta com a notícia repentina.

— Sente-se, minha filha... Acalme-se, vou pedir para prepararem um chá calmante para você.

Patrícia sentou-se e Maurício ficou ao seu lado.

— Agora me conte com calma. O que houve?

— Também não sei direito. Cléo me ligou porque Leandro está desesperado e decepcionado também. O que sabemos é que a Sabrina foi acusada de roubar a nossa loja.

Maurício sorriu com o canto da boca, supondo o que poderia ter acontecido.

— Está rindo? – perguntou Patrícia, desapontada.

— Não é isso, apenas me ocorreram alguns pensamentos.

Patrícia não quis saber quais eram esses pensamentos, mas tinha uma leve desconfiança.

— Por favor, Maurício, vim lhe pedir que a ajude como advogado.

— Tudo bem, vou tomar um banho rápido e vamos à delegacia.

— Você estava jantando e eu atrapalhei, não foi?

— Sem problemas, já tinha terminado.

Maurício foi tomar um banho e Marta trouxe o chá.

— Tome, minha querida, fará bem a você.

Patrícia tomou alguns goles.

— Dona Marta, me perdoe por aparecer assim bem no horário do jantar.

— Não se preocupe. Você só precisa se acalmar, tudo dará certo, tenho certeza de que Maurício a ajudará.

Em seguida, ambos foram à delegacia onde estava Sabrina, que sofria em um canto da cela, sem saber o que fazer.

— Senhorita Sabrina, visita.

Sabrina saiu timidamente. Na verdade, nem sabia o que estava sentindo naquela hora de tanta amargura. Quando entrou em uma sala, encontrou Maurício. Fazia muito tempo que não o via, mas correu para os braços dele.

— Eu juro que sou inocente... Eu juro...

— Sabrina, vamos conversar com calma.

— Como você soube que eu estava presa? – questionou ela, curiosa.

— Patrícia... Ela está lá fora me esperando.

— E como ela soube?

— Cléo... Cléo soube por Leandro.

— Como ele está?

— Bem... Na medida do possível, está bem. Eu soube que esteve aqui.

— Estou tão preocupada com ele... está muito abalado.

— Sabrina, no momento você deve se preocupar consigo mesma, com sua situação. Conte-me tudo o que aconteceu.

Sabrina, muito nervosa, contou tudo para Maurício e esperou que ele se pronunciasse.

— Sabrina, preciso apurar os fatos, mas, pela experiência que tenho, você caiu em uma armadilha.

— Por favor, Maurício, avise minha família, pelo menos o meu pai. A uma hora dessas ele deve estar muito preocupado.

— Fique tranquila. Quando eu sair daqui passarei na sua casa.

— Obrigada, agradeço muito.

— Sabrina, preste bem atenção. Pare de se preocupar com as pessoas do lado de fora. Você tem que focar em sua situação.

— Mas não peguei aquele dinheiro. Eu juro.

— Eu acredito em você. Tenho milhões de motivos para saber que não seria capaz de um ato como esse, mas o que conta agora são as provas, e todas elas estão contra você. Existe uma conta em seu nome com mais de trinta mil reais.

— Mas nunca tive conta. Quem sou eu para ter esse dinheiro guardado em um banco?

— Essa é a questão, todos os fatos a incriminam.

— Meu Deus, parece que o mundo está contra mim.

— Não o mundo, mas deve ter alguém que quer vê-la aqui. E digo mais, que não quer que você saia por um bom tempo.

— Quem desejaria isso para mim?

— É isso que temos de descobrir. Bem, o primeiro passo é entrar com um *habeas corpus*.

— O que é isso?

— É uma licença para responder ao julgamento em liberdade.

Sabrina até então não havia se dado conta da gravidade do caso.

— Mas não sou uma criminosa.

— Nós e seus amigos sabemos, mas há a Lei, e ela foi feita para todos, embora seja muito falha. Só preciso que se mantenha calma. Esta noite você terá que passar aqui. Como ré primária, conseguirei tirá-la daqui amanhã.

— Meu Deus, o que fiz para merecer ficar em um lugar desses?

— Prometa-me que vai procurar serenar. Sei que é difícil, mas o melhor a fazer é ter fé e confiança.

— Posso pelo menos falar com Patrícia? Preciso explicar que não tive nada a ver com aquele dinheiro.

— Ela sabe que você é inocente. Já pedi que não se preocupe com ninguém do lado de fora, mas sim com você, e mantenha a calma. Foi ela que me procurou e pediu para defendê-la.

— O tempo se esgotou! – gritou um dos carcereiros.

Maurício se levantou, e Sabrina, apavorada, o abraçou novamente.

— Por favor, se acalme, amanhã virei o mais cedo possível. Confie em mim.

Maurício saiu e Sabrina foi levada de volta à cela. O jovem explicou tudo para Patrícia, que esperava ansiosa do lado de fora.

— Vamos sair daqui... – pediu Maurício, que não suportava lugares como aquele. Suas lembranças não eram as melhores.

No caminho, os dois jovens sentiam em seu coração que o amor permanecia latente. Maurício parou o carro em frente à casa de Sabrina e ambos desceram para comunicar a família sobre o ocorrido.

Assim que entraram, foram recebidos por Carlos, que já estava aflito. Leonor, ao ouvir o movimento, também se juntou a eles. O advogado explicou tudo o que havia acontecido.

— Eu disse... Eu disse que isso não ia dar certo!

— Cala a boca, mulher, não nos deixe mais nervosos do que já estamos, precisamos de soluções, e não de julgamentos.

— Eu posso vê-la, doutor?

— Infelizmente, não, mas fiquem tranquilos, amanhã mesmo conseguirei sua soltura.

— Promete, doutor?

— Não posso prometer nada, mas meu trabalho é justamente correr atrás dos interesses dos meus clientes. Sabrina é ré primária, acredito que não haverá problemas em responder em liberdade.

— Leila ainda não havia contado aos senhores o que aconteceu com a Sabrina? – perguntou Patrícia, indignada.

— Não... – respondeu Leonor.

No mesmo instante, Patrícia fitou Maurício com um olhar reprovador e comprovador de suas suspeitas, pois já havia contado tudo a ele sobre Leila ter sido contratada por sua mãe como assistente.

— Senhor Carlos, amanhã mesmo alguém terá que ir até a loja cedo para pegar os documentos de Sabrina. Precisarei deles o quanto antes.

— Pode deixar, eu vou – respondeu Patrícia, solidária.

Nem bem Patrícia havia terminado a frase e Leila chegou.

— Leila, como não nos contou sobre sua irmã?

Leila parecia calma, mas estava tentando não sentir remorso por suas maldades.

— Pelo jeito, não foi necessário, porque até um advogado ela já tem. Seu caráter é duvidoso, mas já tem advogado – respondeu Leila com cinismo.

Carlos levantou muito irritado e partiu para cima da filha. Maurício o segurou a tempo, mas Leila deu seus gritos:

— Sua filhinha do coração rouba a loja e o senhor ainda fica contra mim? Já estou farta!

— Você nunca me enganou, garota. Não sei como pode estar tão calma com sua irmã presa em uma delegacia.

— Acalme-se, senhor Carlos, não adianta ficar agressivo. O momento é de paz e razão, nossas emoções de nada nos ajudariam.

— Onde você esteve até agora?

— Na casa da vítima, obviamente.

— Nossa, minha filha, você já sabia de tudo e não fez nada por sua irmã? – questionou Leonor, abismada.

— O que queria que eu fizesse? Eu estava na loja bem na hora em que a polícia chegou!

— E quem chamou a polícia?

— A dona da loja, dona Marisa, quando soube o que estava acontecendo.

— E você ficou ali parada, sem fazer nada?

— Pai, o que queria que eu fizesse? Fiquei arrasada, mas dona Marisa pegou muito dinheiro escondido na bolsa de Sabrina.

— E como dona Marisa sabia que havia dinheiro na bolsa de sua irmã?

— Ai, pai, não sei da história direito, só sei que um dos funcionários chamou dona Marisa para o escritório e mostrou a quantia que ela estava retirando sorrateiramente.

Patrícia não aguentou tantas mentiras e simulações e, num rompante, ficou cara a cara com Leila e vociferou:

— Isso não vai ficar assim, Leila. Já não é de hoje que você e minha mãe andam aprontando. Nem minha mãe nem você aceitam ver as pessoas que se amam juntas. Só de ver a felicidade do meu irmão e da sua irmã seus olhos emanam coisas ruins, sua invejosa. Como me arrependo de abrir as portas da minha casa para você! Pensei que fôssemos amigas!

— Está me acusando de quê?

— Isso mesmo, está acusando Leila de quê? Afinal, não eram amigas? – Leonor defendeu sua filha com unhas e dentes.

— No momento, de nada. Mas não pense que você e minha mãe ficarão impunes!

— Por favor, Paty, não fala o que não sabe – disse Maurício.

— Sabia que com suas acusações posso meter um processo em você? – respondeu Leila de maneira arrogante.

— Pois faça isso mesmo, minha filha.

— Cala boca, mulher, não sabe o que está dizendo! – disse Carlos, completamente fora de si.

— Pois faça... Pode fazer... Quem deve paga... Quem merece recebe... É a lei de ação e reação. Não tenho medo da minha mãe, muito menos de você. Aliás, vocês se merecem. Você sabe tanto quanto eu que sua irmã seria incapaz de cometer uma barbárie dessas!

Na hora Leila sentiu um calafrio percorrer seu corpo. Ela sabia que sua culpa a atormentaria e que Patrícia iria até as últimas consequências para descobrir tudo.

— Bom, senhor Carlos, não temos mais nada para fazer aqui. Descanse, amanhã é outro dia e tudo se resolverá.

— Não conseguirei nem dormir, quanto mais descansar, pois quando penso que minha filha está atrás das grades minha alma dói como se estivesse sendo retirada do corpo.

Maurício se penalizou por Carlos, pois sabia exatamente o que o homem estava sentindo naquela hora. Lembrou-se de seus pais e até se emocionou, pois seu pai havia partido para outra esfera por desgosto, deixando sua mãe viúva. Leila silenciosamente se retirou enquanto todos estavam comovidos. Assim que entrou em seu quarto, jogou-se na cama e o medo a envolveu.

Capítulo onze
uma linda descoberta

Leandro, na casa das amigas Vitória e Cléo, estava em pedaços, não parava de chorar um só momento. Nenhuma das duas sabia mais o que fazer. De repente, ele falou:

— Vou embora!

— Mas vai para onde, Leandro? Melhor ficar aqui conosco.

— Não... Preciso sair... Preciso sumir!

Leandro saiu desnorteado, nem Vitória nem Cléo conseguiram impedi-lo. O jovem, decepcionado, sumiu por mais de uma semana. Ninguém sabia de seu paradeiro. Sua infelicidade era enorme, ele custava crer que a mulher de sua vida o havia roubado deliberadamente. Seus pensamentos eram os piores. Tentou cortar os pulsos, mas a covardia não deixou.

Seus pais estavam desesperados. Marisa chorava dia e noite, e chegou a pensar que a culpa era dela.

Bem, meus queridos leitores, mais uma vez aqui estou eu para esclarecer. Quando digo "ela chegou a pensar que fosse culpada", é porque na realidade pessoas como Marisa nunca acham que estão erradas; para elas, "tudo é para o bem". São espíritos ambiciosos, arrogantes, mandões, que acham que as coisas têm de acontecer exatamente como elas planejaram, e esses pensamentos são fissionados o tempo todo em certas direções, são treinados diariamente. O plasma que se forma em volta de seu espírito torna-se vivo, "existente". Pessoas assim, que querem ter o comando de tudo e de todos, pensam sempre estar fazendo o melhor, mas nós sabemos que esse "melhor" é apenas em sua mente doentia. O que é o melhor, pergunto eu... O melhor é o que cada um acredita ser bom para si, e assim voltamos ao livre-arbítrio. Todos nós temos o direito de escolher o que achamos melhor; se é certo ou errado, cada qual arcará com as consequências, então, não adianta mamães e papais escolherem os caminhos dos filhos, pois isso cabe somente a eles, ninguém é de ninguém. Somos espíritos livres, individuais, apenas nos agregamos a famílias consanguíneas para repararmos nossas provações.

Marisa, além de atormentada pela falta do filho amado, transmitia vibrações ruins, escuras, para todos da casa. Apenas Patrícia conseguia enxergar e não se envolver. Mais uma vez, Patrícia, em seu quarto, lembrou-se de dona Evangelina, fez suas orações e intuiu o que deveria fazer. Arrumou-se pela manhã e foi à casa de Cléo. Assim que chegou, foi bem recebida:

— Entre, querida, como está?

— Eu estou bem, mas na minha casa o ambiente anda carregado.

— Teve notícias do Leandro?

— Ainda não, mas não adianta pensarmos no pior, uma hora ele vai aparecer. Leandro precisa de um tempo, tudo isso é muito cruel e doloroso. Leandro ama Sabrina, mas não consegue enxergar o óbvio; seu sofrimento não o deixa raciocinar com clareza.

— E Sabrina?

— Pois é, Maurício não conseguiu o *habeas corpus*. Ela vai ter que esperar pelo julgamento presa.

— Para quando foi marcado?

— Para daqui a duas semanas, mais ou menos. Vocês têm ido visitá-la, né?

— Claro que sim, todos os dias.

— Não podemos abandoná-la, ainda mais agora.

— O que está querendo dizer?

— Ainda não posso dizer, só Maurício e eu estamos sabendo. Mas não vim aqui para falar de Sabrina. Preciso ver dona Evangelina.

— Vou ligar para ela agora mesmo.

Vitória foi fazer sua ligação e em seguida voltou.

— Ela disse que está a esperando.

— Obrigada, dona Vitória, já vou indo.

— Quer que eu vá com você? – perguntou Cléo, preocupada.

— Não, agradeço, mas prefiro ir sozinha.

Patrícia se despediu e foi para a casa de Evangelina. Vitória e Cléo ficaram preocupadas. Maurício ia visitar Sabrina todos os dias. Sabia muito bem o que era ficar naquele lugar. Quando foi encaminhado para a sala, Sabrina já o esperava. Depois de um longo abraço, sentaram-se. Sabrina se encontrava mais tranquila, pois havia aceitado sua provação com dignidade.

— Como se sente?

— Bem... Às vezes tenho muito enjoos e sensação de desmaio, mas aguento firme. Trouxe o que te pedi?

— Está aqui...

Sabrina abriu o pacote e, feliz, segurou nas mãos um caderno de capa dura.

— Começarei hoje mesmo a escrever. Sinto necessidade de passar para o papel tudo o que estou sentindo, principalmente sobre esse "serzinho" crescendo aqui dentro do meu ventre.

Maurício segurou suas mãos com carinho.

— Está se alimentando direitinho? Quero esse garotão bem forte, hein! – Maurício brincou com Sabrina, mas os olhos dela encheram-se de lágrimas.

— Eu agradeço por tudo o que está fazendo por mim, não só como advogado, mas como o grande amigo que sempre foi. Sempre soube que você era inocente. Conheço bem sua história. Quando éramos jovens, sabia que você chegou a fazer uso de cigarros ilegais, mas sei também que não era traficante.

— Eu agradeço muito pela gentileza, mas prefiro não falar mais sobre isso.

— Mas temos que falar, nossa alma se sente mais leve, nos sentimos melhor. Veja eu, por exemplo, não sinto pena de mim. Senti, sim, muita revolta, mas não pena. Precisamos falar sobre o mal que nos fizeram para que possamos perdoar. Conseguiram achar o rapaz que trabalhou na loja?

— Infelizmente, não, ele evaporou, mas estamos com boas pistas, e até o julgamento vamos pegá-lo, você vai ver. Se conseguirmos, logo você estará livre!

— Já me sinto livre, estou em estado de êxtase. Estou grávida, sabe o que é isso?

Maurício sorriu com a felicidade da amiga.

— Não pare de lutar.

— Do que está falando, garota grávida? – brincou o amigo.

— Sei que você ainda ama a Paty. Volte para ela, você precisa ser feliz, não deixe o tempo passar, ele não espera. Ele passa, e com ele também vão embora as oportunidades. Vivam seu amor, casem-se, sejam felizes. Eu perdi o amor da minha vida. Para mim, esse tempo já passou, mas para vocês ainda não.

— Como seus pais estão?

— Mais calmos. Meu pai vem todos os dias, minha mãe nem tanto, mas eu a entendo. Ela sempre preferiu Leila.

— Você realmente é muito melhor do que eu, aceita os fatos com tanta facilidade.

— Adianta nos lamentarmos, impormos nossas vontades? Procuro aceitar os acontecimentos. Minha mãe sempre pendeu para Leila, mas tenho meu pai, meu amigo. Ele me entende.

— Como eu queria ser capaz de aceitar assim tão fácil o que me fizeram, mas não consigo.

— Tudo tem seu tempo, e o seu ainda não chegou. Agora, voltar para Paty, isso já está mais que na hora de acontecer.

— Quando penso que meu pai morreu por causa daquela mulher, sinto tanta raiva que penso que o melhor é ficar distante de Paty.

— Isso tudo é bobagem. Seu pai se foi, não há mais como voltar, perdoe a si mesmo, perdoe a ignorância da outra parte e recomece sua história. Tenho certeza de que Paty ainda o ama e que só não dá o primeiro passo por medo de você rejeitá-la.

— Sabe por que me formei em Direito?

— Não, mas imagino.

— Por isso mesmo. Sempre que puder ajudarei as pessoas que passarem por tudo o que passei. Cumpri uma pena que não era minha.

— Tudo bem, Maurício... Isso já passou. Dê a volta por cima e siga em frente, o amor está aí, batendo na sua porta, entregue-se.

Capítulo doze
o julgamento

Patrícia chegou à casa de Evangelina e logo foi recebida pela generosa senhora de cabelos grisalhos.

— Entre, minha querida.

Patrícia entrou e a dona da casa indicou com a mão para que se sentasse.

— O que está sentindo?

— Não sei direito como explicar, mas sinto uma angústia.

— É normal, por tudo o que estão passando.

— Como sabe o que estamos passando?

— Seu rosto me diz, e também tenho meus amigos que me sopram.

— Sabrina está presa por algo que não cometeu. Meu irmão sumiu há mais de uma semana, minha mãe chora dia e noite. Não sei o que fazer.

— Não há o que fazer, apenas se imunize de vibrações baixas e ore. Além disso, tanto eu como você sabemos que sempre há a lei do retorno.

— Em minha casa até tento conviver da melhor maneira, mas a situação de Sabrina é difícil. Ela está esperando um filho do meu irmão.

— Que seja feita a vontade de Deus, e não a nossa.

— Não compreendo o que quer dizer, às vezes.

— Que seja bem-vinda essa criança que está sendo gerada.

— Mas ela está presa, e a cadeia não é o lugar ideal de se ter um filho.

— Não sabemos os desígnios de Deus, apenas temos que aceitar. E Sabrina não ficara lá por muito tempo.

— Não? A senhora vê alguma coisa?

— Quem deve paga, quem merece recebe. Sabrina não deve nada à Justiça.

— Mas não é tão simples asssim. Maurício não conseguiu o *habeas corpus* para ela responder em liberdade.

— Tudo tem sua hora, tranquilize-se. Sabrina será absolvida.

— Mas como? Todas as provas são contra ela.

— Mas Deus tudo sabe, tudo vê. Confie sempre, no momento exato tudo pode acontecer.

Patrícia suspirou, parecia ter tirado um grande peso dos ombros.

— Já me sinto mais confiante. Vou embora, não quero mais tomar o tempo da senhora.

— E Maurício, como está?

Patrícia parou por alguns instantes.

— Está fazendo o possível para libertá-la.

— Não é sobre a profissão dele que quero saber, é sobre vocês dois.

— Não há o que dizer, nos falamos sempre, mas por causa da Sabrina.

— Até quando você vai protelar sua felicidade?

— Acho que ele ainda sente muito por tudo o que houve.

— Não é para menos, ele é apenas um ser humano, com falhas e qualidades, como todos nós. Cabe a você mostrar-lhe que a vida não se resume a mágoas e ao passado. Você o ama?

— Mais que tudo.

— Então, sua escolha já está feita. Apenas dê o primeiro passo, diga tudo o que sente, diga a ele o que sua alma almeja. Vocês merecem viver esse amor.

Patrícia ficou emocionada com as palavras de Evangelina, sua mentora mediúnica. Saiu da casa dela com muita esperança – mais que isso, confiante de que Sabrina logo estaria livre.

Leandro enfim apareceu. Assim que entrou em casa, sua mãe o abraçou forte.

— Por onde andou esse tempo todo?

— Por aí, mãe.

— Como está magro, abatido.

— Mãe, eu voltei, mas preciso de paz, voltei para retomar minha vida, mas, por favor, deixe-me em paz.

Leandro foi para o quarto e aquela noite não desceu. Passava das dez quando Patrícia chegou e recebeu a notícia de que ele havia voltado. Dirigiu-se ao quarto dele e bateu na porta de leve.

— Posso entrar?

Leandro não respondeu. Olhou para a irmã como se estivesse olhando para qualquer objeto. Ela carinhosamente o abraçou. Assim que o tocou, sentiu um mal-estar muito grande.

— Leandro, não alimente esses pensamentos.

— Do que está falando?

— Estou falando dos pensamentos pesados que está a remoer dia e noite.

— Minha vida perdeu o sentido.

— Não... Claro que não... Logo Sabrina estará livre e vocês poderão viver sua vida em paz.

— Que vida? Onde você vê vida? Sabrina me decepcionou, acabou com o pouco de esperança que eu tinha.

Patrícia estava com um péssimo pressentimento e tinha de tomar uma atitude.

— Vamos fazer assim: amanhã podemos ir ao médico. Você toma alguns comprimidos e logo ficará bom.

— Tomar remédios para louco como os seus?

— Não, Leandro... Realmente preciso de remédios, mas meus motivos são outros. Meus remédios são naturais, eu os tomo apenas para manter o equilíbrio.

— Por favor, Paty, me deixe sozinho, não preciso de médico nem de remédios, preciso de paz, só isso, me deixe em paz.

Patrícia o deixou sozinho, mas estava com muito medo. Entrou em seu quarto e fez orações por muito tempo.

Na manhã seguinte, Leandro foi um dos primeiros a sentar-se à mesa para o café da manhã. Estava cabisbaixo e muito triste. Em seguida, juntaram-se a ele a irmã e o pai. Marisa ainda dormia.

— Bom dia a todos – disse Patrícia com um sorriso nos lábios para animar o ambiente.

— Bom dia, minha filha.

— Bom dia, irmão.

— Bom dia – respondeu Leandro secamente.

Para ele, poderia não existir mais o amanhã nem os outros dias. Era fato que Leandro, apesar de uma aparência atraente, era fraco. Ele pensava em não viver mais. A cada dia seus pensamentos se resumiam a exterminar seus dias de dor.

— Hoje é meu último dia na faculdade. Já fechei as notas e já apresentei meu TCC; graças a Deus, terminei a faculdade.

— Que bom, minha filha, poderá montar um consultório agora.

— Eu sei, pai... Mas ainda tenho algumas coisas importantes para resolver. No futuro, sem dúvida cuidarei disso.

— Que coisas importantes?

— Daqui a dois dias será o julgamento de Sabrina.

— E... Não é problema seu – disse o pai, meio contrariado.

— É sim, aliás, é um problema de todos nós.

Leandro não dizia nada, mas não perdia uma só palavra da irmã.

— Por que de todos nós?

— Pai... Não continue seus pensamentos, todos nós sabemos que Sabrina é inocente.

— Não é o que dizem as provas.

— Tudo bem... Mas vocês todos vão ter uma surpresa e, mais que isso, vão se arrepender dos julgamentos precipitados.

Leandro, com o coração cheio de mágoa, levantou e saiu. Patrícia, embora estivesse muito preocupada com os pensamentos do irmão, não o impediu. Ela se despediu do pai e foi à faculdade.

Passados dois dias, Sabrina foi levada a julgamento. Estava calma como nunca estivera. Ela mudou muito e deixou a decisão nas mãos de Deus.

Várias pessoas foram chamadas para testemunhar: todos da loja, incluindo Bete, que também nunca acreditara no acontecido.

Sabrina, de frente para o juiz, mantinha-se em silêncio ao lado de Maurício. Marisa foi chamada, já que foi ela quem flagrou a ré com o dinheiro na bolsa.

O depoimento das testemunhas já estava terminando, e logo em seguida seria dado o veredicto. Foi quando entrou um rapaz acompanhado de outros dois, contratados por Maurício. O rapaz não tinha cor, seu semblante era de desespero e ele suava frio.

Marisa olhou com os olhos arregalados para Leila, que estava sentada entre seus pais, e assim começaram as perguntas da defesa.

— Jura dizer a verdade, nada mais que a verdade?

O rapaz respondeu baixinho, com uma voz quase impossível de ser escutada.

— Sim, senhor.

— Qual é o seu nome completo?

— Lucas Ferreira dos Santos.

— Sua idade?

— 24 anos.

— Você estava presente no dia em que a ré Sabrina foi acusada, não é?

— Sim, senhor.

— E você, como um rapaz idôneo, poderia relatar os acontecimentos para nosso júri?

O rapaz estava passando mal, pois sabia que estava prestes a ser descoberto. Com tranquilidade, o advogado de defesa continuou:

— Pode responder, ou quer que eu faça novamente a pergunta? – perguntou firme Maurício para intimidá-lo.

— Senhor, estou passando mal!

— Por favor, tragam um pouco de água para a testemunha – pediu o juiz.

O rapaz bebeu alguns goles e, gaguejando, contou tudo o que havia acontecido, ficando provado que Sabrina havia caído em uma armadilha.

— Esse rapaz está mentindo, senhor juiz! – gritou Marisa, descontrolada.

— Silêncio, por favor... – o juiz bateu o martelo com firmeza.

— Tem certeza de que esse fato ocorreu como nos contou? – perguntou o juiz para apurar a reação do rapaz, que estava morrendo de medo.

— Sim, senhor.

— E quem poderia ter colocado esse dinheiro na bolsa da ré Sabrina de Almeida, para incriminá-la?

Leila e Marisa abaixaram a cabeça, temendo o que de pior poderia acontecer.

— Isso não posso responder, não, seu juiz.

— Mas admite que Sabrina de Almeida é inocente?

— Sim, senhor.

— Você tem consciência do ato que está praticando encobrindo o mandante desse delito?

— Tenho, sim, senhor.

— Mesmo que pague sua pena em defesa do mandante?

— Sim, senhor.

O juiz, depois de muito tentar tirar do rapaz quem cometeu o delito para incriminar a ré, entrou em outra sala. Retornou com a sentença nas mãos:

— Eu, juiz Fulano de Tal, declaro que Sabrina de Almeida é inocente. Portanto, Lucas Ferreira dos Santos cumprirá pena em regime fechado por cinco anos por ocultar da lei o verdadeiro culpado, assumindo para si todas as responsabilidades e a culpa.

Sabrina e Maurício se abraçaram forte. Patrícia e Cléo pularam o pequeno cercado para se juntar a eles. Carlos fez a mesma coisa. Leonor esperou sua vez. Assim que a filha saiu para o lado de fora, a mãe, chorando muito, a abraçou comovida. Marisa e Leila, mais do que depressa, saíram sem olhar para trás, mas não passaram despercebidas por Evangelina, que estava sentada no final do salão, na última fileira de cadeiras. Ela agradeceu a Deus e foi embora também.

Capítulo treze
o tempo de sabrina

Sabrina decidiu buscar algumas roupas em casa, pois já havia tomado uma decisão.

— Mas por que, minha filha, vai abandonar sua família?

Sabrina gentilmente abraçou o pai por alguns instantes e depois disse:

— Pai, não abandonarei vocês. Só preciso de um tempo, quero me recolher em algum lugar em que eu possa refletir sobre tudo o que aconteceu. Preciso de um tempo para mim mesma, o senhor entende?

O pai a abraçou forte e respondeu, comovido:

— Eu a entendo, vá, sim, minha filha, faça o que for melhor para você, mas prometa que mandará notícias.

— Claro que sim, meu pai, eu amo muito todos vocês. Será breve, prometo.

Sabrina saiu acompanhada de Patrícia e Cléo. Elas foram se encontrar com Maurício na casa de Evangelina. Assim que entraram, a dona da casa a acolheu com carinho e lhe deu um abraço.

— Como está se sentindo, minha querida?

— Muito bem...

— Você está certa, deve procurar a paz que tanto almeja. Maurício foi muito gentil de levá-la para longe dos julgamentos impertinentes. Vá e seja feliz. Sempre que possível, e se Maurício permitir, irei vistá-la.

— Quando quiser, dona Evangelina... Eu a conheci há poucas horas, mas já a tenho como uma grande amiga por tudo o que se dispôs a esclarecer-me. Sinceramente, fiquei feliz em conhecê-la.

— E eu também. Sempre que puder ou precisar, minhas portas estarão abertas para você.

Antes que Sabrina saísse definitivamente, Evangelina se aproximou e disse, olhando em seus olhos:

— Nunca se esqueça do amor que sente por Leandro. Lembre-se de que agora tem um pedacinho dele dentro de si. Persevere e seja forte como foi até o momento.

Sabrina olhou para Maurício, Patrícia e Cléo com olhar reprovador.

— Não os acuse ou julgue. Ninguém me disse nada, eu vejo o que pessoas normais não conseguem ou não lhes é permitido ver. Sei que está gerando um lindo garoto.

Sabrina não conteve a emoção. Passou a mão em seu ventre e abraçou Evangelina.

Maurício tinha uma pequena casa de campo no interior de São Paulo. Ele, em companhia de Patrícia, levou Sabrina para lá, como haviam combinado caso ela fosse inocentada. A viagem foi longa, chegaram à noitinha. Sabrina desceu entusiasmada com o aroma do mato e das flores. Era uma casa pequena, mas muito confortável. Havia três quartos, copa, uma pequena cozinha e dois banheiros. A casa era toda cercada por madeira talhada e tinha uma invejável varanda com uma rede confortável. Era ali que o pai de Maurício passava a maior parte do tempo. Seu prazer era ficar pescando em uma grande lagoa que havia ali perto. Aquele foi seu mundo por muitos anos.

Patrícia não sabia cozinhar, mas ajudou Sabrina e a caseira a preparar um gostoso jantar. Todos estavam felizes, sentaram-se à mesa e fizeram a refeição. Riram muito e relembraram os tempos de colégio, foi uma noite e tanto. A certa hora Sabrina, cansada, pediu licença e foi para o quarto todo preparado para sua chegada. Ficaram, então, apenas Maurício e Patrícia.

— Puxa, como estou feliz por Sabrina estar livre.

— Eu também... – respondeu Maurício.

— Graças a você, que achou aquele rapaz irresponsável.

— Mas não se esqueça de que há alguém por trás de tudo isso. Ele assumiu a culpa, mas com toda certeza há muito mais do que imaginamos.

— Bem... Vamos esquecer esse fato por enquanto.

O silêncio se fez por alguns instantes.

— Patrícia você ainda me ama? – perguntou Maurício de supetão.

Patrícia na hora ficou com os olhos marejados de lágrimas e, antes que ela respondesse, Maurício a tomou nos braços e a beijou com paixão. Patrícia se entregou a ele como nos velhos tempos. Tudo o que mais desejava era tê-lo a seu lado. Com a paixão a arder em seu corpo, foram para o quarto e se entregaram ao amor que ainda mantinha acesa a chama. Foi uma noite inesquecível e de muito prazer. Pela manhã, Sabrina, como estava acostumada a trabalhar, ajudou a caseira a preparar o café da manhã e esperou na varanda que seus amigos levantassem. Em seguida, Maurício e Patrícia se juntaram a Sabrina.

— Estava esperando vocês. Vamos tomar café?

Sabrina ficou feliz pelos amigos. O brilho nos olhos de ambos os entregava.

— Como passaram a noite? – perguntou Sabrina com um sorriso malicioso.

Maurício, sem se conter, sorriu feliz.

— Muito bem! – respondeu Patrícia, pegando nas mãos de Maurício.

— Fico feliz que tenham tomado juízo e reatado esse amor maravilhoso.

— Nós também – respondeu Maurício com a alma em plena felicidade.

— Sabrina, temos que conversar com você.

— Comigo? Pela fisionomia de vocês, deve ser sério.

— Ninguém sabe que está aqui e, se depender de nós, ninguém saberá, mas todo cuidado é pouco.

— Por que está dizendo isso, Paty?

— Temos motivos suficientes para acreditar que dona Marisa e sua irmã estão juntas para afastá-la de Leandro.

— Não creio!

— Sei que é inacreditável, mas é a pura verdade.

— Paty... Você está falando da sua mãe!

— É por isso mesmo. Maurício e eu conversamos a noite toda.

— E aí? – adiantou-se Sabrina, curiosa.

— Lembra-se de quando Maurício foi preso por encontrarem em seu carro vários pacotinhos de drogas?

— Claro que sim, e nós nunca acreditamos que ele tivesse alguma coisa com aquilo.

— Pois é... Isso tudo foi armado para que ele fosse preso. E ele ficou preso por algo que não devia. Cumpriu sua pena, éramos jovens ainda, e passaram-se todos esses anos. Maurício se formou advogado, é um homem de bem. Jamais seria um traficante. Mas minha mãe uma vez o surpreendeu fumando algo ilegal, e isso foi um ponto para que ela nos separasse.

— Mas ele era ainda um moleque! Nós tínhamos o quê? Quinze, dezesseis anos?

— É, Sabrina, mas para minha mãe as coisas acontecem como ela quer e pronto. Maurício, como muitos da turma, experimentou, mas foi só uma única vez. Não somos pessoas do mal, foi apenas curiosidade.

— E eu paguei muito caro por isso. Quando fui preso, meus pais arrumaram um advogado. Ele era bom no que fazia e logo descobriu que eu havia caído em uma armadilha, mas até provarem minha inocência foram três duros anos. E não é novidade nenhuma para todos de nossa turma que meu pai acabou morrendo de um ataque do coração por se decepcionar muito comigo. Meu pai foi embora pensando que eu era um viciado e traficante, e infelizmente não houve tempo para ele saber a verdade.

— Vocês acham que há possibilidade de a sua mãe ter armado tudo isso para mim?

— Sim, claro, e com a ajuda da sua irmã. Mas ainda não podemos provar nada.

Sabrina levantou da mesa, passou as mãos pelos cabelos na tentativa de acreditar que tudo não passava de um sonho.

— Calma, Sabrina, é por isso que todo cuidado é pouco.

Sabrina começou a chorar baixinho. Ela era uma moça boa, meiga, pacienciosa, não acreditava que existissem pessoas tão cruéis.

Patrícia também levantou e a abraçou forte.

— Por favor, Sabrina, mantenha a calma. Maurício não quer parar por aí. Ele teima em descobrir a verdade, acha que Lucas, o rapaz que foi preso, foi muito bem pago para que, se algo desse errado, ele assumisse a culpa.

— Não é possível... Vocês devem estar confundindo tudo por causa do passado. Minha irmã não faria uma coisa dessas comigo!

— Sabrina, não seja ingênua. Investiguei tudo, era minha obrigação, sua irmã não trabalhava, não estudava, como se mantinha na ostentação?

Sabrina parou por alguns instantes, com as lágrimas vertendo de seus olhos, e depois de raciocinar se pronunciou:

— Meu Deus! Será possível? É verdade... Ela andava toda arrumada e com motorista para cima e para baixo, dizendo que era por dona Marisa. Como fui burra!

— Isso não quer dizer que foi ou é burra, apenas que é uma pessoa de bem, e normalmente pessoas como você não veem maldade nas outras – disse Patrícia com sabedoria.

— E agora, o que vai acontecer?

— Você aprovando ou não, vou até o fim, é um dever meu como advogado, ninguém pode pagar por um crime que não cometeu.

— Você só está livre porque Maurício tem muita experiência e investigadores, e é dever dele provar a inocência de seus clientes.

— O que vai acontecer com aquele rapaz, o Lucas?

— Mesmo que eu consiga descobrir como tudo isso aconteceu, ele terá que pagar pelo que fez. Não pegará uma pena tão grande, mas pagará também.

— Custo a acreditar.

— Sabrina, convenhamos. Você sabia que minha mãe não ia deixar você e meu irmão levarem o casamento adiante.

— Tudo bem... Sua mãe posso até entender, mas minha irmã fazer isso comigo!

— Sabrina, Leila quer seu lugar.

— Como assim?

Patrícia baixou a cabeça, não sabia como dizer o que enxergara.

— Diga logo, Paty... Por favor, o que é pior que eu saber que minha própria irmã fez tudo isso para mim?

— Diga logo o que vê, Paty – disse Maurício querendo sempre a verdade.

— É ocupar seu lugar, literalmente. Ela quer Leandro.

— Não é possível!

— É possível, sim, Sabrina. Acorde, garota, sua irmã tem inveja de você – completou Maurício meio alterado para que Sabrina acordasse para a vida.

Sabrina sentou-se na poltrona e chorou compulsivamente:

— Por favor, Sabrina seja forte. Agora tem um novo serzinho dentro de você, é um pedacinho do Leandro.

Sabrina, passando a mão em seu ventre, não respondeu nada, silenciou. Maurício e Patrícia respeitaram o momento dela.

— Vamos dar umas voltas por aí. Reflita e, quando quiser conversar, estaremos bem ali do lado de fora.

Maurício puxou Patrícia pela mão e saiu. Sentaram-se na varanda.

— Sabrina não vai suportar, mas tínhamos que contar a verdade.

— Ela é forte, vai refletir e seguir adiante. Eu mesma vou contar tudo a Leandro. Sei que ele vai acabar com mamãe, mas é minha obrigação.

— Não tome nenhuma atitude precipitada, afinal, ainda não sabemos o que realmente aconteceu. Isso tudo são suposições. Sou pela verdade, desde que realmente ela apareça.

Passou mais de meia hora e Sabrina, já recomposta, saiu à varanda, juntando-se a eles.

— Perdoem meu vexame, mas podemos conversar agora?

— Sente-se e diga o que está em seu coração.

— Pensei bem... Amo Leandro mais que a mim mesma, por isso não vou lamentar o que supostamente sua mãe e minha irmã fizeram. Agora, o principal é realmente pensar neste bebê que está aqui dentro de mim. Ou melhor, este garoto, como disse dona Evangelina.

— Isso mesmo, é assim que se fala. Estaremos sempre ao seu lado.

— Mas vou fazer um pedido. Não quero que ninguém saiba onde estou ou que estou grávida, quero tranquilidade neste momento.

— Nem Leandro?

— Não, Paty nem seu irmão. Ele não acreditou em mim e foi até violento. Tomou de volta o anel de noivado, então, o melhor a fazer é dar tempo a ele. Apesar de ter sido rude comigo, é vítima como eu, então, deixe que ele continue sua vida. Quem não acredita em mim não me merece. Quero ficar sozinha, preciso de um tempo também.

— Mas a essa altura ele já deve saber que você foi absolvida. O que devo dizer?

— A verdade, que fui embora, para não me procurar por enquanto. Que ele me dê um tempo se realmente fui importante em sua vida. Quem vai me trazer a resposta é o tempo por intermédio dele.

Patrícia a achou tão madura que diante de seu pedido não havia como ir contra. Ela sentiu que depois de tanto sofrimento Sabrina estava certa. "Quem não acredita em mim não me merece."

— Tudo bem... Eu e Maurício faremos o que está nos pedindo.

— Ah, esqueci... uma exceção: por favor, quando puderem, tragam aquela senhora. Se realmente é uma pessoa espiritualizada e traz ensinamentos, precisarei muito de seus conhecimentos para esse novo ciclo que está se iniciando em minha vida.

— Está falando de dona Evangelina?

— Sim... Ela mesma. Por favor, preciso de auxílio e, pelo que já conheci dela, ela certamente me encaminhará.

Tudo ficou resolvido entre os velhos amigos. Maurício e Patrícia se despediram e foram embora, deixando Sabrina muito bem.

Capítulo catorze
O remorso de Leandro

Sabrina ficou apenas na companhia de Alzira, a caseira, e de seu bebê. Aos poucos, Alzira foi se afeiçoando a Sabrina. Era impossível não se dar bem com ela, pois era meiga e compreensiva. Havia dias em que sofria com a solidão e a falta de Leandro. Quando isso acontecia, pegava seu diário e começava a traçar algumas linhas. Alzira, quando a via sozinha na varanda com o caderno nas mãos, não se aproximava, sabia que era um momento dela.

Querido diário, aqui vamos continuar nossa história.

Graças a Deus, à irmandade de Patrícia, sua tia, e de Maurício, estou livre para me dedicar integralmente a você, meu querido filho. Vamos esquecer esse lamentável fato da vida de sua mãe.

Conheci Leandro, seu pai, já faz alguns anos. Éramos muitos jovens ainda, mas nossa pouca idade não foi impedimento para nos apaixonarmos.

Seu pai é um homem maravilhoso. É alto, moreno, tem grandes olhos azuis e os cabelos pretos como ébano. É generoso, honesto, trabalhador, vive sorrindo. Gostaria que você soubesse que foi feito com muito amor. Deus nosso pai é sábio e por algum motivo nos separou, mas nós dois não vamos nos lamentar por isso, muito menos julgar os desígnios de nosso Criador.

Já estamos aqui há um mês e você a cada dia cresce forte e saudável dentro de mim. Estou tranquila, mas com muito desejo de tê-lo em meus braços. Sei que nos daremos muito bem. Não se zangue com sua mãe por ainda não contar a seu pai de sua existência. Tenha serenidade igual à mamãe para que no tempo certo possamos estar todos juntos.

Sinto um amor imenso por ti, mesmo que ainda não tenhamos sido apresentados. Sinto que será um garoto e que, quando crescer, será um homem de bem igual a seu pai.

Confesso a ti que seus avós fazem muita falta para mim. Puxa, acho que seu avô Carlos vai explodir de tanta felicidade em saber que você existe e que vem para nos ensinar milhões de coisas.

Espero que entenda tudo o que mamãe está escrevendo com muito carinho. É um segredo nosso... Só nosso...

Acho que por hoje a mamãe já escreveu o bastante para aos poucos nos conhecermos.

Marisa, depois da absolvição de Sabrina, ficou muito nervosa, desesperada até. Ordenou que no dia seguinte Leila a encontrasse na cafeteria, como sempre faziam. Assim que Leila chegou, mal a cumprimentou e foi falando em tom histérico:

— O que você fez de errado?

— Eu? Nada. Como poderia imaginar que fossem achar Lucas?

— Você é uma incompetente mesmo. E agora? O que faremos?

— Em primeiro lugar, é melhor parar de gritar comigo como uma louca, está tudo sob controle.

— Estou vendo que está tudo sob controle. Uma hora esse rapaz vai nos entregar. Você é uma desmiolada mesmo!

— Calma lá... Pega leve, dona sem coração... Eu sei o que estou dizendo. Já havia combinado tudo com ele.

— Sem coração eu? Por quê?

O diário de Sabrina   **83**

— Por quê? Convenhamos, quem faz um filho sofrer desse jeito é capaz de qualquer coisa. Portanto, já vou dizendo: pense bem no que vai dizer ou aprontar para mim, pois eu a levo junto. Se não tem coração, eu muito menos.

— Era só o que me faltava! Bom, deixe de papo furado e vamos ao que interessa. E agora? Que combinado foi esse?

— Disse a ele que nada daria errado, mas, caso algo acontecesse, era uma possibilidade em um milhão. Também disse que ele seria bem pago para assumir as responsabilidades.

— Seria bem pago? E quem vai pagá-lo?

— Você, é claro!

— Eu? Acha que consigo dinheiro assim, por encanto?

— Acho, sim... E depois, é sua vida que está em jogo. Ou paga o que ele pedir ou tudo estará acabado para a senhora.

Marisa suava frio, estava sem conseguir concatenar as ideias.

— E quanto ele pediu?

— Ainda não sei.

— Não sabe? Como combina com um marginal uma coisa que talvez não possa cumprir?

— Eu não tenho nada com isso, a dona do dinheiro é a senhora.

— Piorou... Meu Deus, quanto será que esse marginalzinho vai pedir?

— É melhor ir se acalmando, porque ele está no lugar da senhora lá no cadeião! E depois, não é um marginal...

— Em meu lugar? E você também não está nessa?

— Claro que não. Por via das dúvidas, se vier me investigar, não tenho onde cair morta, não há como me incriminarem. Agora, a senhora já é um caso à parte, tem dinheiro saindo pelo ladrão.

— Leila, você não entendeu uma parte dessa história. Tudo, tudo é contabilizado. Acha que eu estalo os dedos e o dinheiro aparece?

— Bem, dona Marisa, eu não sei, isso é com a senhora.

Marisa estava apavorada. Além de tudo, seu filho já sabia que Sabrina era inocente e estava se martirizando de remorso por tê-la tratado daquela maneira tão grosseira.

— Meu Deus, o que vou fazer? Ainda mais agora que Leandro está muito mal por saber que Sabrina é inocente. Não vai demorar muito para ele correr atrás dela. Tudo o que fizemos foi tempo perdido. Sabia que não podia contar com uma amadora como você!

— Ei, espere lá... Fiz o que me pediu, consegui separá-los!

— Por quanto tempo, sua incompetente?

— Leandro não volta mais com Sabrina, tá?

— Ah, não? E como a inteligência pura vai fazer para que isso não aconteça?

— É simples: Leandro vai se casar comigo.

— O quê? – Marisa deu um grito e toda a cafeteria olhou para ela.

— Quer parar de dar escândalos?

Marisa baixou o tom de voz:

— Como quer que eu fique calma com uma asneira dessas?

— Eu só ajudei a senhora nesse plano cruel por causa do seu filho. Eu quero Leandro para mim e ponto.

— Só se for por cima de meu cadáver. Se eu não aceitava Sabrina, que pelo menos é uma garota honesta, educada, acha que vou aceitar uma... uma...

— Uma o quê, dona Marisa? – perguntou Leila alterando-se.

— Uma mulherzinha vulgar e oferecida. Olha só como se veste. Suas roupas são tão agarradas que dá para contar os ossos do seu corpo. Acha que permitirei que meu Leandro tenha uma mulher como você ao lado dele?

Leila levantou-se muito nervosa, pegou a bolsa e disse baixinho no ouvido de Marisa:

— A senhora ainda não sabe do que sou capaz para conseguir o que quero. Se não poupei nem minha irmã, o que acha que farei com a senhora?

Leila a deixou sozinha sentada à mesa e saiu rebolando. Aliás, era o que mais sabia fazer. Leila era provocante, sem pudor algum. Marisa congelou de medo, ou melhor, de pavor.

Pessoas como Marisa e Leila são atraídas pelas maldades, pelas afinidades. Gananciosas, autoritárias, sem escrúpulos para alcançar seus objetivos. Esse tipo de encarnado que carrega a arrogância de que tudo pode acaba alimentando sentimentos como ódio, raiva, inveja e outras vibrações de baixa escala, e a escuridão uma hora será um abrigo sem saída.

Marisa chegou em casa e Leandro a esperava na sala.

— Mãe, ainda bem que chegou! Liguei tanto para o seu celular, mas estava na caixa postal, onde esteve até agora?

— Ah, meu filho, estou morrendo de dor de cabeça, vou tomar um banho e deitar.

— Não, mãe, precisamos conversar.

Marisa o amava tanto que não sabia dizer não.

— Fala logo, meu filho.

— A senhora sabe desde ontem que Sabrina é inocente e que já está livre?

— Sim, Leandro...

— Por que não me disse nada?

— Ah, meu filho... Sei lá... Esqueci.

— Esqueceu? É essa a sua resposta? Esqueceu?

— Ah, Leandro, não dá para deixar essa conversa para mais tarde? Prometo que mais tarde responderei a tudo o que quiser ouvir.

Marisa nem bem terminou a frase e Patrícia entrou, pois acabara de chegar da casa de campo.

— O que quer saber, mano?

Leandro ficou feliz em ver a irmã entrando, mas, em compensação, Marisa gelou, pois com certeza ela sabia de alguma coisa, já que havia desaparecido desde o dia anterior.

— Sabrina foi inocentada! — disse ele feliz e ao mesmo tempo com remorso.

— Claro que foi, eu sempre confiei nela – respondeu a irmã com ar reprovador.

Marisa arregalou os olhos para a filha. Sentiu que sabia de muitas coisas.

— Por favor, irmã, conte-me tudo.

— Vamos nos sentar que eu conto o que sei.

Leandro rapidamente se sentou, mas Marisa naquele momento só queria sumir.

— Não dá agora, minha filha, acabei de dizer para seu irmão que estou morrendo de dor de cabeça. Vou deitar.

— Imagino como deve estar essa sua dor mesmo...

Marisa olhou para a filha quase que implorando para deixá-la de fora.

— Você não entende, minha filha, eu...

— Eu não só entendo como a deixo ir deitar. Tem coisas que às vezes não precisamos ouvir, já sabemos de tudo mesmo.

Marisa virou-se e a passos rápidos foi para o quarto.

— Por favor, irmã, me conte como foi o julgamento, conte-me tudo.

— Acha mesmo que merece saber?

Leandro não esperava aquela resposta da irmã, já que eram tão ligados.

— Sei que eu estava errado o tempo todo, mas juro, juro que aqui dentro de meu peito sabia que ela era inocente.

— É mesmo? E por que foi à delegacia? Foi lá só para humilhá-la?

Leandro abaixou a cabeça e começou a chorar. Patrícia não fez nada para impedir, queria mesmo ver através de seus olhos o remorso remoendo sua alma.

— E ainda por cima arrancou o anel da mão dela! Que espécie de amor é esse que na primeira maré baixa abandona o barco?

Leandro chorava de soluçar. Mesmo assim a irmã deixou que ele extravasasse suas mágoas, afinal, era ingênuo e vítima também.

— Sabrina realmente foi inocentada. Maurício, como seu advogado, conseguiu pegar o rapaz que armou tudo.

— Armaram isso para Sabrina?

— Exatamente.

— E quem faria isso?

— É o que o Maurício está tentando descobrir, mas está próximo.

— Verdade? Se eu pego essa pessoa eu mato com minhas próprias mãos!

— Não, Leandro... Não faria nada disso, sabe por quê? Porque você é um fraco.

Leandro olhou para ela perplexo.

— É isso mesmo que ouviu. Como pode falar em matar, se, quando sua noiva mais precisou, você a abandonou, mesmo ela jurando que era inocente? Como pode dizer que mataria, se deixou a mulher que diz que ama se humilhar trancafiada em um lugar onde só existem pessoas cruéis, sem escrúpulos, que roubam, matam? Sabrina ficou três meses presa, e quando você foi visitá-la? Quando foi sofrer junto a ela, que merecia todos os créditos do mundo?

— Você tem toda a razão, fui um covarde. Não mereço vê-la nunca mais. E, depois, mamãe ficava falando em meu ouvido que ela era uma ladra.

O diário de Sabrina   **87**

— Pois é, e mais uma vez você se deixou levar pelas opiniões da mamãe. Quando vai entender que nenhuma mulher vai ser boa o bastante para você? Não vê que é o invencível, o intocável, o maravilhoso, o homem mais lindo do mundo, de olhos azuis, a preciosidade da natureza?

— Para... Para... Para, por favor... Eu sou um idiota mesmo, sou um asno, sou um nada...

Patrícia se penalizou, mas aguentou firme.

— Bem... Já falei tudo o que estava entalado na minha garganta. Agora pode saber como Sabrina está.

Leandro, de cabeça baixa, limpava as lágrimas que desciam com a manga da camisa. Sabia que estava errado e não conseguia encarar a irmã.

— Sabrina está muito bem. Magoada, claro, mais magra, mas bem.

— Onde ela está? Pedirei perdão quantas vezes for preciso!

— Sabrina saiu de São Paulo, foi viajar.

— Para onde? Vou buscá-la.

— Ela não quer ver ninguém.

— Nem a mim?

— Ninguém, Leandro, nem os pais dela sabem para onde ela foi.

— E você? Você sabe, né?

— Sei, sim, e Maurício também.

— Maurício?

— Sim, Maurício... Por que? Qual é o problema? Se não fosse por ele, Sabrina estaria presa ainda, sozinha e abandona por quem ela menos queria.

— Como fui tolo, Meus Deus. Ela nunca vai me perdoar.

— Sabrina tem a alma generosa, só precisa de um tempo, mas agora ela sente necessidade de ficar só.

— Meu Deus, daria tudo para pedir desculpa a ela. Nunca vou me perdoar por tê-la feito sofrer tanto.

Leandro pegou no pingente que estava pendurado em seu peito e leu mais uma vez o nome dela e sua dedicação de amor. Patrícia não suportou a dor do irmão e o abraçou forte. Contudo, teve um mau pressentimento, acabou passando mal e pendeu pra trás.

— Paty... Paty... Paty... Fale comigo, por favor... Mãe! – gritou Leandro.

Marisa apareceu rapidamente.

— O que foi?

— Paty apagou!

— O que fazemos?

— Álcool, água... Qualquer coisa, mãe!

Marisa correu para a cozinha e voltou com Deolinda, que também ficou assustada. Leandro passou álcool em seus pulsos e a fez cheirar um pouco. Logo voltou ao normal.

— Paty... Paty...

Ela aos poucos foi voltando ao normal. Meio atordoada, disse pausadamente:

— Já... Estou... Bem...

Marisa a abanava para respirar melhor.

— Está bem, minha filha?

— Já... Já passou. Por favor, preciso ficar sozinha.

Patrícia foi para seu quarto. Assim que entrou, bebeu a água que sempre havia em sua cabeceira e orou... Orou muito pensando em dona Evangelina. Passados alguns minutos, ficou bem, mas o que sentiu não a animou muito.

Capítulo quinze
A confiança em Evangelina

Carlos respeitou a vontade da filha, mesmo porque era o único da família a saber que seria avô. Sabrina queria paz, e não julgamentos, e sabia que só seu pai guardaria segredo. Leonor, por sua vez, achava muito estranho esse comportamento da filha. Como mãe, tinha intuições que a preocupavam, mesmo não sendo tão ligada a ela. No jantar, ela se dirigiu a Carlos:

— Não acha muito estranho esse sumiço de sua filha?
— Claro que não, ela quer paz, mulher. Já não basta todo o sofrimento?
— Eu acho é bom, a casa está ótima sem ela.
— Leila, como pode falar assim de sua irmã? – repreendeu a mãe.
— Nossa, mas a senhora e ela viviam batendo de frente, agora está com saudade?
— Isso não é verdade, sua mãe era quem implicava com ela.
— O senhor não conta, pai... É o maior puxa-saco dela.
— Mais respeito, viu, garota? Sou seu pai!
— Ah... Tá bom, eu sou sempre a errada.

— Não é assim, minha filha, é que nos preocupamos com sua irmã – disse Leonor, melancólica.

Leonor estava aos poucos sentindo que realmente nunca tinha sido muito justa com Sabrina, e isso estava causando remorso, por estar sempre contra as vontades dela. Até se arrependera de ter ido contra seu namoro com Leandro, já que o moço ia visitá-la quando ela ficava sozinha, e no fim eles acabaram se entendendo. Leonor começou a perceber que realmente eles se amavam, e ela, como mãe, deveria ter sido cúmplice do amor deles.

Leandro aos poucos foi se abrindo com Leonor sobre seus medos, seus erros e até mesmo sobre a saudade que aos poucos o consumia. Ele foi ficando abatido e amargurado por não ter ajudado quando Sabrina mais precisou dele. Leonor, por sua vez, foi absorvendo os mesmos sentimentos do rapaz, e a cada dia os alimentava mais e mais.

Era um lindo dia ensolarado quando bem cedo chegaram Maurício e Patrícia, acompanhados de dona Evangelina. Sabrina, quando ouviu o barulho do carro, saiu às pressas na varanda e, sorrindo, gritou:

— Venha, Alzira... Venha, eles chegaram!

Alzira correu para recebê-los também. Assim que Patrícia desceu do carro, correu para abraçar Sabrina.

— Puxa vida, como essa barriguinha está enorme!

Foi um longo e gostoso abraço. Em seguida, Maurício também a abraçou. Sabrina abriu um enorme sorriso quando viu Evangelina logo atrás, pois ficou por último para cumprimentá-la. Ela também a abraçou forte, mas sem muitas emoções, afinal, estava em missão de ensinamentos, e não deveria se envolver com os personagens daquela empreitada.

— Venham, entrem!

Todos entraram e se acomodaram. Foram muitas risadas e alegrias.

— Sabrina, eu trouxe uma carta do seu pai – disse Patrícia, feliz.

— Como eles estão?

— Bem...

Sabrina fez uma pausa e leu a cartinha do pai:

Querida filha, espero que quando estiver lendo esta carta esteja muito bem. Estamos morrendo de saudade. Até sua mãe anda pelos cantos chorosa, sentindo sua falta.

Sei que tem seu tempo, mas já se passaram mais de seis meses, e acho que está na hora de você retomar sua vida, afinal de contas, ainda tem uma família, e um pai que a ama muito.

Bem... Despeço-me e mando daqui as melhores vibrações possíveis.

Quando Sabrina terminou de ler a carta, estava com lágrimas nos olhos. Nenhum dos visitantes questionou nada, apenas esperou que ela se recompusesse.

— Sinto muita falta de todos eles também. Papai diz que até minha mãe anda chorando pelos cantos, o que é difícil de acreditar.

— É verdade, mas as pessoas podem mudar.

— Minha mãe nunca sentiu minha falta. Acho que meu pai disse isso para me animar.

— Não é bem assim, minha querida. Aqui é uma escola, e nós, como estudantes, aprendemos muito, principalmente com nossos erros. Dê um crédito à sua mãe.

Sabrina sentiu as palavras de Evangelina tocarem seu coração.

— Acho que a senhora tem toda a razão. Por que minha mãe não sentiria minha falta, não é? Gosto muito de minha mãe, ela é que nunca concordava com...

Evangelina a cortou:

— Nem as mães são implicantes. Às vezes elas enxergam bem mais à frente, e às vezes nossas ignorâncias nos cegam e as explicações não nos chegam como deveriam. Sua mãe pode não ter muito jeito com as palavras, mas todas as mães, no fundo, sabem o que é melhor para os filhos.

— Desculpe-me julgá-la. Não deveria.

— Não se desculpe, é o que pensava sobre sua mãe. Não a conheço, mas um bom papo nos faz refletir melhor. Trocar ideias, pensamentos, sentimentos só nos faz bem, é salutar, e a cada dia aprendemos mais um pouco.

— A senhora não disse nada sobre nosso garoto – disse Sabrina com entusiasmo, esperando que Evangelina, que sabia de tudo, se pronunciasse.

— Depois de um bom café falaremos sobre esse garoto.

— Ah... Que anfitriã mais sem educação eu sou – brincou Sabrina, sem graça.

Como era muito cedo ainda, Alzira arrumou a mesa e serviu um café completo – até bolo de fubá e de mandioca havia sobre a mesa. Todos, rindo muito e contando as novidades, saborearam as delícias do interior.

— Sabrina se sai muito bem na cozinha. Esses bolos foi ela quem fez. Parece que estava adivinhando que chegariam visitas – disse Alzira, feliz com a casa cheia.

— Mas Sabrina é uma boa adivinha.

— É mesmo, eu tinha certeza de que vocês viriam hoje.

— Eu sei disso – disse Evangeliana.

Sabrina ficou meio assustada.

— Bem... Como estou entre amigos, preciso perguntar sem vergonha nenhuma.

— Pois pergunte, mamãe do ano – disse Patrícia.

— E Leandro como está?

Patrícia ia responder, mas Evangelina se adiantou:

— Sabrina, se importa de falarmos mais tarde sobre esse garotão que a cada dia cresce mais e sobre o pai dele?

Todos ficaram sem graça. Ninguém sabia o que dizer. Patrícia, com seus pressentimentos, ficou muito nervosa.

— Tudo bem... Se a senhora prefere, que mal há em esperar?

Depois do café todos foram andar até o lago, e lá ficaram por muitas horas, até que Alzira os chamou para o almoço.

Todos à mesa fizeram uma prece em agradecimento pelo alimento e almoçaram descontraidamente. Após o delicioso almoço caseiro, todos se sentaram na varanda.

— Bem, Maurício e eu vamos dar umas voltas pela chácara – disse Patrícia para deixá-las mais à vontade. Maurício de pronto entendeu.

— Como tem passado esses meses todos? – perguntou a generosa senhora.

— Muito bem, acho que Júnior está indo bem, o que a senhora acha?

— Vai colocar o nome do pai?

— Sim, quero homenageá-lo.

— Fico feliz em saber que não há ressentimentos em seu coração.

— Jamais... Sabe, dona Evangelina, sei que ele não depositou confiança no amor e na honestidade que cativo por ele, mas será que eu também não agiria do mesmo modo? Eles são pessoas de muito dinheiro, são prósperos. Qualquer sentimento, mesmo como o nosso, abalaria a relação.

— Muito nobre de sua parte alimentar esse pensamento, e acima de tudo esse sentimento de amor incondicional. Seu bebê está indo muito bem.

— A senhora vê isso?

— Sim, porém, cuide-se, não abuse, está com o ventre muito grande, e seu corpo é miúdo.

— É, sei que não sou aquele mulherão... Às vezes até me questiono sobre o que Leandro viu em mim!

— Sua beleza vem da alma, isso não quer dizer que não seja uma moça bonita, mas você chegou aqui para conquistar pelo que é, e não por sua aparência. Muitos espíritos fazem suas escolhas, e você deve ter preferido trazer a essência real de um espírito correto, com princípios e caráter, em vez de conquistar com a beleza, fato que engana e decepciona muitos. Porque estamos aqui para evoluir, e os encarnados ainda se incomodam muito com a aparência. Claro que temos que cuidar de nosso corpo da melhor maneira. A vaidade não é pecado, desde que na dose certa. O que não podemos é usar a beleza escultural de um corpo para as conquistas fúteis de um caminho mais curto.

Sabrina prestava tanta atenção que não a interrompeu. Só quando Evangelina deu uma breve parada para passar a mão no ventre da jovem, na intenção de doar boas energias, foi que a moça, segurando suas mãos com aflição, se abriu, dizendo o que ia em seu coração.

— Senhora... Às vezes sinto uma amargura em meu peito. Por esse motivo, quero deixar um caderno em suas mãos, na confiança de que, se algo me acontecer, a senhora o entregue ao meu filho.

— Entregar um caderno?

— Sim... É como um diário. Gostaria muito que a senhora ficasse incumbida de entregar para Leandro.

Evangelina se afastou um pouco e por alguns instantes refletiu.

— Não deve alimentar esse tipo de sentimento.

— Eu sei... Entendo o que a senhora quer dizer, mas às vezes é inevitável. Sem eu esperar, sinto uma amargura de que ainda possa acontecer algo comigo em relação à minha situação.

— Mas você não deve mais nada à Justiça. Você deve cultivar bons pensamentos. Faça orações, eleve seus pensamentos aos seus mentores, aos espíritos esclarecedores.

— Não entendo muito desse assunto, mas, como a senhora está me dizendo, sinto alguém perto de mim. Quando acontece esse fenômeno, me acalmo, sinto-me muito melhor. É inacreditável. É como se alguém tocasse em mim com carinho. A senhora me entende?

— Claro que sim, minha querida. Com toda certeza deve estar sendo preparada e amparada.

— A senhora acha mesmo?

— Sem dúvida. Tranquilize-se e confie nos desígnios do Criador. Ele sempre sabe o que é melhor para cada um de nós. Que você possa estar preparada e fortalecida daqui para a frente. Prometo a você que, junto aos amigos da espiritualidade, contribuirei da melhor maneira possível.

— Então a senhora aceita ficar responsável pelo diário?

Evangelina quase nunca deixava as emoções ultrapassarem os limites, contudo, naquele momento em que ela era possuidora de dons da visão, seus limites quase a entregaram. Respirando fundo, respondeu tentando passar serenidade:

— Claro que sim...

Já passava das quatro horas da tarde quando todos fizeram um rápido lanche e foram embora, deixando Sabrina mais uma vez em companhia de Alzira.

— Por favor, Alzira, qualquer coisa me telefone. Virei o mais breve possível.

— Pode deixar, senhor... Qualquer coisa o procuro na mesma hora.

Todos se despediram com abraços fraternos e se foram.

Capítulo dezesseis
o nascimento de Júnior

Patrícia chegou tarde naquele domingo, pois, após deixar Evangelina em sua casa, saiu para curtir um pouco o amor de muito tempo perdido. Leandro, no escuro da sala, esperava pela irmã, pois sabia que ela havia estado com Sabrina. Ela, sem saber que era esperada, assustou-se quando ele acendeu o abajur.

— Patrícia...

— Ai, que susto! Está ficando louco? O que faz no escuro?

— Esperando você.

Patrícia amava o irmão, então, ficou penalizada ao ver seu estado. Estava angustiado e sem aquele viço de homem bonito que era.

— Quer saber se estive com Sabrina? Sim, estive.

— Como ela está?

— Na medida do possível, bem.

— Não entendo esse afastamento dela. Tudo bem que não quer me ver, mas e a família? A dona Leonor está em um estado lamentável.

— Ué... Você tem ido lá?

— Se quer saber, regularmente.

— Está perdendo seu tempo, pois a única pessoa que se importa com Sabrina daquela família é seu pai.

— Não acho...

— Por que não acha?

— Porque está calmo, está sempre na dele, até parece nem ligar que a filha se escondeu.

Patrícia pensou com ela mesma: "Claro que está calmo, é o único que sabe notícias dela".

— Sabrina não se escondeu, apenas está tirando umas férias.

— Mas que férias longas são essas? Já passaram mais de seis meses. Acho que já está na hora de ela retomar sua vida.

— Ela está retomando a vida, se é isso que o preocupa. Sabrina está muitíssimo bem.

Leandro deu uma pausa, amargurado.

— Ela não pergunta por mim?

Patrícia pensou em negar, mas o estado do irmão inspirava cuidados.

— Sim... Ela perguntou por você. Aliás, sempre pergunta. Se eu for amanhã até ela, perguntará de novo.

— Sinto tanto a falta dela... E o que é pior: um remorso que me corrói a cada dia. Às vezes penso que não vale mais a pena viver. Como posso ficar sem ela? Foi a única mulher que amei, e que magoei também!

Patrícia ficou desesperada. Aproximou-se do irmão e o abraçou. Teve as mesmas sensações, mas em oração ficou agarrada a ele para ver se traria conforto à alma dele, que estava cansada de ficar aprisionada em um corpo.

— Por favor, nunca mais diga uma coisa dessas. Você tem que ser forte... Sabrina apenas precisa de mais um tempo. Depois, tenho certeza de que ela voltará. Está envergonhada, magoada. Por favor, irmão, entenda suas escolhas. Ela o ama muito.

Leandro se afastou da irmã e, com os olhos fixos nos dela, perguntou:

— Ela ainda me ama?

Patrícia, passando as mãos nos cabelos negros do irmão, respondeu penalizada:

— Ama, sim, meu irmão... E o entende também. Sabrina é uma pessoa generosa. Nunca vai deixar de te amar. Ela até comentou que em seu lugar talvez tivesse feito a mesma coisa.

Leandro levantou em desespero e, com as lágrimas a descerem por seu rosto, blasfemou:

— Não me fale que depois de tudo o que a fiz passar ainda entende meu ato de crueldade? Sou um desgraçado mesmo. Como pude ser tão cego e egoísta? Não quero mais viver... Não quero...

Leandro, em seu desespero, batia-se várias vezes, como se estivesse se punindo. Todos da casa acordaram. Marisa, ao vê-lo caído ao chão, sentiu uma dor profunda no peito. Eduardo, pai extremoso, levantou-o e o fez sentar no sofá.

— Calma, meu filho... Calma...

Leandro estava no auge de seu desespero.

— Sou um desgraçado, não mereço viver mais. Por favor, todos me deixem em paz.

Leandro empurrou todos à sua volta, foi para o quarto e se trancou.

Leila ainda não havia conseguido seu intento. Queria porque queria que Leandro a notasse, mas era em vão. A cada dia ele se fechava mais. Leila, aos poucos vendo o sofrimento da mãe, que nunca se importara com a irmã, começou também a sentir uma mal-estar terrível. Queria muito Leandro, mas não era amor, era inveja que sentia da própria irmã. E as preces de Evangelina para todos dessa empreitada pareciam começar a surtir efeito.

Sabrina, como de costume, sentou-se na varanda e começou a escrever:

Querido Júnior, hoje tivemos visita, e sei que também ficou feliz com a presença deles. Sua tia Paty está que não se aguenta por sua chegada. Titio Maurício também está feliz, e nós dois sabemos que precisamos ser gratos a ele pelo resto de nossa vida. Sabe tanto quanto eu que ele nos acolheu e nos mantém da melhor maneira possível.

Alzira também faz parte de nossa história agora, cuida de nós dois como se fôssemos parte de sua família. Papai ainda não está presente, e você sabe muito bem os motivos. Se ele soubesse de sua existência neste momento, não seria bom para nenhum de nós dois. Muitas pessoas estariam envolvidas, e não seria nada bom para seu bem-estar. Contudo, pode confiar e ter toda a certeza do mundo de que ele o ama. E quem sabe um dia nos três, você, papai e mamãe, poderemos formar uma linda família, como sempre sonhamos.

Seu pai ainda não está preparado para saber que logo vai ser pai. Temos que dar um tempo a ele, como já expliquei. O tempo é remédio para tudo, para virarmos a página de um passado penoso, ou para dar mais saudade e valor às coisas que deixamos de fazer. Mas o tempo é o melhor professor da natureza e coloca cada um de nós em seu devido lugar. Sabemos que necessitamos ainda de muito entendimento para os golpes que a vida nos traz, mas somos fortes, e juntos passaremos por qualquer tempestade que possa vir ao nosso encontro. Mamãe deseja a você toda a felicidade do mundo e que seja uma pessoa do bem.

Ah... Já ia me esquecendo: dona Evangelina veio também nos visitar. Puxa, que pessoa maravilhosa! Esclareceu-me muitos fatos que ainda não tinha maturidade para saber. Porém, quando estiver ficando um rapazinho, passarei a você tudo o que tenho aprendido com ela. Que bobagem a minha... Você a conhecerá também e, com seu próprio potencial, entenderá e aprenderá muitos ensinamentos que ela nos passa em poucos minutos. Gostei muito dela e gostaria que você também cultivasse os mesmos sentimentos.

Bem... Acho que mamãe já falou demais. É hora de nós dois descansarmos um pouco, já é tarde e precisamos nos recolher para um novo dia amanhã.

Os dias iam passando. Sabrina não amanheceu bem, sentia-se cansada. Alzira, preocupada, ligou para Maurício, que depois de duas horas de viagem chegou.

— Como ela está, Alzira?

— Não muito bem. Sente-se cansada, quase não levanta da cama.

— Vou vê-la.

Assim que Maurício entrou no quarto, viu Sabrina estendida cama, com o barrigão já bem avantajado. Aproximou-se.

— Sabrina...

A jovem abriu os olhos.

— Oi, Maurício, o que está fazendo aqui?

— Vim vê-la. O que sente?

— Não é nada. Alzira que se preocupa demais.

— Mas me conte o que sente.

— Uma moleza, sinto como se meu coração batesse devagar.

Maurício não pensou duas vezes e a levou ao hospital. Logo que chegaram, Sabrina foi atendida. Dois médicos de plantão prestaram os primeiros socorros e chamaram um obstetra. Depois de mais de uma hora ele chegou e a examinou, pediu alguns exames e confirmou que ela estava com a pressão muito alta. Maurício, do lado de fora, esperava impaciente.

— Como ela está, doutor?

— Sabrina está com a pressão muito alta, precisamos fazer uma cesariana agora.

— Mas por quê? Ainda nem completou nove meses.

— Mas não podemos esperar mais. Sabrina está com eclampsia.

— O que é isso, doutor?

— Pode causar uma série de convulsões e perda de consciência. Isso acontece muito nos três últimos meses de gestação.

— Tudo bem, faça o que for necessário.

Maurício a acompanhou até o centro cirúrgico.

— Tudo vai dar certo, viu? – disse Maurício, apavorado.

— Estou calma, sei que vai dar certo, você é que precisa se acalmar.

Quando já estava entrando no centro cirúrgico, Sabrina disse com a voz quase sumida:

— Avise Patrícia, Cléo e dona Evangelina, por favor. Quero meus melhores amigos aqui.

— Fique sossegada, vou fazer isso agora mesmo.

Maurício ligou para Patrícia, que se incumbiu de avisar o restante. Na hora ficou na dúvida se avisaria os pais de Sabrina ou não. Depois de orar e pedir auxílio para a espiritualidade, resolveu fazer o que seu coração pedia.

Depois de mais de duas horas todos chegaram ao hospital. Leonor, quando ficou sabendo do que se tratava, ficou chocada e com mais remorso ainda.

— Calma, dona Leonor, tudo vai dar certo, a senhora vai ver.

— Mas como ela pôde esconder uma coisa dessas da própria mãe?

— Ela teve seus motivos, né, mulher?

— Por favor, senhor Carlos, agora não é hora de conflitos, eu também não sabia de nada, estou aqui, e muito, muito feliz – disse Cléo sem saber se chorava de alegria ou de receio pelo estado da mamãe de primeira viagem.

Após os conflitos e sorrisos por estar chegando um novo "ser" à Terra, o médico os chamou.

— E aí, doutor, como foi?

— O bebê está muito bem, nasceu com três quilos e trezentos gramas, é um garotão.

— E minha filha, doutor? – perguntou Leonor, aflita.

— Na medida do possível, está bem. Não conseguimos controlar sua pressão arterial ainda, mas estamos atentos.

— Podemos ver o bebê? – perguntou Patrícia, entusiasmada.

— Podem, sim. Já foram feitos todos os primeiros testes, e está tudo bem. Dirijam-se ao berçário, lá vão vê-lo.

Todos, confusos e felizes, foram para o berçário. Através do vidro mostraram o garoto. Era bem grande, de cabelos pretos e bem fortinho.

— Nossa, parece com meu irmão! Que lindo!

Leonor, chorando muito, concluiu:

— É verdade, tenho que concordar com você, Paty, parece seu irmão. Olha só que grandão! Vai ficar alto!

Carlos e os demais se emocionaram com a chegada de Júnior. Cléo e Patrícia precisaram sair correndo, pois com a correria Maurício não havia pegado a mala do bebê. Resumindo, Júnior estava completamente desprevenido.

A preocupação agora era Sabrina, que ainda não tinha a pressão controlada. Foram dois longos dias para que ela voltasse ao normal. A cada dia, um ficava com ela no hospital.

Depois de quatro dias, mãe e filho puderam voltar para a casa de campo, que era um movimento só – um queria fazer mais que o outro, com exceção de Maurício, que precisou retomar seu trabalho.

Capítulo dezessete
O arrependimento de Leila

Evangelina preferiu não ir quando Sabrina a chamou. Achou prudente deixar a família ficar ao lado da jovem e do rebento, que acabara de chegar para cumprir seus deveres como espírito em evolução. Afinal, era a família, e família nessas horas é prioridade. A bondosa senhora se entregou em suas orações para que tudo desse certo e que Jesus desse mais uma oportunidade para Sabrina se manter ao lado do filho com saúde.

Os dias iam passando. Júnior era um touro, mamava muito e estava a cada dia mais forte. Todos precisaram retomar sua rotina, então, apenas a avó Leonor ficou para auxiliar a filha no que fosse preciso. No começo, Sabrina estranhou tanta preocupação com ela e Júnior, mas aos poucos foram se entendendo.

No quarto, enquanto Júnior dormia um sono tranquilo, Sabrina pegou o diário:

Júnior, meu querido, você é um bebê lindo. Ainda não se nota muito com quem parece, mas para mim herdou a beleza e os traços delicados do papai – até os lindos olhos azuis são iguais aos dele. Sinto muito a falta do papai. Na verdade, meu querido, eu o amo muito ainda, acho que nunca mais haverá lugar em meu coração para outro amor. Puxa vida... Como gostaria que ele estivesse aqui agora vendo-o dormir como um anjo. Deus foi generoso comigo, não tenho o que pedir, apenas agradecer, pois você sempre será para a mamãe o amor em forma de um "serzinho" perfeito. Que Jesus possa acompanhá-lo por toda a sua vida. E que num dia próximo possa estar junto Dele. Não quero que ninguém saiba, será apenas um segredo nosso, mas a mamãe não está com o coração (o órgão que punciona o sangue para nosso corpo) em bom estado. Minha circulação não está como deveria estar, segundo o médico. Disse que fiquei com uma pequena deficiência coronária, mas juntos vamos lutar para que você, meu filho amado, continue usufruindo meu leite. Isso lhe dará a imunização adequada para seu desenvolvimento. Usarei todas as forças de meu ser para que possa ainda, por muito tempo, cuidar de você, mas, se isso não acontecer, gostaria que seu papai o criasse e o educasse com os devidos direitos. Tenho certeza de que será muito amado por ele. E não se esqueça de eu sempre amei seu pai, pois ele fez parte de um ato de amor que nos deu um bom fruto.

Bateram à porta e entraram:

— Filha... Posso entrar?

Sabrina fechou o diário e o escondeu debaixo do travesseiro.

— Claro, mãe, entre. Parece aflita, o que houve?

Leonor sentou-se ao lado da filha e, meio apreensiva, deu-lhe uma notícia.

— Leila está aí, o que faço?

Sabrina sorriu.

— Peça que entre.

— Tem certeza? Se quiser, posso dar uma desculpa qualquer.

— O que é isso, mãe? Não tenho mais nada a esconder. Além disso, ela é tia de Júnior.

Leonor deixou as lágrimas rolarem de emoção. Era muito ignorante para entender por que a filha era tão generosa e por que ela, como mãe, por muito tempo não enxergou isso.

Sabrina carinhosamente pegou em suas mãos e disse, com firmeza:

— Mãe, não sofra mais, tudo já passou. As implicâncias que tinha comigo também serviram para o meu crescimento. Hoje sou mãe e sei quão difícil é acertar. Talvez não tenha usado as palavras certas, mas sei que me ama à sua maneira, e Leila é minha irmã. Em meu coração, não há por que guardar rancores ou mágoas, isso é passado. Se não podemos contar com a família, com quem contaríamos, então?

Leonor caiu de joelhos diante da filha, suplicando a Deus em seus pensamentos que a perdoasse por nunca ter dado a atenção que sua generosa filha merecia.

Sabrina a levantou do chão, limpou suas lágrimas com as mãos e disse:

— Nunca mais caia de joelhos aos meus pés. Não sou merecedora de um ato como esse. Os discípulos de Jesus caíram tanto aos seus pés, mas Ele não obteve lealdade. Foi tão generoso que foi condenado. Quem sou eu para absolver qualquer pessoa? Não sou nada, apenas um grãozinho na imensidão do deserto. O que vale não é o ato, e sim a consciência de que somos falhos. E estamos aqui para reparar nosso erros e não os cometer mais.

Leonor olhou com perplexidade para a filha e pensou: "De onde tirou tanta sabedoria?".

— Pronto, já passou. Ajeite-se e faça Leila entrar. Estou com muita saudade.

Leonor saiu e voltou em companhia de Leila, que primeiro se aproximou do berço onde seu sobrinho dormia tranquilamente. Não conteve as lágrimas. Parecia que Leila nunca havia chorado tanto – aliás, Leila não sabia realmente o que era chorar de emoção, então, toda a sua pose e arrogância caíram por terra. Depois de minutos olhando para aquele anjinho, aproximou-se da irmã e a abraçou, emocionada.

— Chore... Chore bastante... Faz bem, lava nossa alma.

Quanto mais palavras sublimes a irmã proferia, mais Leila chorava. Demorou muito para que ela conseguisse conter as lágrimas. Sabrina esperou pacientemente.

— Por que não nos contou?

Sabrina, enxugando as lágrimas da irmã, respondeu de maneira serena:

— Eu precisava me proteger por causa do seu sobrinho.

Leila sentiu uma forte dor no peito, pois sabia do que a irmã estava falando.

— Sei que você nunca vai me perdoar!

— Aí é que você se engana – respondeu Sabrina, também emocionada por poder pela primeira vez, depois de tanto tempo, conversar com a irmã cara a cara.

— Se eu disser que não me doeu, estarei mentindo, mas quem sou eu para condená-la? Talvez eu tenha merecido por ser tão generosa e ingênua a vida toda. Aprendi que há um limite para a bondade no coração. Confiava nas pessoas, mas nem sempre a vida é justa conosco. Isso tudo foi para que nós nos entendêssemos como estamos fazendo agora.

— Por favor, irmã, me perdoe... Por favor...

— Se isso a faz sentir-se melhor, eu digo: está perdoada.

— Do que estão falando? – perguntou Leonor, horrorizada por ter a confirmação de suas suspeitas.

— Fui eu, mãe... Fui eu quem armou tudo, aquela confusão do dinheiro.

Leonor bambeou e se sentou rapidamente sobre a cama para não ir ao chão.

— Não acredito que você foi capaz de ir tão longe!

— Mas fui eu, mãe... E me arrependo até o último fio de cabelo.

— Eu a maldiçoo!

— Não, mãe, não diga isso, a senhora teve uma parcela de culpa pelos atos impensados de Leila. Sempre a apoiou em tudo. Até o dinheiro que ganhava com seu próprio suor sabia que Leila pegava, e nunca fez nada para mudar isso. Avisei à senhora que um dia sofreria as consequências.

Leonor sentiu que realmente a culpa era sua. Não soube educar, preferiu se omitir, por eleger a filha preferida. A lei de ação e reação é para todos, do mais rico até o mais pobre. Nessa lei não há discriminação, nem cor, nem raça, ela age seja negro, seja branco, rico ou pobre, sobre toda a Terra. Aqui não há absolvição, nem céu nem inferno, apenas colhemos o que plantamos. Deus é generoso por nos dar muitas oportunidades, mas é justo sempre.

Leonor, desalentada, saiu do quarto. Pensou que fosse ter um infarto se não saísse e respirasse ar puro.

— Qual é seu dever agora? – perguntou Sabrina.

De cabeça baixa, Leila respondeu:

— Ir à delegacia e confessar tudo.

— Não estou a obrigando, cada um sabe de sua vida, mas o caminho para um futuro melhor e tranquilo é estar do lado da verdade. Seja qual for sua decisão, você sempre será minha irmã, e eu a amarei sempre.

Leila chorava muito e, em meio aos soluços, disse com a voz sumida:

— Se eu fizer... Isso... Dona Marisa... Estará... Perdida...

— Eu lamento muito.

— Lamenta? Ela a odeia.

— Lamento não por ela, mas por Leandro, que também foi uma vítima dessa armadilha.

— Como pode ter a dignidade de ainda defendê-lo? Ele foi o primeiro a abandonar você.

Sabrina apenas respondeu com três palavras.

— Eu o amo... Isso basta para você?

Leila, em vez de se aliviar por toda a podridão estar sendo eliminada, se sentia cada vez pior.

— Não sei como consegue ser tão boa!

— Não é questão de ser boa. Sofri muito, mas ficar remoendo o que fizeram a Leandro e a mim não mudará os fatos. Quero esquecer isso tudo. Só quem passou o que passei sabe o que é viver atrás das grades de uma cadeia. Aliás, não só quero esquecer como já esqueci tudo isso. O que me importa agora é meu filho e seu destino.

— Nossa, do jeito que fala parece até que não conseguirá criá-lo.

— É só modo de falar. Ainda há Leandro, e a única coisa que consegue me abalar nesse mundo é a possibilidade de estar frente a frente com ele. Consigo tudo em minha vida, só não consigo ter que me separar dele.

— Mas, se é esse o motivo, já está resolvido. Ele está desesperado para vê-la. Sei que dói muito o que ele fez, mas perdoá-lo será muito mais fácil do que me perdoar. Vocês se amam.

— Aí é que está o problema... Amor... Como dizer não ao amor?

— Do que está falando?

Sabrina beijou as mãos da irmã e mudou de assunto.

— Deixe para lá, são apenas bobagens de mãe. Sempre achamos que não saberemos a coisa certa a fazer para educar os filhos. Conte-me: como soube que eu estava aqui?

— Papai. Eu o infernizei tanto que acabou me contando tudo, e aqui estou. Puxa vida, como meu sobrinho é lindo! Como o pai.. Ah, Sabrina me desculpe, mas é a verdade: seus amores são lindos demais!

Sabrina riu alto com os abusos da irmã. Teria que dar tempo para que Leila aos poucos tivesse entendimento e treinasse boas virtudes, principalmente ser menos ambiciosa.

Alzira arrumou a mesa e serviu um chá para mãe e filhas. Leila, quando saiu da chácara, estava decidida a ir à delegacia para contar toda a verdade. Sabia das consequências, mas era o mínimo que poderia fazer para tentar ser uma pessoa melhor.

Capítulo dezoito

A confissão de Leila

Leila, antes de ir para casa, seguiu para a casa de Marisa.

— Leila, você por aqui?

— Está sozinha?

— Sim... Leandro agora deu para sumir e Eduardo ainda não chegou.

— E a Paty?

— Saiu agora há pouco e disse que não volta hoje. Não sei mais o que está acontecendo com essa família. Parece que este lar que um dia foi feliz está desmoronando.

— Estive com a minha irmã hoje.

Marisa a fitou com os olhos arregalados.

— Não me diga que a infeliz vai voltar dos infernos?

— Não fica com pena de seu filho?

— Ora, ora... Para quem até outro dia estava dando em cima dele você está bastante mudada!

Leila se sentou e calmamente foi falando:

— Já faz algum tempo que ando pensando muito em tudo o que fizemos.

— Não vem me dar uma de arrependida agora!

Leila não se abalou com o comentário de Marisa, e ela, por sua vez, estranhou a passividade da moça.

— O que está havendo com você? Parece diferente.

— Como ia dizendo, por favor, não me interrompa mais. Preciso falar.

— Pois diga, então.

— Fomos muito cruéis com Sabrina e Leandro.

— Preocupe-se com sua irmã e a deixe onde está. Do meu filho cuido eu.

— Pois é, mas depois de hoje tudo mudou... Vou à polícia contar toda a verdade.

— Está louca?

— Não, nunca estive tão sóbria.

— Por que essa decisão?

— Sabrina teve um filho.

Marisa pensou que fosse morrer ao ouvir tal coisa.

— Um... Filho?

— Sim... E é de Leandro. Estou me sentindo suja, não posso mais conviver com esse sentimento ruim aqui dentro do meu peito. Por isso resolvi ir à delegacia e revelar tudo.

Marisa não conseguia concatenar as ideias... Ficou abalada, não sabia se ficava feliz por na hora se dar conta de que era avó ou se chorava em desespero pela decisão de Leila. Marisa ficou atormentada, não aceitava Sabrina em hipótese nenhuma.

— Dona Marisa... Dona Marisa... Está me escutando?

Marisa não conseguia nem respirar, quanto mais responder. Leila a sacudiu para voltar à razão.

— Precisa me ouvir, dona Marisa! – gritou Leila.

Marisa, meio abobada, respondeu:

— Isso quer dizer que tenho um neto?

— Isso mesmo, a senhora, queira ou não, tem um neto.

— Meu Deus, tenho um neto. Pena que é daquela infeliz dos infernos! Preciso ver meu neto, vou me aprontar!

— Agora quem está ficando louca é a senhora!

— É meu neto, não é? Pois então, preciso vê-lo, onde ele está?

— No inferno, como disse agora há pouco, junto de minha irmã.

— Credo, Leila, como pode dizer uma coisa dessas?

— Foi a senhora mesma que disse para eu deixar minha irmã no inferno. Pois então, seu neto está com ela!

— Que Deus me perdoe ter falado algo assim tão ruim.

— Que Deus a perdoe de todos os pecados, não só por falar tantas asneiras. Mas não vim até aqui para falar da minha irmã, e, por favor, não diga mais nenhuma vez que é seu neto. Vim dizer que estou indo à delegacia, vou me entregar.

— Pelo amor de Deus, Leila, se fizer isso, estarei perdida, assim como você.

— Quem disse à senhora que estou perdida? E depois, não vou falar que a senhora esteve esse tempo todo por trás daquele ato imperdoável.

— Não vai me entregar?

— Não... Por enquanto.

— Graças a Deus!

— Mas, para isso, tem uma condição.

— Condição?

— Sim... Ou acha que vai viver feliz para sempre?

— Não estou entendendo.

— Mas vai entender. Minha condição é que nunca mais perturbe minha irmã, seja lá onde ela estiver, e que nunca, nunca se aproxime de Júnior. Deixe-os em paz.

— Júnior? Ele se chama Júnior?

— Sim... Para a senhora será apenas uma criança que tem o nome de Júnior, não terá direito nenhum sobre ele.

— Com quem pensa que está falando?

— Com uma ordinária, cruel e sem piedade pelo próprio filho. Não consegue cair em si nem vendo que seu filho aos poucos está morrendo? Não consegue cair em si nem mesmo ao saber tudo o que fez para Sabrina e à criança?

— Meu neto...

Leila foi para cima de Marisa e perdeu a razão.

— Não existe "seu neto". Não o merece tanto quanto eu não mereço um "sobrinho". Sabrina é a pessoa mais generosa que conheço. Caia na razão e os deixe em paz, senão, mudo de opinião e digo que fiz toda essa maldade com seu filho e com minha irmã por dinheiro, que fui muito bem paga para isso.

Marisa deixou-se cair na cadeira. Seu mundo havia desabado. Tudo que vai volta, tudo um dia é descoberto. Leila, para se redimir e proteger Leandro de tantas decepções, e pelo amor que a irmã ainda nutria por ele, foi obrigada a chantagear Marisa. Leila tentava ser uma pessoa melhor, mas ainda não havia entendimento de que o justo não deveria se comportar daquela maneira. Era seu direito assumir todas as responsabilidades por aprender algo ao ver aquela criança inocente e necessitada dos pais. Leila ainda estava longe de subir os degraus de sua evolução, mas a chantagem foi a única maneira que encontrou para afastar Marisa de Leandro e Sabrina. Só assim eles poderiam se entender e recomeçar tudo outra vez.

— Entendeu, dona Marisa? Não há prisão, mas também não há neto. Ah, mais um detalhe: não é para Leandro saber nada pela senhora. Quem decide o momento de ele saber se é pai ou não é a Sabrina. Entendeu tudo direitinho?

Marisa estava em choque. Nada respondeu. Leila foi embora. Avisou o pai de sua decisão e o encontrou na delegacia. Carlos sofreu muito, mas achou que não poderia se intrometer na decisão que ela havia tomado, que a filha deveria arcar com suas responsabilidades. Naquela noite, depois de seu depoimento, Leila ainda foi para casa para que pudessem apurar melhor os fatos. Afinal, até o delegado ficou confuso com sua declaração, já que Lucas estava preso havia nove meses. O inquérito teria de ser reaberto.

Capítulo dezenove

Leandro finalmente revê sabrina

Leandro chegou em casa já de madrugada. Encontrou a casa às escuras, estava embriagado e sem ânimo. Chegou atropelando tudo, derrubando os objetos que havia pelo caminho. Marisa sofria em seu quarto, calada. Já não sabia mais o que fazer para tirar o filho da bebida e daquele desânimo cruel. Daquele dia em diante, Marisa começou a ficar atormentada. Falava sozinha e chorava muito, parecia viver um pesadelo. Eduardo a levou ao médico, mas não encontraram nada. Os médicos disseram que era apenas uma crise nervosa. Deram-lhe um calmante natural e a mandaram para casa. Basicamente, Marisa passou a se refugiar em seu quarto. Eduardo também achou que Marisa passava por uma crise nervosa, já que seu filho amado andava completamente desorientado.

Leila, depois de uns quinze dias, foi presa – pagaria por seu delito. Mas isso não diminuiria a culpa de Lucas, pois ele foi cúmplice.

Era à noitinha quando chegaram Patrícia, Cléo e Vitória para ver Júnior. Leonor se afastou. Preferia ficar só, em um canto, pois ainda estava em estado de choque por saber dos vários erros. Elas estavam bem e aproveitaram bastante para paparicar o pequeno Júnior. De repente, quando estava amamentando o bebê, Sabrina sentiu-se mal e pendeu a cabeça para trás. Foi um desespero só. Patrícia não quis levá-la para o hospital. Chamou o resgate, que em quinze minutos chegou. Prestaram os primeiros socorros no local e depois a levaram para o hospital. Cléo e Patrícia foram junto. Vitória ficou com Leonor, que estava com um terrível pressentimento.

— Calma, dona Leonor, a senhora vai ver, não é nada. Sabrina apenas está um pouco debilitada, e o bebê quer mamar a toda hora – disse Vitória para animá-la, mas não adiantou.

Vitória ligou para Evangelina e pediu que interviesse junto aos seus mentores espirituais e fez a mesma coisa em um canto da sala. O silêncio era total, cada qual em suas aflições e orações.

Evangelina, depois de falar com seus amigos da pátria espiritual, chamou um táxi e foi à casa de Leandro. Assim que chegou, foi anunciada. Leandro lembrava vagamente da senhora, de quando sua irmã teve algumas crises e foi tratada por ela. Quando a ciência não consegue resolver, com sua evolução tecnológica e científica e o avanço das drogas, apelamos para tratamentos espirituais, e foi o que aconteceu com Patrícia, que desde cedo já tinha algumas crises. Quando cresceu, as crises pioraram, e nada mais eram que uma forte mediunidade. Com o tempo, ela foi controlando as visões e Evangelina a orientava. Mas todo esse tratamento e treinamento ficou entre elas, pois as pessoas à sua volta, de seu convívio, não tinham entendimento suficiente para auxiliá-la. Patrícia, por recomendações, e para manter o equilíbrio quando as visões vinham fortes, tomava remédios à base de florais. Tudo auxiliado por Evangelina, que era sábia nos assuntos da pátria dos amigos espirituais.

— Lembra-se de mim, Leandro?

— Vagamente.

— Posso entrar?

— Claro que sim – e abriu mais a porta para que a senhora entrasse.

Evangelina sentiu um leve cheiro de álcool que vinha do jovem. Pediu para os amigos espirituais que intercedessem junto aos amparadores para afastar aquela droga que estava aos poucos dominando-o.

— A senhora veio atrás de Paty, mas ela não se encontra.

— Eu sei, meu filho, ela está com Sabrina.

O diário de Sabrina   **113**

Quando a senhora pronunciou o nome de Sabrina, os olhos de Leandro brilharam. O jovem abaixou a cabeça sem saber o que dizer naquela hora, mas Evangelina foi objetiva:

— Vim buscá-lo para me acompanhar até onde se encontra Sabrina, tudo bem?

Leandro ficou confuso, pois sabia que Sabrina não queria vê-lo mais. Contudo, abriu um lindo sorriso, que há muito não se via.

— A senhora está me convidando para ir com a senhora ver Sabrina?

— Sim... Será que pode fazer isso?

— Mas é lógico. Vou tomar um banho rápido, me arrumar e em seguida poderemos partir.

Evangelina o esperou pacientemente. Quando o jovem retornou parecia outro, barba feita, muito bem aparada, e um perfume suave que exalava de seu corpo.

— Podemos ir, já estou pronto.

— Antes quero pedir que não alimente mágoa por Sabrina ter feito suas escolhas e que seja gentil e forte.

— Claro, dona...

— Evangelina — completou a senhora, pois o rapaz não se recordava direito da bondosa senhora.

— Me perdoe... Nos vimos algumas vezes, mas não me recordava do nome da senhora.

— Não tem importância, essas coisas acontecem.

— Podemos ir, então? – perguntou ele.

Leandro, mais que depressa, correu na frente para abrir a porta para Evangelina e foi pegar o carro.

— Você está em condições de dirigir?

— Sim, senhora. Por quê? Algum problema?

— Não, nenhum. Só queria ter certeza de que está bem. São duas horas de viagem!

— A distância não importa, senhora, o que importa neste momento é eu poder ver Sabrina.

— Então, vamos.

Leandro abriu a porta do carro para que Evangelina se acomodasse, deu a volta e entrou. Logo partiram.

— E sua mãe, como está?

— Não muito bem. Meu pai precisou levá-la ao médico, está tomando alguns remédios naturais.

— Nessas horas, é preciso aprender a orar. A oração é um bom remédio para o corpo e o espírito.

Leandro olhou para ela confuso. Por que aquela senhora estava falando em orações naquele momento em que ele estava se sentindo tão feliz?

— Para falar a verdade, não sou muito ligado a orações, religiões, essas coisas que movem a humanidade sem muitos resultados.

— Aí é que se engana, meu rapaz. A oração traz conforto e entendimento para nossa evolução.

— Se fosse assim, não haveria tantos assassinatos por motivos tão fúteis. Hoje matam por causa de um celular!

— Mas, se todos nós pensássemos da mesma maneira, talvez os acontecimentos pudessem ser bem piores. Não parece, mas estamos sempre em evolução. Deus é generoso e nos promove várias maneiras de poder reparar nossas faltas. Precisamos apenas de resignação e humildade para suportá-las. As lamentações e a revolta só nos provam que de nada valeram nossos esforços nessa encarnação. Ainda há muita crueldade, mas há vários encarnados na senda do bem. A verdade é que os meios de comunicação só nos mostram acontecimentos escabrosos para aumentarem sua própria audiência. Os veículos de comunicação se sustentam e ostentam suas fábulas lucrativas. Se assim não fosse, o que seria dessas empresas milionárias que por vezes manipulam e amedrontam os menos favorecidos e ignorantes? Em nosso planeta, há muitos acontecimentos maravilhosos, como a ciência, com suas diversas descobertas de cura dos males humanos, a tecnologia e muito mais aprimoramentos que quase não são mostrados abertamente. As sendas do bem são imensas e valiosas, os espíritos de luz trabalham incessantemente para que possamos viver da melhor maneira possível. Mas de que nos vale tudo isso se poucos são aqueles que creem na misericórdia divina? Informações salutares não dão ibope.

— Mas a cada dia os fatos que nos chegam são desfavoráveis. De que nos adianta orar, como a senhora diz? – perguntou o rapaz com ironia.

— A oração, desde os primórdios, é o resultado de nossa evolução. Como temos o hábito de nos alimentar, de tomar banho, trabalhar para obter nosso conforto, precisamos desenvolver o costume de orar por alguns minutos do dia para agradecer e pedir que Jesus ilumine nosso caminho. Você mesmo deveria ser o primeiro a aceitar a bondade de Jesus, pois tem tido pensamentos negativos e hostis.

Leandro ficou de boca aberta.

— Como a senhora sabe o que venho sentindo nos últimos tempos e quais são meus pensamentos?

Leandro ficou em silêncio, refletindo sobre o que Evangelina dizia com tanta desenvoltura.

— Você sabe o segredo de estarmos aqui, agora, neste planeta?

Leandro olhava para ela assustado.

— Acho que sim... Nunca ninguém me fez uma pergunta como essa!

— Pois estamos aqui para reparar nossas faltas, nossos erros pretéritos.

Como Leandro apenas olhava para Evangelina, ela continuou:

— Por exemplo, o que sua irmã tem nada mais é que uma mediunidade avançada, porém, deixo claro que todos nós a temos. Alguns com mais necessidades, outros nem tanto, mas todos temos esse "dom", vamos dizer assim, que o Criador concedeu a todos.

— O que a senhora quer dizer com "reparar nossos erros pretéritos"?

— Que nunca morremos. Apenas há a transformação de um corpo carnal para o espiritual. Você, por exemplo, sempre será o mesmo Leandro, com suas qualidades e seus erros. E nosso Criador é tão bondoso que nos dá oportunidades de ir e voltar, para que possamos reparar nossas faltas e evoluir sempre.

— A senhora está querendo dizer que na realidade não existe morte?

— Isso mesmo. Só nos transformamos, passamos de um estágio para outro. Claro que sem as vaidades, os vícios, a inveja, o orgulho demasiado e outros sentimentos negativos de um corpo a nos arrastar aqui. Tudo fica muito mais claro quando passamos a ser apenas espíritos.

Leandro estava assustado, mas ao mesmo tempo interessado nas palavras de Evangelina.

— Posso fazer uma pergunta, então, já que a senhora está falando que nunca morremos?

— A resposta é sim...

— Mas ainda nem fiz a pergunta.

— Mas garanto que gostaria de saber se Sabrina também faz parte desse contexto. Todos nós encarnados fazemos parte do mesmo contexto. E nossas maiores provações estão ligadas diretamente à família. Garanto a você que não existe o acaso, tudo o que acontece durante nossa passagem por aqui já estava previsto.

— Quer dizer então que Sabrina e eu já nós conhecíamos?

— Desde que os sentimentos sejam puros e verdadeiros, vocês estarão ligados por toda a eternidade.

Leandro sentiu seu coração bater muito mais forte. Pensou que fosse sair pela boca.

— Jura que a senhora está dizendo a verdade, ou é só para me agradar?

— A minha intenção não é agradar ninguém, e sim esclarecer. Mas devo preveni-lo de que você falhou muito em relação à Sabrina.

Leandro abaixou a cabeça, envergonhado.

— Será que esse amor que diz sentir vem da eternidade? Ou foi apenas um amor passageiro?

Leandro silenciou por alguns instantes.

— A senhora quer dizer que o que sinto por Sabrina não vem de vidas pretéritas, como me esclareceu?

— Não foi isso o que quis dizer, apenas gostaria que refletisse, pois quando ela mais precisou você lhe deu as costas. Isso não é conduta de ninguém de bem, ainda mais de quem diz cultivar sentimentos verdadeiros e nobres como o amor.

— A senhora tem toda a razão, fui um ser desprezível, egoísta e imaturo, por isso mesmo me sinto tão mal. Pensei que nunca mais Sabrina ia querer me ver novamente.

— Mas Sabrina o ama muito. Em nenhum momento o julgou, pelo contrário, sentiu que você foi tão vítima quanto ela.

— Vítima?

— Isso mesmo. Sabrina caiu em uma armadilha de pessoas possessivas e invejosas. Se bem que fiquei sabendo que estão reparando os erros cometidos. A providência divina nunca deixa que paguemos por algo que não devemos.

— A senhora tem certeza do que está dizendo?

— Sim, mas veja bem... Não estou aqui para julgar as atitudes de ninguém, apenas gostaria que soubesse que Sabrina sempre foi inocente. E o amor dela por você, mesmo que lhe tenha dado as costas, permaneceu intacto. Sabrina o ama de verdade, tanto que fará mais um sacrifício por ti.

— Sacrifício? Do que está falando?

— Leandro, não questione os desígnios de Deus, aceite-os. Para tudo o que vier a ocorrer daqui para a frente, você deve em primeiro lugar aceitar com resignação o que Jesus designou diante das promessas de Sabrina. As responsabilidades da mulher que diz amar são de suma importância para o crescimento de vocês. Leandro, como uma humilde conhecedora de tão pouco sobre a vida entre mundos, aconselho-o a se inteirar com os ensinamentos de Jesus. Ore, peça orientação aos espíritos de luz para ampará-lo nos caminhos que estão por vir.

— O que a senhora está querendo dizer? Sabrina, mesmo pedindo para me ver, não voltará para mim?

— Não disse que Sabrina quer vê-lo.

— Não, a senhora disse que veio me buscar para ver Sabrina.

— Foi isso, justamente. Vim buscá-lo para ver Sabrina, mas não disse que ela havia pedido. Vim para cumprir o que me foi confiado.

— Puxa, a senhora me deixa muito confuso!

— Não é minha intenção. Minha missão é fazer o que deve ser feito. Fiz uma promessa e a cumprirei.

— Posso saber que promessa é essa? Ou ainda não sou bem-vindo?

— Meu querido Leandro, também não disse que não é bem-vindo, pelo menos penso eu que Sabrina ficará muito feliz em vê-lo. Agora, quanto à promessa, só no momento oportuno.

Depois de duas horas de estrada, Evangelina foi indicando o caminho até chegar em frente a um hospital. Leandro desceu deu a volta e gentilmente abriu a porta para que a senhora descesse.

— Mas aqui é um hospital! – disse Leandro, já pressentindo algo errado.

— É aqui mesmo o local onde tudo será esclarecido.

— Mas e Sabrina? Pensei que fosse vê-la!

— Leandro, fale menos e me acompanhe.

Evangelina nada mais disse. Assim que adentrou a recepção, Leandro encontrou Cléo e Patrícia, que quando o viram se sentiram impotentes. Será que ele aceitará os acontecimentos?

— Paty... Cléo... O que estão fazendo aqui? – perguntou Leandro muito assustado.

Ambas olharam para Evangelina e, deixando as lágrimas rolarem, pressentiram que a vida corpórea de Sabrina estava se findando. Patrícia abraçou o irmão fortemente, e eles, sem saber direito o que pairava no ar, choraram como duas crianças. Nada precisou ser dito. Leandro apenas sentiu um frio gélido e cruel percorrer seu corpo.

— Venha, meu querido, é preciso que sejamos rápidos — disse a senhora, que era mais que íntima dos amigos do invisível.

Leandro se deixou ser levado em prantos, mal conseguia andar. Assim que entrou na recepção da UTI, o médico responsável por Sabrina veio atendê-lo.

— Suponho que seja Leandro – questionou o médico.

Leandro não conseguiu responder, então Evangelina se adiantou:

— É ele mesmo, doutor.

— Me acompanhe.

Leandro, olhando para a irmã e as outras duas mulheres, acompanhou o médico sem entender absolutamente nada. Ele entrou em uma antessala, lavou bem as mãos, colocou avental e protetores para os pés próprios para entrar na UTI. Havia só dois leitos – em um deles estava Sabrina, esforçando-se para resistir um pouco mais para conseguir se despedir de Leandro. Assim que ele se aproximou, Sabrina estendeu suas mãos para que ele as segurasse. A cena foi de doer a alma. Leandro caiu de joelhos à frente de Sabrina e, sem conseguir dizer sequer uma palavra, chorou desesperadamente. Sabrina, bondosa e com seu amor latente e forte na alma pronta para se transformar em espírito, abraçou-o com as poucas forças que ainda lhe restavam. Com a voz pausada, disse:

— Te amo, meu amor... Amo... Amo mais que minha própria vida.

— Eu também te amo, meu amor... Perdoe-me por minha covardia e egoísmo...

— Não se lamente... por favor... Você é e sempre será o amor de minha vida... Esperarei por você... Um dia ainda ficaremos juntos, acredite...

— Por favor, Sabrina, não fale... Não se canse... Fique comigo... Eu te imploro, fique comigo...

Sabrina deu seu último suspiro e suavemente soltou os braços, que estavam em volta do pescoço de Leandro. Leandro de leve retirou seu rosto, que estava colado em Sabrina, e viu que seu grande amor se fora para nunca mais voltar...

Descontrolado, o rapaz chacoalhou Sabrina na intenção de fazê-la voltar – seus gritos eram ensurdecedores.

— Volte, Sabrina... Volte, não me deixe... Volte... Eu a amo mais que minha vida! Perdoe-me pela covardia e por não ter dado o voto de confiança que você merecia!

Os médicos viram através do vidro que o desencarne da jovem havia se consumado e, com grande esforço, tiraram Leandro do local. Ele se agarrava a Sabrina, sem noção alguma de por que Deus estava sendo tão cruel com ele.

Com custo retiraram Leandro da UTI. Patrícia, Cléo e Evangelina o ampararam. Sem forças e agarrado à irmã, ele se deixou cair de joelhos no chão. Cléo, junto de Evangelina, mesmo com a emoção a pulsar seu coração, elevavam seus pensamentos a Jesus e pediam misericórdia por todos os familiares, principalmente por Leandro, que necessitava demais das súplicas do altíssimo.

Era preciso providenciar o sepultamento da jovem que deixou um filho órfão. Carlos apareceu acompanhado dos amigos espirituais para sentir-se mais forte e, assim, tratou com muito carinho do enterro da filha amada. Leonor estava em péssima condição. Ficou na chácara junto do neto, não quis ver a filha sendo enterrada. Muitos amigos de Sabrina, quando souberam do acontecido, vieram, e não havia quem não se desesperasse em lágrimas. Marisa, quando soube, ficou pior do que já se encontrava. Com seus sentimentos misturados a tormentas, não sabia direito o que sentia. Leila, na cadeia, orava de joelhos pela irmã e por tudo o que havia feito para que aquilo acontecesse.

Tudo foi muito triste e lamentável, mas Sabrina morreu porque já era portadora de problemas cardíacos, e não para "punir" quem quer que fosse. Essa era sua missão, e ela a cumprira como havia combinado quando aqui chegou em forma de um bebê indefeso.

Capítulo vinte

A depressão de Leandro

Logo após o enterro, Leandro foi levado por Maurício e sua irmã para a casa de campo. Quando adentrou, jamais poderia esperar por mais aquele choque que estava por vir. Acomodaram-se. Ainda entorpecido pelos fatos dolorosos, só foi perceber Leonor em um canto da sala com Júnior nos braços depois de alguns instantes. Quando Leonor deu de cara com Leandro, seus soluços ardentes e sufocantes a entregaram, como se todos os anjos de todo o céu soprassem no ouvido de Leandro que aquele pequeno "ser" era seu filho. Leandro sentiu em sua alma que aquela pequena vida tinha alguma coisa com ele. Levantou-se lentamente e se aproximou do bebê, quando pôde ver plenamente seu rostinho. Deu-se conta de que aqueles olhos azuis, como os seus, pertenciam a ele. Todos os presentes silenciaram, sentindo o bálsamo consolador de Jesus cair sobre pai e filho. Leandro tomou o menino nos braços e por longos minutos ficou a contemplar aquela pequena vida inocente.

Pois é, pessoal, nada mais resplandecente do que ver a chegada de uma vida ao mundo dos encarnados. A alegria é tão grande que mal nos lembramos de que é mais um enviado do Criador a se moldar aos novos padrões da verdade e aos princípios morais, que é mais um a percorrer um breve ou longo caminho, dependendo de quantas forem suas reparações. Quando chega um lindo bebê saudável, nunca paramos para pensar que aquele pequeno ser é mais um devedor ou amparador daqueles que porventura passaram em seus caminhos. Esse pequeno "ser simples e ignorante" um dia será igual a vocês e, dependendo de suas promessas, pagarão por seus erros ou auxiliarão seus próximos na busca incessante por evolução.

Leandro, sem dizer nada, sentou-se e o colocou sobre suas pernas. Sua boca não conseguia dizer tudo o que sua alma sentia naquele momento; só sabia resumir em uma única palavra: "amor". Leandro acabara de conhecer seu filho e já o amava como se o conhecesse há muito tempo. A emoção de quem assistia a tanta ternura foi de grande aprendizado. Porque, quando algo nos pertence (digo algo em relação a sentimentos), não é preciso que se diga nada, sabemos que é nosso, que pertence a nós. Não precisamos implorar por sentimentos ou pedi-los. Eles se encaixam e se adéquam sem que precisemos fazer esforço algum. E foi isso o que Leandro sentiu naquela hora tão sublime.

Passados os momentos de muitas emoções e lamentações, Alzira preparou um jantar leve, pois todos precisavam se alimentar. Leandro não quis, foi para o quarto onde Sabrina havia vivido com seu pequeno Júnior e de lá não saiu mais. Deitou-se e colocou o bebê ao seu lado. Não conseguia parar de admirá-lo um minuto sequer. Passava os dedos em torno de seu rostinho lamentando por Sabrina não poder contemplar tão sublime emoção. Leandro acabou adormecendo com Júnior em seus braços. Evangelina, em silêncio, abriu a porta e embicou a cabeça para saber se podia entrar. Quando se aproximou, viu que pai e filho dormiam. Os dois iam buscar forças com os moradores da pátria espiritual. Evangelina aproveitou que estavam apenas ligados pelo fio prata e fez uma higienização nos pensamentos de Leandro, que planejava há muito tempo deixar a vida corpórea. Evangelina, vendo seu mentor a seu lado, suplicou auxílio e misericórdia de todos os bondosos espíritos de luz.

A vida tinha de continuar. Leandro não queria sair daquela casa, parecia sentir Sabrina. Fizeram de tudo para demovê-lo da ideia de ficar lá com Júnior e Alzira. Como não conseguiram convencê-lo, Leonor resolveu ficar mais um pouco para ver se conseguia fazê-lo mudar de ideia, Leandro se isolou, o que não era um bom sinal. Nas primeiras semanas, Patrícia, Cléo e Evangelina vinham sempre para dar uma olhada em como as coisas estavam se encaminhando. A generosa senhora sentiu que ainda não era hora de cumprir a promessa que fizera à saudosa Sabrina. Algumas vezes o encontravam animado, outras nem tanto, e isso preocupava demais a família. Marisa, por muitas vezes, tentou ir visitá-lo, mas tinha medo das consequências, já que Leila havia jurado entregá-la à polícia também. Cada dia Marisa ficava com mais remorso por tudo o que estava acontecendo. Desejava tanto que o filho fosse feliz "à sua maneira", mas no fim o que fez foi trazer amarguras e lamentos.

Leonor já se sentia melhor e conformada com a partida da filha, mesmo porque precisava cuidar de Júnior e de Leandro, que dava indícios de uma forte depressão. Portanto, Leonor tinha de ser forte. Depois de conversar longamente com Evangelina e saber um pouco mais sobre vida e morte, começou a fazer orações todos os dias, para que Deus aliviasse toda a tristeza que Leandro carregava em sua alma. Quando sentia que os sintomas do rapaz pioravam, pedia auxílio a Evangelina, que vinha sem queixas e procurava conversar bastante com Leandro, tentando demovê-lo daqueles pensamentos de deixar o corpo e se unir a Sabrina. Ele ainda não tinha entendimento suficiente para saber que suas intenções não iam resolver nada.

Bem, queridos leitores, isso tudo era trabalhado com muito jeito, pois Evangelina não demonstrava seus pensamentos. Apenas procurava ler o Evangelho e higienizar os pensamentos de Leandro. Para esclarecer a todos, as pessoas tidas como suicidas quase nunca dão indícios de que querem cometer esse ato. Quase sempre não falam sobre isso, e muito menos se deixam influenciar pelas orações e explicações sutis sobre os ensinamentos da lei do Criador que alguém que tenha devida sabedoria e aptidão possa lhe passar.

Leandro ouvia as palavras do Evangelho e até se comovia com as palavras ditas, mas bastava ficar sozinho que sua vontade de abreviar a vida volta. Por mais que amasse Júnior, sentia muita falta do amor de Sabrina. A luta para amparar Leandro estava cada dia mais difícil.

Nós, como espíritos, trabalhamos e damos o máximo que podemos para amparar e auxiliar esses irmãozinhos perturbados mentalmente, mas devo dizer outra vez que existe o livre-arbítrio, em que não podemos interferir. Vocês, que estão lendo esta história, procurem estudar *O evangelho segundo o espiritismo*, *O livro dos espíritos* e tantos outros mais que nos esclarecem. A certeza e a confiança no que estão lendo são de suma importância. Meus amigos, abreviar a vida, digo com toda a veracidade, não é o melhor caminho. Experiência própria.

Capítulo vinte e um

Sabrina recebe ajuda

Sabrina, depois de certo tempo adormecida nas câmaras de passes e tratamento espiritual, foi levada para uma colônia chamada "Os caminheiros de Jesus". Seu quarto era ensolarado e na janela havia uma cortina de tecido branco leve e transparente e vários vasinhos de flores na jardineira do lado de fora. As paredes eram de um lilás bem claro que transmitia paz e equilíbrio para sua alma. Era tudo de que a jovem recém-chegada necessitava no momento.

Quando despertou com os olhos ainda embaçados, esfregou-os para enxergar melhor. A primeira coisa que fez foi olhar à sua volta e tentar descobrir que lugar era aquele, já que não parecia o hospital de que seu espírito recordava. Silenciosamente, uma jovem senhora de cabelos nos ombros se aproximou.

— Como se sente, minha querida?

Sabrina a olhou com espanto.

— Me sinto bem...

Sabrina tentou levantar, como sempre fazem os recém-chegados, e teve uma tontura.

— Calma, querida, você acabou de chegar de um longo tratamento. Está bem, mas precisa de muita calma ao se levantar. Afinal, ficou por muitos meses adormecida.

A senhora ajudou-a a se sentar com muita gentileza.

— Como está, minha querida?

— Acho que bem. Quem é a senhora, ou melhor, você, pois é tão jovem!

— Nem senhora nem você, chame-me de Amarilis.

— Lindo nome. Eu a conheço?

— Ainda não. Quer dizer, eu já a conheço, mas você está me vendo pela primeira vez. Ou talvez quem sabe já nos vimos em tempos passados?

Sabrina estava confusa. O lugar, a senhora, tudo parecia um sonho.

— Está um dia maravilhoso lá fora.

— Posso me levantar?

— Desde que tenha cuidado, pode, sim.

Amarilis ajudava-a a dar os primeiros passos até a janela.

— Que lugar lindo é esse?

Quando Amarilis ia responder, entrou um jovem rapaz.

— Vejo que já está pronta!

Sabrina olhou para trás para ver de onde vinha aquela voz masculina, e por um instante pensou conhecê-lo. O rapaz aproximou-se de Sabrina.

— Como se sente?

— Acho que bem... Tive umas tonturas, mas já passou.

— Fico feliz que esteja de volta.

— Posso cuidar de meus afazeres, Alê? – perguntou Amarilis de maneira gentil.

— Sim, claro, Amarilis, muito obrigado pela hospitalidade.

Amarilis saiu e Sabrina, vendo-se a sós com o jovem, perguntou:

— Você não é um dos médicos que cuidou de mim, é? Não o conheço. Aliás, não me recordo de nada. Que lugar é esse?

— Bem... Primeiro, permita que eu me apresente. Alexandre, a seu dispor.

Sem cerimônia, o jovem estendeu a mão esperando que Sabrina o cumprimentasse.

— Muito prazer, sou Sabrina.

— Seja bem-vinda, Sabrina. Posso convidá-la para tomar algo revigorante? Vai fazer bem a você.

Sem esperar a resposta, Alexandre pegou em sua mão e caminhou a passos leves. Sabrina andava pelos corredores sem entender nada da movimentação, mas sentia-se bem, então, se deixou levar.

Assim que chegaram ao refeitório, sentaram-se. Alexandre gentilmente foi buscar duas pequenas tigelas, e deu uma à recém-chegada.

Sabrina olhou para aquela água sem cor e perguntou:

— Isso que trouxe para eu beber você chama de revigorante?

Alexandre riu alto e respondeu:

— Experimente, vai gostar.

Sabrina pegou a pequena peça delicada e bebeu alguns goles.

— Parece uma sopa sem gosto.

— É como se fosse. Vá, beba tudo, você precisa repor suas energias.

E, realmente, depois que Sabrina bebeu toda aquela "sopa", sentiu-se muito mais forte.

— Tem razão... Sinto-me muito melhor!

— Não disse? Sabrina, há muitas coisas que precisa saber, por isso o caldo, ele o ajudará a se sentir forte e mais preparada.

— Mais preparada para quê?

— Para tudo o que está por vir.

Sabrina teve uns flashes de sua vida e ficou confusa

— Espere um pouco... Que lugar é este?

— Seu novo lar.

— Meu novo lar?

A mente de Sabrina se embaralhou, e por alguns instantes ela se lembrou de Júnior.

— Meu Deus, o que está havendo?

— Calma, Sabrina, aqui nada é omitido. Você saberá de tudo, esse é meu propósito.

Sabrina passou as mãos pelo cabelo, muito confusa, e em um lampejo vislumbrou seu filho.

— Meu filhinho! Onde está ele?

— Júnior?

Sabrina olhou para ele assustada.

— Leandro Alvarenga Linhares Júnior. Bonito nome.

Sabrina desesperou-se e, sem conter algumas lembranças instantâneas, abalou-se muito. As lágrimas brotavam de seus olhos. Ela se levantou e começou a procurar a saída daquele lugar. A passos largos, ganhou um imenso jardim muito bem cuidado e perfumado. Alexandre não acompanhou seus passos rápidos, andou normalmente, pois sabia que ela não iria muito longe, pois nada conhecia ainda.

Sabrina, com pensamentos confusos, andou um pouco até que parou e se deixou cair em um banco. Alexandre aproximou-se e sentou-se ao seu lado.

— Morri? Meu coração não resistiu? — Sabrina se apalpava.

— Não morreu... Apenas deixou o corpo, e realmente seu coração não resistiu.

— Mas como assim deixei meu corpo? Estou aqui, não me vê?

— Claro que sim... O que vemos é o perispírito, a sua última forma em um corpo material.

— Não é possível... Toque-me... Toque-me...

— Sabrina, eu sei que é difícil, mas agradeça a Deus por estar entre espíritos melhores, com mais condições. Você não sabe o que é sofrimento de verdade.

— Se morri, dá licença de eu sofrer?

— Fique à vontade... Sofra o quanto quiser, mas garanto que você não sabe o que é sofrer terrivelmente. Só quem passou por onde passei é quem sabe o que é sofrer a dor da carne sem tê-la.

Sabrina olhou para ele espantada.

— Por que está dizendo isso? Acha que eu estar longe de todo mundo que amo não é sofrer? Que estar morta não é duro de encarar?

Alexandre deu um leve sorriso.

— Pode rir... Não faz mal. Mas garanto que quando chegou aqui ficou como eu, estarrecido, revoltado, muito bravo mesmo!

— Não... Não mesmo. Quando cheguei aqui, depois de muitos meses de tratamento, agradeci.

— Como assim, agradeceu?

— É o que estou tentando lhe explicar, mas você não para de falar um minuto!.

— Não vai me dizer que acha que aqui é o paraíso!

— Ainda não é o paraíso, mas é um lugar muito legal!

Sabrina suspirou forte.

— De onde você veio que sofreu tanto?

— Um dia saberá.

— Por que não posso saber agora?

— Porque precisamos poupá-la de coisas desagradáveis, mas garanto que poderá conhecer bem por onde andei até chegar aqui. Graças ao Altíssimo, tive a misericórdia de ser recolhido, mas passei muito tempo a duras penas. Sabrina sentiu pelo tom da voz do jovem Alexandre que a coisa era séria. Não fez mais perguntas.

— Do que você se lembra?

Sabrina parou por alguns momentos e chorou novamente.

— Lembro-me do meu filho... Dos meus pais... Da minha irmã e de Leandro, claro.

— Por que quando falou de Leandro parece que doeu mais?

— É o amor da minha vida. Como o amei...

— Não ama mais?

— De que me adianta, se estou morta?

— Sabrina, em primeiro lugar, você não está morta, está mais viva do que nunca, e por esse motivo precisaremos muito de você. Você precisa ter certeza e confiança de que já está do outro lado. Também precisa ter fé e acreditar que tudo o que está vendo aqui é verdadeiro, e que sua vida continua. Você é a mesma Sabrina de outrora. Suas emoções, seus amores, seus defeitos, sua virtudes ainda são os mesmos. Nada mudou, apenas mudou de lado. E quem ficou precisará muito de sua força.

— Quem precisa da força de uma morta?

— É isso que eu quero esclarecer para você e fazê-la treinar. Estou aqui para auxiliá-la em todas as suas dúvidas. Seu corpo material morreu, mas você, não. Um espírito sem corpo vive normalmente, porém, um corpo sem um espírito jamais viverá. Tudo o que foi Sabrina nessa última encarnação continuará, porque a essência de tudo no universo é o espírito. Você vive como eu, como todos que está vendo circular por aqui. O único pesar é que somos o que fizemos.

— Como assim?

— Se procuramos andar pelo caminho da verdade e se cooperamos para uma evolução relativamente correta, porque defeitos e impurezas todos temos, levamos conosco tudo de bom que cultivamos e conquistamos enquanto estávamos em um corpo material. O que você conquistou jamais perderá.

Sabrina silenciosamente ouvia as palavras simples e sábias de Alexandre e suas emoções davam vazão às lembranças do que havia deixado, principalmente o amor por Leandro e pelo filho.

— Muito tenho ouvido as pessoas dizerem: "Como posso praticar a caridade, se quase sempre não tenho sequer o necessário?". A beneficência vos dará neste mundo os gozos mais puros e mais doces. As alegrias do coração não serão perturbadas nem pelos remorsos nem pela indiferença. "Caridade", palavra sublime que resume todas as virtudes. A caridade é fundamental e deve sustentar o edifício das vidas terrenas. Sem ela, as outras não existiriam. Sem caridade, nada de fé, pois a fé não é mais do que um raio de luz puro que faz brilhar uma alma caridosa.

— O que está tentando dizer com tudo isso?

— Que muitos são os ensinamentos, mas que a base de tudo o que praticamos se resume em uma só palavra: caridade.

— Ainda continuo confusa, perdida.

— Sabrina, você tem muito a aprender, mas o primeiro passo é ser, em qualquer circunstância, caridosa. Isso quer dizer que durante sua estada aqui aprenderá muito e, para ganhar bônus, precisamos colocar em prática a adoção da caridade, precisamos servir sempre sem ver a quem. Chegou há poucos meses....

Sabrina o cortou

— Poucos meses, quanto?

— Seis meses...

— Já seis meses? – perguntou Sabrina com um gritinho.

— Acha muito? Pois isso não é nada diante do imenso universo.

Sabrina tentava manter suas emoções, mas estava quase impossível. Deixou que algumas lágrimas descessem por seu rosto angelical.

— Isso quer dizer que nunca mais poderei ver Leandro e meu filhinho amado?

— Pelo contrário... Poderá sim, contudo...

Sabrina o cortou novamente.

— Contudo?

— Sabe quando falei em caridade, ganhar bônus?

Sabrina balançou a cabeça positivamente.

— Então, você deve começar sua seara como uma voluntária, uma auxiliar.

— É assim que ganhamos bônus?

— Sim... Mas só os conseguiremos quando nossos superiores acharem que foi o bastante.

— Ah, isso é fácil! E esses bônus servem para quê?

— Para visitar seu filhinho e Leandro, por exemplo.

Sabrina se empolgou e deu um gritinho.

— Quando vai parar de dar gritos a cada sentimento demonstrado?

— Me perdoe, às vezes esqueço que estou no céu.

— Aqui não é o céu.

— O que é, então?

— Um lugar intermediário entre a Terra e outras dimensões.

— Quer dizer que estou perto da Terra?

— Mais ou menos... Sabrina, vamos fazer um trato? Quando for necessário, explicarei com tempo tudo o que nos ocorre quando deixamos a Terra, ou o corpo material, se preferir.

— Entendi, são muitas as informações, não é isso?

Alexandre deu um suspiro de alívio, pois parecia que sua pupila estava começando a compreender como seria seu novo ciclo de vida.

— Isso mesmo, Sabrina. Agora, preste atenção, vamos falar sobre os bônus.

— Já entendi, terei que trabalhar para receber, não é isso?

— Isso, isso! – agora quem se empolgou foi Alexandre.

— O que tenho de fazer?

— Bem, aí é que está a parte principal. Terá que auxiliar em diversas áreas, começando com pequenas tarefas, até que esteja preparada para as mais árduas.

— Acho que entendi. É como na Terra: começamos de baixo para aos poucos aprender novas tarefas.

— Exatamente isso. Você é muito inteligente.

Sabrina levantou e começou a caminhar. Sentia necessidade de ficar só, achava que tinha direito de sofrer sua dor. Seus pensamentos eram direcionados a Leandro e ao filhinho amado. Quanta saudade. Suas lágrimas desciam copiosamente; por mais que quisesse prestar atenção nos ensinamentos e na boa vontade de Alexandre, tinha de deixar fluir seus sentimentos e medo de tudo o que haveria de conhecer como espírito. Em seu pouco entendimento, sentia que naquele lugar teria de começar do zero, como fizera um dia quando chegara à Terra como encarnada. Alê correu atrás de Sabrina e, embora precisasse ser firme para alcançar seu intento junto a sua protegida, ficou penalizado, pois sabia como era sincero e forte o amor que deixara na Terra.

— Quer ficar só? – perguntou Alexandre, carinhoso.

— Se não se importa, eu preciso ficar comigo mesma.

— Tudo bem. Se precisar de mim é só pensar em mim de maneira confiante que logo voltarei.

Alê, como o chamavam carinhosamente, deixou que Sabrina andasse por aqueles campos onde tudo era harmonioso e belo, voltando sua atenção a outras tarefas.

Capítulo vinte e dois

o sofrimento de Leandro

Marisa ficou sabendo de todos os acontecimentos: do desencarne de Sabrina, do netinho e do filho, e sofria terrivelmente por desejar estar ao lado dele naquela hora tão arrasadora. Em sua cabeça passavam milhões de coisas: "Tenho que fazer alguma coisa. Não posso deixar meu filho nessa situação lastimável". Rapidamente levantou, tomou banho, se arrumou e desceu. Ainda encontrou Eduardo tomando café com a filha.

— Bom dia!

Eduardo, muito triste e cabisbaixo, apenas murmurou sem entusiasmo o bom-dia. Patrícia, por sua vez, nem respondeu. Culpava a mãe por tudo o que estava acontecendo.

— Eduardo, precisamos fazer algo a respeito do nosso filho.

Eduardo não respondeu, não tinha motivos para falar sobre o assunto. Há muito se dera conta de que sua esposa era egoísta e que ele, por sua vez, tinha muita culpa nisso.

— Não vai responder nada? Eu estou em desespero!

Eduardo andava farto de tudo o que estava acontecendo à sua volta e ele sem fazer nada para mudar a situação. Calmamente respondeu:

— Você, Marisa, não sei o que poderá fazer sobre nosso filho, mas eu, acabando de tomar meu café, vou com a Patrícia ver Leandro e nosso neto.

— Também vou!

— Não acho uma boa ideia – intrometeu-se a filha.

— Por quê? Afinal de contas, Leandro também é meu filho.

— Leandro se nega a ver quem quer que seja. É melhor dar mais um tempo a ele.

— De jeito nenhum. Leandro abandonou tudo: seu trabalho, suas responsabilidades.

— E sua alegria de viver também – respondeu a filha encarando a mãe.

— Está me julgando? Tudo o que fiz foi por amor ao meu filho. Quem poderia imaginar que Sabrina morreria? Fiz o que qualquer mãe faria em meu lugar. As mães sempre querem o melhor para seus filhos. Não tenho culpa disso!

— Tem certeza do que está falando? Tem certeza de que não lhe cabe culpa nenhuma em tudo o que está acontecendo?

Marisa olhou para a filha incrédula e com muito medo de ser descoberta.

— Do que está falando, minha filha?

Patrícia parou por alguns instantes e depois respondeu ao pai:

— Mamãe nunca gostou da Sabrina. Fez Leandro padecer terrivelmente. Na verdade, mamãe sempre manipulou o meu irmão, só ele nunca se deu conta disso.

— Está culpando sua mãe pela morte prematura de Sabrina?

— Não, pai, apenas estou constatando um fato, ou o senhor também se nega a enxergar que mamãe sempre o controlou? E Leandro, por sua vez, sempre fez todas as vontades de mamãe.

Eduardo conhecia muito bem a esposa para negar seus exageros.

— Marisa, sei que sente tanta tristeza quanto eu por toda essa fatalidade, por isso a levarei comigo, mas com uma condição.

— Condição? Pois diga, prometo qualquer coisa para ver meu filho.

— Não o atormente com seus desejos. Leandro cresceu, não é mais aquele garotinho que você manipulava o tempo todo. A vida do nosso filho mudou completamente. Sua prioridade agora é o filho, e nem eu nem você vamos interferir.

Marisa, com lágrimas nos olhos, disse amargurada:

— Eu prometo... Prometo só vê-lo, nada mais.

— Tudo bem, então se arrume e vamos, que já é tarde.

Marisa foi para o quarto terminar de se arrumar e Eduardo ficou em companhia da filha.

— Não sei por que insiste em não querer enxergar o óbvio. Mamãe faz mal para Leandro; aliás, faz mal a todos nós.

Eduardo olhou para a filha perplexo. Nunca havia se dirigido daquela maneira a ele.

— Eu sei por que você diz isso. Voltou a namorar aquele delinquente, não é?

— Maurício nunca foi nenhum delinquente, e, se não fosse por ele, Sabrina estaria trancafiada em uma prisão até hoje.

— Não sei por que ainda defende aquele moço.

— Sabe, papai, há muitas coisas que o senhor não sabe, ou não quer saber, para a decepção não ser maior, mas tudo em nossa vida um dia será esclarecido. Aqui, papai, valem as leis de Deus, ação e reação, o que vai um dia volta.

Patrícia levantou-se, apanhou as chaves do carro e saiu sem o esperar. O pai ainda tentou contemporizar, mas a filha nem olhou para trás. Passou na casa de Cléo, na de Evangelina e rumou para a chácara, onde Leandro se encontrava prostrado na cama abraçado ao filho. O garoto chorava. Leonor e Alzira tentavam tirar a criança dos braços do pai, sem resultado. Leandro não estava nada bem. Falava com o filho com palavras incoerentes, não havia nexo no que proferia àquela criança, que se debatia para se livrar do pai. Leonor e Alzira já estavam ficando desesperadas quando Patrícia entrou com as outras duas mulheres e elas depararam com aquela cena lamentável.

— Patrícia, pegue a criança e deixe o resto comigo – pediu Evangelina, decidida.

Patrícia, em lágrimas por ver o irmão naquele estado, tirou Júnior de seus braços à força. Leandro não reagiu, apenas se encolheu sobre a cama como uma criança indefesa. Suas lágrimas rolavam, dilacerando sua alma já cansada de se arrastar naquele mundo fútil e sem sentido. Evangelina colocou-se de joelhos e pediu que Leonor e Alzira as acompanhassem em uma prece: "Senhor, meu pai de misericórdia, tão grande são suas bênçãos. Recorro a vós junto aos amigos da pátria espiritual para que possamos juntos interceder por esse seu filho, que se arrasta aqui na Terra com momentos de demência, no desejo de ceifar suas provações. Por favor, Senhor do mundo, não permita que esse ato seja consumado, eu lhe suplico em nome de Jesus".

Alexandre aproximou-se de Leandro impostando suas mãos para lhe trazer a razão e o conforto necessários: "Deus clemente de misericórdia, que Vossa bondade se estenda sobre nosso irmão Leandro Alvarenga Linhares. Bons espíritos, que tendes o bem como sua ocupação única, intercedei junto a mim em favor desse nosso irmãozinho. Fazei brilhar diante de seus olhos o clarão da esperança. Mestre Jesus, tão grandiosa são vossas sabedorias e vosso amor diante de nós, tão ignorantes, se és suplicar aos Seus olhos nos humilharmos, assim será, desde que possa derramar sobre esse nosso irmão sua sabedoria e entendimento. Não o abandone se deixando levar pelas emoções insanas e perturbadoras, achando que todo o sofrimento terminará com a ilusória fixação de que rompendo os laços materiais se tornará livre dos sofrimentos".

Aos poucos Leandro foi serenando e adormeceu profundamente. Evangelina, que via nitidamente Alexandre com suas mãos espalmadas sobre Leandro, agradeceu: "Agradeço-te, meu bom e generoso amigo, por mais uma vez atender às minhas súplicas. Que nosso mestre Jesus o ilumine a cada amanhecer de seu dia, onde quer que esteja". Alexandre se aproximou de Evangelina e com um gesto carinhoso estendeu as mãos sobre a senhora para que se recompusesse. Evangelina, mais refeita, levantou.

— Graças a Deus a senhora conseguiu acalmá-lo. Eu e Alzira já não sabíamos mais o que fazer. Ele se agarrou a Júnior e disse coisas terríveis – disse Leonor, com o coração amargurado.

— O que ouviram aqui aqui ficará. Não vamos deixar os familiares e os amigos preocupados.

— Sim, senhora... – respondeu Leonor com humildade.

— Agora, quero pedir às senhoras que me deixem a sós com Leandro, por favor.

Leonor e Alzira imediatamente se retiraram. Evangelina não tinha como explicar que precisava falar com um espírito que só ela enxergava.

— Alê, meu bom amigo e amparador, não tenho mais forças contra a vontade de nosso irmãozinho. Embora não demonstre às pessoas encarnadas e amigas que estão sempre ao seu lado, sabemos que mais cedo ou mais tarde ele fará com determinação o que sua alma almeja com tanto fervor. Diga-me o que tenho que fazer para que ele não cometa um ato cruel, vindo a sofrer suas consequências perturbadoras?

— Querida irmã Evangelina, para compreender o alívio que a prece pode proporcionar aos espíritos sofredores, é preciso comprometer-se com essa verdade. Ore com fervor em virtude de ter a certeza de não o fazer em vão.

— Desculpe-me minha ignorância, mas não compreendi.

— Faça sua parte acreditando em nosso mestre Jesus. Nada mais podemos fazer, a não ser orar com fervor. Nada mais, além disso, cabe a nós. Todos, sem exceção, têm o livre-arbítrio.

— Não sou nenhuma estudiosa, mas sei que ele terá um destino horrível!

— Cada qual com suas escolhas. E, depois, não cabe a nós julgarmos. Devemos apenas auxiliar da melhor maneira possível.

— E quanto à nossa querida Sabrina?

— Aos poucos está se esforçando para compreender as leis do outro lado da vida. Apesar de ainda não saber quais são as reais intenções do ser amado, fora esse dilema, tem tido progresso. Nossa querida Sabrina tem alma generosa. Fez vários trabalhos enriquecedores, e até nos auxilia na busca de irmãos que nos chegam no mais lamentável estado de rebeldia e demência. Peguei-me admirando-a por receber espíritos endurecidos, que não conseguiam ser tocados por causa do mal que praticaram, que repeliam a compreensão de uma prece e que blasfemavam contra Deus.

— Não creio!

— Pois acredite. Ela não obteve cem por cento de sucesso, mas alguns chegaram a acompanhá-la até as portas das câmaras de passes.

— Puxa vida, já é um bom sinal. Quem sabe logo ela esteja preparada para auxiliar as esferas inferiores, onde se encontram tantos irmãos suicidas?

— Querida Evangelina, sei de seus inúmeros trabalhos de devoção à doutrina que assimilou para si, mas devo advertir que temos de ter o preparo para tão grande devoção aos suicidas, que têm raros entendimento e aceitação. Mesmo se estivermos orientados, na teoria é uma coisa, mas na prática sabemos muito bem que é outra, principalmente se deparamos com familiares ou espíritos afins, almas gêmeas etc. O amor, na sua mais pura essência, de certa forma nos favorece por almejarmos com fervor que esse ente querido em sofrimento seja amparado o mais breve possível. Mas não podemos esquecer que há o outro lado da moeda. É muito fácil quando o caso em questão não nos toca diretamente, abalando nossos sentimentos. Já ouviu falar que os problemas de outros são mais fáceis de resolver? Pois, então, quando intercedemos junto a Jesus por amparo, seja qual for o irmão embrenhado nas trevas, usamos nossa razão e focamos em fazê-lo entender que nosso intuito é esclarecer sua real situação. Porém, quando colocamos nossos sentimentos em primeiro lugar, não obtemos nosso intento. Nossa querida Sabrina está indo muito bem em seus esforços com o intuito de acumular bônus para que seja concedida, por nossos superiores, a visitação a Leandro e ao filhinho amado. Nada sabe ainda sobre as tendências perturbadoras do amor de sua vida. Sabrina está sendo uma boa aluna em seu novo ciclo de vida. Está se adaptando melhor do que eu esperava, contudo, não está pronta para receber e assimilar um caso como esse, que envolve diretamente Leandro. Sabrina há muito ama incondicionalmente Leandro.

Evangelina, depois de ouvir atentamente seu amigo espiritual, se pronunciou.

— Leandro também a ama com a mesma intensidade.

— Boa observação, mas nada nos ajuda. Deus, nosso Criador, não recompensa um ato de covardia e o insulto que lhe é feito. Deus não aprova que coloquem em dúvida suas providências. O não suportar a ausência da pessoa amada e desferir contra a própria vida achando que vai atingir seus objetivos faz que se afaste mais e mais da pessoa amada e de seus ideais.

— Bem, querida e generosa amiga, meu tempo mais do que se esgotou. Preciso partir, o dever me chama. Sempre que precisar, entregue-se fervorosamente às suas preces, só elas a consolarão.

— Ah, antes de ir, preciso de um conselho.

— Pois fale...

— Recebi uma incumbência. Quer dizer, fiz uma promessa, mas até o presente momento não tive coragem de cumpri-la.

— Sinto em seus olhos que está temerosa!

— É... Como sempre, acertou em cheio!

— Pois diga. Se eu puder ser útil...

Evangelina tirou de dentro de sua bolsa um caderno, que parecia ser um diário. Bem, era um diário. Sem pensar, disse ao seu amigo Alê:

— Sabrina, enquanto esteve aqui, escreveu um diário. Tudo sobre seus quase nove meses de gestação está aqui dentro.

— E daí? – perguntou Alexandre já sabendo do conteúdo.

— Sabrina me fez prometer que se algo lhe acontecesse eu entregaria a Leandro.

— E por que ainda não o fez?

Evangelina era estudiosa da Doutrina Espírita, mas humana e, como todo humano, tinha suas dúvidas e seus medos. Alexandre aproximou-se dela e carinhosamente passou a mão em seus cabelos.

— Não tema, não existe o acaso. Leandro tem suas escolhas. Se eu lhe disser que talvez o conteúdo desse diário não o abale mais, estarei mentindo, mas você prometeu e terá que cumprir. Evangelina, nós sabemos que nada deterá Leandro, ele está obstinado. Ninguém à sua volta sente ou pressente o que ele deseja, com exceção da irmã, que tem seus sentidos mediúnicos aflorados. A quem queremos enganar? Leandro é um forte candidato ao suicídio, assim como milhares de suicidas, que não demonstram, apenas o cometem e ponto. Se até agora não alcançou seu objetivo é porque sua bondade e fé ainda o sustentam. Isso não quer dizer que não deva continuar a interceder por ele junto a Jesus, mas Leandro é livre.

Evangelina, com os olhos cheios d'água, abaixou a cabeça e deixou que Alexandre voltasse a seu lar.

Capítulo vinte e três

A visita dos pais a Leandro

Cléo e Patrícia, ao saírem do quarto a pedido de Evangelina, cuidaram de Júnior. Deram banho, trocaram suas roupas e alimentaram-no. A criança inocente dormiu por muitas horas. Leonor e Alzira prepararam o almoço. Quando Evangelina saiu do quarto, era nítida sua palidez. A senhora estava esgotada. Sem pensar em educação, atirou-se sobre o sofá e lá ficou.

— Como está meu irmão, senhora? – perguntou Patrícia, angustiada.

— Bem, está dormindo profundamente. Por ora, não precisa se preocupar.

— Sei que está esgotada por interceder pelo meu irmão junto a Jesus, mas preciso só que me responda positiva ou negativamente sobre meus pressentimentos – disse Patrícia, aproximando-se da bondosa senhora.

Evangelina, mesmo exausta com tudo o que havia acontecido há pouco no quarto, segurou com carinho as mãos de Patrícia e respondeu sem rodeios:

— Sim... A resposta é positiva, porém, para nosso mestre Jesus, nada é impossível. Temos que nos entregar em oração até quando não nos resta mais nada a fazer.

— Do que estão falando? – perguntou Leonor preocupada.

Patrícia manteve-se serena. Sentia-se preparada para qualquer destino que Jesus viesse promover. Tinha de confiar nos amigos espirituais mais do que nunca, e sabia que o que tivesse de acontecer nada nem ninguém impediria. Sem demonstrar amargura, respondeu a Leonor:

— Sobre nada, dona Leonor, é que estou muito preocupada ao ver meu irmão cada dia mais doente.

— Isso é verdade, às vezes parece até que está possuído!

— Por favor, senhora, não diga mais isso. Nossas palavras têm força, apesar de poucos saberem o quanto – disse Evangelina com educação. Alzira, para amenizar aquele clima de desolamento, intercedeu:

— O almoço já está pronto. Vou preparar a mesa para que todas vocês se alimentem. Afinal de contas, precisam de vigor.

— Isso mesmo, Alzira, vamos almoçar. Estou morrendo de fome. Vamos aproveitar que pai e filho repousam tranquilamente — pronunciou Cléo.

Enquanto Alzira arrumava a mesa, Patrícia, com permissão de Evangelina, foi para o quarto ver o irmão. Assim que entrou, aproximou-se. Ele estava dormindo profundamente e não parecia nutrir pensamentos contrários às leis de Deus. De joelhos e segurando uma de suas mãos, ela fez uma prece para também fortalecer seu espírito obstinado. Como poderia um moço tão lindo, de grandes olhos azuis e com toda a vida pela frente deixar-se levar por pensamentos negativos? Após terminar, enxugou algumas lágrimas que brotavam sem perceber e juntou-se às outras mulheres. Elas sentaram-se para a refeição.

Após o término da refeição todos cooperaram com Alzira para lavar a louça do almoço e também a do café que havia se acumulado por causa da angústia de Leandro. Quando tudo estava em seu devido lugar e limpinho, sentaram-se na sala para ouvir Evangelina falar sobre a Doutrina Espírita, que em sua visão, assim como na de todos os espíritas, não se tratava de uma religião, e sim de um grande aprendizado baseado nas leis da razão e da ação e reação, que movem toda a humanidade.

Leonor e Alzira que nunca tinham ouvido falar sobre a doutrina, e prestavam atenção admiradas.

— Quer dizer que tudo é movido para o bem ou para o mal, de acordo com nossas atitudes? – questionou Leonor, com o coração aprisionado nas amarguras a respeito da filha, a quem pouco se dedicou.

— Sim... Mas tudo podemos mudar a partir do momento em que voltarmos à razão, compreendermos que certas atitudes não foram justas e sentirmos as faltas de coração, com a alma, o que já será um grande passo para sermos perdoados ou aliviarmos nossas provações.

Leonor deixou que algumas lágrimas descessem pelo seu rosto. Evangelina a amparou.

— Cara Leonor, não se culpe, pelo contrário, peça perdão a Jesus por suas faltas e as reconheça. Isso trará alívio para seu coração. Nós todos nos encontramos aqui na Terra justamente para repararmos nossos erros passados ou até mesmo os de agora. Não sei com precisão quais foram as suas faltas, mas você já está cooperando para sua evolução.

— Como assim? – perguntou ela, interessada.

— Quem está aqui cuidando do neto e de Leandro com toda a atenção e dedicação? Não é você? Pois, então, se é que algo a atormenta, esqueça e faça o que tem de ser feito. Isso trará conforto para sua alma e compreensão para seu cérebro material. Cuide com todo amor de seu neto, que terá amparo dos espíritos amigos ligados a nós nessa empreitada.

Quando Leonor enxugava as lágrimas, chegou uma visita já prevista por Patrícia, que não quis comentar nada por pensar que sua mãe pudesse mudar de ideia. Logo que escutaram um barulho de carro chegando, Alzira levantou para ver quem era.

Eduardo e Marisa desceram do carro. Alzira deu uma olhada para a sala onde as mulheres estavam e, meio assustada por não saber de quem se tratava disse:

— É um casal, não os conheço!

— São meus pais – respondeu Patrícia, sem expressão no rosto.

— Seus pais? – perguntou Cléo, admirada.

— Sim... Antes de eu vir, meu pai decidiu trazer minha mãe para ver meu irmão. Mas não aprovo...

— Seja humilde, Paty – repreendeu Evangelina.

Patrícia abaixou a cabeça e silenciou. O casal entrou e foi muito bem recebido por Evangelina.

— Que boa surpresa, sejam bem-vindos!

Marisa entrou receosa por não ser bem recebida, pois sua própria consciência a cobrava, mas quando viu Evangelina levantar e ser educadamente prestativa, sentiu-se um pouco melhor.

Marisa queria se recordar de onde conhecia aquela senhora, mas naquele momento seu nervosismo era tão grande que não conseguiu. Mesmo assim, Evangelina a abraçou com carinho e a Eduardo também.

— Sintam-se à vontade – disse Evangelina ao casal. Em seguida, apontando com a mão, apresentou-os às senhoras que ainda não conheciam. – Essa é nossa querida Alzira, a caseira de Maurício, e essa é Leonor, mãe de Sabrina.

Marisa sentiu-se muito mal, pois estava na casa do moço a quem desprezou e humilhou, e também por Leonor, que era a mãe da moça por quem teve antipatia durante todo o tempo que trabalhou em sua loja. Sem graça, ela estendeu a mão para cumprimentá-las.

— Prazer, sou a mãe de Leandro e Patrícia.

Alzira, prestativa, foi logo ajudar.

— Muito prazer, acomodem-se, vou preparar um café fresquinho!

Alzira foi para a cozinha e Eduardo se pronunciou:

— Como tem passado, Cléo?

— Na medida do possível, bem.

— E a senhora? Há quanto tempo não nos vemos! – Eduardo se recordou de Evangelina de pronto. Como esquecer de uma senhora que fora tão prestativa quando a filha teve problemas? Foi aí que Marisa se tocou de quem se tratava. E, em vez de ser gentil também, fez cara de poucos amigos:

— Ah... Bem que eu achava mesmo que a conhecia. A senhora é aquela que se dá aos espíritos ruins, não é?

— Sou eu mesma, mas gostaria de explicar que não há espíritos ruins. O que há são espíritos mal esclarecidos. Todos nós estamos no mesmo padrão de evolução. Tanto a senhora como qualquer um de nós aqui somos espíritos. Apenas revestimos um corpo provisório para reparar nossas faltas, mas um dia voltaremos a ser a essência primordial, que é apenas a do espírito. Claro, sem a parte corpórea – respondeu a senhora sutilmente.

Marisa era muito orgulhosa para se deixar abater.

— Não acredito em nada disso... Essas coisas são de macumbeiros sem instrução. Onde já se viu falar com os mortos?

— Não são mortos, são como nós. Como eu disse, apenas não precisam se arrastar na Terra presos a um corpo. A vida do espírito sem dúvida é bem melhor.

— Pois é, cada qual que acredite no que quiser, não é mesmo?

— A senhora tem toda a razão. Cada um acredita e segue a doutrina que for de sua vontade.

— Mas eu me lembro muito bem de que naquela época Paty, minha filha, ficou muito melhor. Agradeço todos os dias por ela não ter tido mais aquelas crises — concluiu Eduardo, simpático e agradecido.

— Devo esclarecer que sua filha não teve crises, apenas é uma grande médium.

— O quê? Está querendo insinuar que minha filha tem tendência a macumbeira?

— De modo algum, ao contrário, sua filha é possuidora de muita orientação espiritual. Se não sabe, Patrícia poderá, no futuro, ajudar muitas pessoas na senda da espiritualidade.

— Deus me livre! – falou a incrédula Marisa.

— Dona Evangelina, não é necessário perder seu tempo com um espírito atrasado. Seria o mesmo que colocar uma criança de cinco anos no quarto ano. Minha mãe ainda não chegou nem ao jardim de infância.

— Paty, está dizendo que sou ignorante?

— Em relação a muitas religiões, é, sim. Responda-me: de qual religião é praticante?

Marisa ficou em silêncio, já que não praticava nenhuma.

Alzira, alheia ao assunto, entrou na sala com uma bandeja com café e sequilhos e colocou-a sobre a mesinha de centro.

— Sabrina tinhas mãos maravilhosas. Fazia esses biscoitos como ninguém!

Marisa, que pegou um para comer, devolveu-o antes de colocar na boca.

— Acho que prefiro só um café mesmo – disse ela, sentindo seu corpo se arrepiar.

— Pode provar, dona Marisa, é uma delícia. Esses não foram feitos pela Sabrina. Ela partiu há mais de seis meses. E, depois, um biscoitinho não vai tirá-la da dieta.

Marisa ficou vermelha de vergonha por Evangelina tocar bem em sua ferida. Apanhou um biscoito e comeu.

Evangelina tinha de se manter serena, mas estava difícil, com tantos problemas que todos estavam enfrentando. Sentiu que a presença de Marisa só pioraria os acontecimentos, mas como impedir aquela mulher presunçosa e arrogante de ver o filho? Era claro que sua presença ali só poderia ser pelo desejo de ver o filho. Evangelina nem bem concluiu seus pensamentos e Marisa se pronunciou:

— O café está ótimo, o biscoitinho também, mas vim até aqui para ver o meu filho.

— Mãe, o Leandro está dormindo. Não acho uma boa ideia acordá-lo.

— Como não? É meu filho amado, vim para vê-lo!

— Mas ele não teve uma boa noite, nem uma boa manhã. Agora que conseguiu dormir, não deve acordá-lo.

Marisa levantou-se de maneira ameaçadora.

— Quero ver quem vai me impedir de vê-lo.

— Eu... – gritou Leonor, sem ninguém esperar.

Marisa olhou para aquela mulher simples com nojo.

— Você quem é mesmo? – perguntou Marisa de maneira arrogante, humilhando a mulher que agora entendia tantos fatos juntos, e que até aquele presente momento cuidou do neto e do pai com amor e devoção. – Eu nem a conheço. Acha que poderá me impedir de ver meu próprio filho?

— Acho, sim... Quem cuida dele e do meu neto sou eu, e sou eu quem decide quem deve ou não deve vê-los.

Marisa tentou fazê-la calar-se, mas Leonor não deu tempo para que ela a humilhasse mais.

— Você sabe com quem... ?

Leonor a encarou e continuou sem medo:

— Sei muito bem, dona Marisa. A senhora é que é a causadora de tudo o que houve até o presente momento. Tanto que alertei minha filha sobre a senhora, mas quem pode com o amor? – Marisa a olhava com ódio. – Isso mesmo... Quem pode ir contra o amor? Minha filha já se foi e não há nada mais a fazer, mas ainda há Leandro e meu neto, e eu juro que, se veio na intenção de perturbá-lo, vai sair daqui arrependida por tudo o que fez a eles.

Patrícia, embora se penalizasse pela mãe, achou fantástica a atitude de Leonor. Evangelina e Cléo também sorriram por dentro, por verem uma mulher simples enfrentar a poderosa Marisa.

Eduardo, sem entender o que estava acontecendo, se intrometeu:

— Senhora, com todo o respeito, sinto muito pelo que houve com sua filha, mas somos os pais dele, temos de vê-lo.

— Com que direito? – perguntou Leonor. – Já se passaram mais de seis meses e agora querem ver Leandro? Seu filho está doente, infeliz pela perda da mulher que amava. Depois desse tempo todo é que se deram conta de que existem filho e neto?

— Senhora, mais uma vez peço seu entendimento. Insisti muitas vezes com minha mulher para vir, mas ela se recusava. Depois de pensar muito, senti necessidade de vir conhecer meu neto e ver como meu filho se encontra.

— O senhor disse que insistiu em vir antes, não foi?

O homem respondeu que sim com a cabeça.

— Por que não pergunta à sua esposa os motivos de não querer vir antes?

Todos olharam para Marisa. Ela, por sua vez, sentiu que a mulher a quem queria humilhar sabia de tudo o que havia acontecido e os porquês de ela não poder vir antes. Leila, antes de se entregar e assumir suas responsabilidades do que fizera à irmã e a Leandro, deixou a mãe a par do acontecido, e sabia que a única exigência era Marisa não se aproximar do neto nem de Leandro. Eduardo, nervoso por ver a esposa transpirar, olhou fixo para ela e perguntou:

— Marisa, pelo amor de Deus, não me diga que teve algo com toda essa desgraça que paira em nossa cabeça?

Marisa se deixou cair sentada e nada disse.

— Me responda, mulher, por favor, me responda!

— Senhor Eduardo, não se aflija, sou mãe e cometi muitos erros também, mas graças a Deus com ninguém que pudesse me amargurar mais. Mas cobrei muito da minha filha esse amor que eu julgava impossível, e me arrependo até hoje por não apoiá-la. O senhor não imagina o quanto sofro por minhas atitudes, mas, quando foi comprovado que minha Sabrina era inocente, eu e seu filho estreitamos nossa amizade. O senhor não sabe, mas quase todos os dias Leandro ia à minha casa, e aos poucos fui vendo o quão errada eu estava, e acabei me afeiçoando ao seu filho. Ele é um rapaz maravilhoso, humilde. Por intermédio de mim sabia notícias da minha filha. Antes eu não sabia onde ela estava, ela quis se isolar, e vim saber só depois o motivo, que é nosso neto. Sabrina estava grávida e ninguém sabia, com exceção de suas verdadeiras amigas, que estão aqui presentes. Mas em minhas aflições consegui saber pelo meu esposo, que ele, somente ele da família, mantinha contato com a minha filha por cartas, e assim trazia notícias. Eu, por ter errado tanto, repassava as notícias da minha filha para Leandro, que veio se humilhar aos meus pés. Mas meu marido, como havia prometido à minha filha, não contou nada sobre sua gravidez – Eduardo, calado, prestava atenção ao que Leonor contava, e ela continuou: – Quando soube que minha filha estava no hospital passando mal, fiz com que Carlos me trouxesse a esta cidade. Foi quando descobri que ela estava tendo um filho. Fiquei feliz, mas, como disse dona Evangelina, o destino não quis que ela continuasse conosco e educasse seu filhinho, então me posicionei como mãe duas vezes, vim para cá e nunca mais voltei para minha casa. E só farei quando Leandro estiver pronto para educá-lo e protegê-lo como é de direito.

— Mas o que minha mulher teve a ver com isso tudo?

— Não serei eu que contarei, não tenho esse direito, porque errei em não apoiar Sabrina e Leandro, mas quando estiver a sós com sua mulher pergunte a ela como tudo começou. Eu já estou pagando por minhas duas filhas: uma Deus levou, e a outra, quando sua mulher estiver pronta, contará o que se deu com ela. Senhor Eduardo, sou pobre, trabalho muito para ganhar o pão de cada dia, mas graças a Deus consigo me responsabilizar pela parte que me cabe. Cada um tem de pagar por suas atitudes também. A vida mais cedo ou mais tarde vem nos cobrar. Fiquei muito nervosa com a arrogância da sua esposa, mas entendo-os, e claro que podem ver seu filho. Mas, como eu, arrependam-se de suas atitudes para que Deus tenha misericórdia e não cobre de vocês um pagamento alto como o meu. Agora, com sua licença, devo me retirar. Vou ver nosso netinho. E a senhora, dona Marisa, arrependa-se de suas atitudes antes que seja tarde demais. Eu sou a prova viva de quanto dói. Seja digna e enfrente seus erros, é isso que Jesus espera de nós. Agora pode ver seu filho. Quem sou eu para impedi-la?

Leonor se retirou e o clima na sala era de vitória e lamento ao mesmo tempo, pois Marisa parecia sentir na pele a dor de todas as atitudes errôneas que cometera, e Leonor ganhava a apreciação de Alexandre, que conseguiu presenciar a conversa e as atitudes dela.

Capítulo vinte e quatro
Os ensinamentos de Alexandre

Alexandre, logo que voltou ao seu lar, foi procurado.
— Venha logo, Alê...
— O que houve, Amarilis?
— Chegou um irmãozinho muito rebelde, precisamos de sua ajuda.

Alexandre tratou de se apressar. Assim que adentrou o prédio do hospital, correu para ver de quem se tratava.

— Alexandre, onde andou esse tempo todo? – perguntou Sabrina, muito aflita.
— Calma, cara Sabrina, são muitos os deveres, eu estava ocupado, oras!
— Esse rapaz acabou de chegar "daquele" lugar cujo nome nem gosto de pronunciar e está rebelde demais!

Alexandre, sereno como sempre, aproximou-se do rapaz.
— Qual é seu nome, meu querido?

O rapaz olhou para ele com um ódio nos olhos que afligiria qualquer um, até mesmo o mais estudioso dos estudiosos, imagine então Sabrina, que estava apenas em treinamento. O rapaz não respondeu, apenas olhou para Sabrina um pouco mais terno.

— Seu nome é Rafael... – respondeu Sabrina, para poupar as cenas de revolta que havia presenciado. Ela não queria vê-lo tão grosseiro e estúpido, parecia um animal.

— Rafael, por que tanto ódio? Dê graças a Deus por estar aqui conosco.

— E quem disse a você que eu quero estar aqui?

— Olhe para tudo à sua volta, não lhe parece mais confortável e confiável?

— Não preciso de nada disso, estava muito bem onde estava!

Alexandre espalmou suas mãos sobre o rapaz e fez fervorosa oração:

Senhor, dignai-vos a lançar um olhar de bondade aos espíritos imperfeitos, que ainda nas trevas da ignorância desconhecem, principalmente ao espírito de Rafael. Bons espíritos, ajudem-no a compreender que, induzindo os homens ao mal, obsidiando e atormentando-os, prolonga seus próprios sofrimentos.

O rapaz se debatia e rosnava como um animal feroz. Quanto mais demonstrava revolta, mais alta a voz de Alexandre ficava. Sem dar importância, continuou:

Espírito que comprazes ainda à prática do mal ouça a prece que empregamos a ti, ela deve provar-te que desejamos fazer-te o bem, embora façais o mal. És infeliz porque é impossível ser feliz praticando o mal. Por que, pois, permanecer no sofrimento quando depende de ti sair dele? Não vês os bons espíritos que o cercam como são felizes?

O rapaz aos poucos foi serenando, mas continuava olhando desconfiado.

Deus te deu, como a todas as criaturas, a liberdade de escolher, e não fizeste uma das melhores escolhas para ti. Podes escolher o bem ou o mal. Entre felicidade e desgraça. Deus, como nosso Pai, é generoso e está lhe dando uma nova oportunidade de refletir sobre tuas atitudes. Quando tiveres dado um passo ao caminho do bem, a continuidade será mais confortável. Compreenderás, então, quanto tempo perdeste da tua felicidade por tua própria culpa.

Rafael, exausto e deixando as palavras de Alexandre penetrar seu espírito, caiu para trás, adormecendo profundamente. Alê encerrou com uma linda prece:

Ó, meu Senhor, que és tão bondoso conosco, agradeço a Ti Tua benção, que possamos a cada amanhecer ser dignos de continuarmos um instrumento de Vosso amor e Vossa caridade, que a paz e a confiança de Rafael, que enviaste à nossa incumbência, sejam realizadas com sucesso, em nome de todos nós. Como Teu filho, na senda da evolução, peço com humildade que nos oriente para que quando Teu filho Rafael despertar esteja amparado com Vossa misericórdia. Que assim seja Vossa vontade, meu Senhor.

Quando Alexandre terminou, Sabrina, transpirando muito, deixou seus braços despencarem, exausta.

— Puxa vida... Pensei que tivesse que lutar com ele!

Alexandre e Amarilis riram alto da garota.

— Acha que é brincadeira, é? – perguntou Sabrina, furiosa. Alê gostava profundamente de Sabrina.

— Claro que não... Mas vá se acostumando...

— Não vou me acostumar nunca... Deus me livre e guarde de chegar mais um como esse!

Alexandre não conseguiu segurar o riso. Sabrina ajeitou o rapaz que se encontrava sobre a cama, cobriu-o com o alvo lençol e saiu andando apressada, a passos largos.

— Sabrina, me espere... Não se zangue comigo!

Amarilis ficou parada no lugar, observando Alexandre correr atrás de Sabrina com um sorriso nos lábios.

— Me perdoe... Não foi minha intenção deixá-la irritada – Sabrina bufou. - Vamos fazer o seguinte: que tal nos refrescarmos e depois dar uma volta, caminhar um pouco por aí, ouvir um pouco de música?

Sabrina parou de frente para Alexandre e por alguns minutos sorriu com o canto da boca.

— Estou furiosa com você! Prometeu que estaria por perto sempre que eu precisasse.

— E não estou aqui?

Sabrina desviou o olhar e continuou andando até que chegasse à porta do hospital.

— Sabe o que mais me irrita?

Alexandre não respondeu, apenas sorriu esperando mais uma bronca.

— Que não consigo ficar brava com você, porque logo passa.

Ao ganhar o jardim, Alexandre respondeu:

— Ainda bem. Mulher quando fica brava, sai de baixo!

Sabrina deu um tapinha carinhoso em seu braço.

— Seu bobo. Mas falando sério agora.

Alexandre ficou compenetrado depois de ouvir sua pupila demonstrar seriedade.

— Pois diga, sou todo ouvidos.

— Não quero mais uma tarefa como essa.

Alexandre continuou caminhando e Sabrina, ao seu lado, o acompanhava esperando que ele se pronunciasse.

— Infelizmente, Sabrina, são milhares nossas tarefas. Algumas mais leves, como foi até hoje, outras muito complicadas.

— Até hoje? E o que acabou de acontecer com esse recém-chegado?

— Eu entendo que ainda seja difícil, mas quando falei, em tom de brincadeira, que é bom ir se acostumando, falei sério.

— Quer dizer que poderão chegar mais irmãos como Rafael?

— Sem dúvida. Por isso sempre haverá o primeiro acontecimento. Nada é por acaso. Isso que presenciou, e espero que tenha aprendido pelo menos um pouco, acontecerá mais vezes.

— Não vou suportar.

— Sei que é difícil, mas há irmãozinhos em vários estados de doenças e demência que chegam aqui para auxiliarmos. E se Leandro chegasse nesse estado aqui, o que você faria?

Sabrina parou no meio do jardim e ficou olhando nos olhos de Alexandre fixamente.

— Leandro? Não o conhece... Se o conhecesse não me faria uma pergunta como essa!

— Mas, vamos supor, e se isso acontecesse?

— Bem... Primeiro, tenho certeza de que isso nunca acontecerá, e segundo, daria toda a atenção e todo o amor para auxiliá-lo.

— Pois, então, é assim que deve agir com todos. Nossa obrigação é nos entregarmos totalmente, seja qual for o irmão. Nosso amor e nossa dedicação, se forem sinceros, ajudarão o irmão em questão, não importa quem seja ele.

— Não gosto quando vem com essa conversa. Há algo que eu deva saber?

— Leandro já sabe de sua partida e do filhinho que tiveram.

— Você esteve com ele? Esteve?

Alexandre tinha como incumbência amparar Sabrina e Leandro, mas naquele momento achou que havia se precipitado. Contudo, foi em frente.

— Não vou omitir de você, estive, sim.

— E como eles estão?

— Bem...

— Bem? Só isso tem a me responder?

— Leandro a ama, como acha que ele está encarando tudo que houve?

Os olhos de Sabrina se encheram de lágrimas.

— Sabrina, preste atenção, não se faça fraca. Se fosse ao contrário, o que sentiria?

— Péssima... Já me dói se por algum momento eu souber que ele sofre.

— Pois então, Sabrina, o que sentimos aqui eles sentem lá também. As emoções, a dor e o sofrimento acontecem dos dois lados, por isso você deve vibrar positivamente. Pense que um dia o terá ao seu lado, pense no amor e que os laços afetivos não se rompem nunca. Não quero vê-la sofrer para que Leandro não sinta também. Coloque alegria em seu coração, deixe que seus sentimentos verdadeiros os unam cada dia mais.

— E o diário? Dona Evangelina já cumpriu o prometido?

— Por que faz tantas perguntas? Acha que sou adivinho? Não sei, aliás, nem sabia que existia um diário!

— Pois existe. Deixei que dona Evangelina se incumbisse de entregá-lo caso me acontecesse algo.

— Pois não deveria. São tarefas difíceis de serem cumpridas.

— Como sabe que são difíceis? Nem sabia nada sobre o diário.

— Sabrina, quando estamos habitando um corpo material as coisas são mais complexas. Não preciso estar inteirado de um assunto para saber que é uma tarefa difícil. Eu suponho que esse diário fala sobre você, sobre Júnior. Como quer que Leandro, frágil ainda por sua partida, se sinta lendo suas palavras?

Sabrina ficou mais triste.

— Acha que estou sendo egoísta?

Alexandre olhou para ela com admiração.

— Vejo que os ensinamentos já estão surtindo efeito.

— Alê... Tenho tentado me esforçar ao máximo... Mas, às vezes, pensar que o tempo poderá fazer Leandro me esquecer completamente me dá medo.

— Isso se chama egoísmo e ter a pretensão de não querer o bem do outro. Mas, mesmo que ainda sinta esses resquícios da humanidade, é normal. Tranquilize-se, pois o tempo é remédio para todos os males. Ele não a esqueceria por dois motivos: pelo amor verdadeiro que sente por ti, e porque esse amor deu um lindo fruto.

Os olhos de Sabrina brilharam.

— Você já viu Júnior?

— Claro que sim... Se eu vi Leandro, é natural que eu tenha visto todos, inclusive suas amigas.

— Puxa, que felicidade! Ai, se eu pudesse...

— Tudo tem seu tempo. Hoje quero que vá descansar. Depois se arrume. Vamos à refeição revigorante e em seguida daremos umas voltas. Você precisa espairecer um pouco. Amanhã terá um grande aprendizado.

— Um novo aprendizado? Como assim? O que farei amanhã?

— Na verdade, conhecerá outro lugar.

Sabrina entusiasmou-se pensando poder ver seus entes queridos.

— Nos encontramos perto do lago daqui a uma hora.

Sabrina já estava indo embora quando se virou para seu instrutor e perguntou:

— O que jantaremos? Aquela sopa sem graça nenhuma?

Sem esperar por respostas, ela saiu rindo. A cada dia Sabrina superava suas tarefas, mas Alexandre estava muito preocupado com a situação que se apresentava sobre as intenções de Leandro e a reação de Sabrina. Achou que estava na hora de levá-la até as últimas consequências e testar seus limites.

Capítulo vinte e cinco

Leandro se entrega

Marisa não arredaria os pés daquela chácara sem ver o filho. Patrícia era contra, não sentia boas vibrações, contudo, Evangelina interveio.

— Dona Marisa, aguarde um pouco, vou ver se Leandro já acordou.

Marisa fez cara de pouco caso, mas Evangelina era uma senhora muito bem preparada para se indispor com as imperfeições dos encarnados, já que ela tinha muitas imperfeições também. Ela silenciosamente abriu a porta do quarto para ver se Leandro já estava acordado e foi surpreendida ao ver Leandro ler atentamente o livro de capa dura. Evangelina se aproximou para ter certeza de que era o que estava pensando e não deu outra. Leandro lia tão absorto que nem percebeu sua presença.

— Leandro... – chamou suavemente seu protegido. Ele levantou os olhos com as lágrimas descendo por seu lindo rosto. – O que está lendo?

Não respondeu, apenas olhou para ela sentindo uma dor dilacerante que estraçalhava sua alma sem que ele permitisse.

— Onde achou esse diário? – perguntou Evangelina tentando manter a serenidade, mas pensando em Alexandre firmemente, como que pedindo socorro.

— Aqui, em cima dessa mesinha... – respondeu Leandro, aparentando calma. Apenas deixava suas dores fluírem sem demonstrar nenhuma revolta. Evangelina se deu conta de que havia esquecido de colocá-lo de volta dentro da bolsa depois da conversa que teve com Alexandre. Com muita calma, sentou ao lado de Leandro e disse com amor:

— Sabrina o ama muito.

Leandro, com o diário em mãos, chorava muito. Não demonstrava revolta, apenas um sofrimento forte e doloroso.

— Sua mãe veio visitá-lo, que tal irmos para a sala?

Leandro, ao ouvir que sua mãe estava lá, demonstrou um certo ar de alegria.

— Peça para entrar – disse ele, ainda com o diário nas mãos.

— Não acho elegante recebê-la nesse estado. Que tal tomar um banho, se arrumar? Será mais gentil de sua parte, já que ela espera ver aquele rapaz lindo de quem sempre fala com muito orgulho.

— Como quiser – respondeu o rapaz, que já não se encontrava tão belo como antes.

— Então se anime e vá se aprontar.

Leandro levantou, mas não largou o diário.

— Não seria melhor guardar esse diário? Afinal de contas, pertence só a você – Evangelina tentou persuadi-lo.

Leandro deixou o diário na cama, em cima do travesseiro em que estava deitado, foi ao banheiro e fechou a porta, mas sem trancá-la. Evangelina olhava para o diário sem saber se pegava e escondia ou se deixava no mesmo lugar, passando confiança. Enquanto estava nesse dilema, Alexandre adentrou o quarto.

— Que bom que veio ao meu socorro!

— O que houve?

— A mãe de Leandro chegou e quer ver o filho a todo custo. Depois de tantos tratamentos cínicos e lamentáveis na sala, vim ver se ele já estava acordado, e, para minha surpresa, quando entrei, ele estava com o diário nas mãos e, o que é pior, estava lendo. Pelo que percebi, já leu muitas páginas! E agora, o que faremos?

— Absolutamente nada. O diário pertence a ele.

— Mas ele chorava muito, eu pude sentir sua dor.

— Mas isso não é de estranhar, e você é uma médium preparada para isso. Onde está sua fé?

— Devo ter perdido quando o vi com o diário nas mãos.

— Não permito que torne a falar essas asneiras. Seja uma mulher de fé. Já lhe disse que o que tiver de acontecer acontecerá. Leandro, apesar da aparência bela, é um suicida, um fraco que viveu na barra da saia da mãe até há pouco tempo. Ele se deixou levar pela arrogância e pela vaidade da mãe. Ela sempre o endeusou, como se fosse um dos anjos mais fortes e poderosos, e sempre permitiu que ela o achasse o mais belo dos mortais.

— Mas ele é mesmo um belo mortal, por isso recorro a você. Não permita que ele dê cabo de sua vida, por favor... – suplicou Evangelina.

— Não estou a reconhecendo. Leandro não é o mais importante dos mortais. Há casos muito piores. Ele que seja forte e não deixe que a covardia o tome.

— Você veio até mim só para me dar sermões?

— Não, vim para amparar todos os envolvidos nessa mesma história. Leandro está no limite, nada mais resta fazer. Evangelina, compreenda uma coisa: use sua razão. Neste momento, o que seria mais terrível para Marisa?

— Meu Deus! Não quero ouvir... Não quero ouvir!

Evangelina tapava os ouvidos e os olhos para não ouvir nem ver Alexandre, que estava ciente dos acontecimentos.

— Levante-se, concentre-se e faça uma prece agora.

Pela primeira vez, Evangelina perdeu o chão, pois estava ciente das palavras de seu instrutor. Juntos oraram com fervor. Ao término, Alexandre pediu com firmeza a Evangelina:

— Vá ao banheiro e abra a porta.

Evangelina fez o que Alexandre lhe pedira, mas sabia que o que encontraria seria terrível. Leandro estava estendido ao chão e havia vários frascos de tranquilizantes espalhados por todo lado. Alexandre, logo atrás dela, disse sem se comover:

— Há dias ele tomava remédios em grande quantidade, e ninguém se deu conta. Quando muito perturbado, agarrava-se ao filho, querendo levá-lo junto. Em seus planos, eles se juntariam a Sabrina. Quem quer se matar faz e pronto. Há algum tempo, Leandro, quando foi separado de Sabrina pelos motivos que você já sabe, começou seu sofrimento, foi ao médico por conta própria e conseguiu receitas de medicamentos para depressão. Uma pessoa suicida tem características específicas: ou ela está há um tempo com depressão e mesmo obtendo tratamento continua alimentando que a vida não faz sentido, ou ela comete o suicídio por ter perdido pessoas que lhe são de suma importância. E há muito mais casos de suicidas do que se imagina.

— Quando uma pessoa vê a morte à sua frente e não consegue pensar em outra saída, é culpado por abreviar voluntariamente em um instante seu sofrimento?

— Sempre é culpado quando não espera o termo fixado por Deus. Evangelina, não importa quais são as circunstâncias, ninguém está autorizado a abreviar sua partida.

— Mas Leandro é um rapaz... – Alexandre a cortou de pronto.

— Como disse há pouco, são inúmeros os casos de suicídios, não tente querer ajeitar os acontecimentos para aliviar as penas de quem quer que seja. E, se ainda quer tentar salvá-lo, com muita calma vá à sala e peça ajuda. Levem-no a um hospital para vermos se há tempo de uma lavagem estomacal. Leonor sabe dessa depressão de Leandro. Depois de tudo resolvido, procure-a e saberá como isso aconteceu.

— Tudo bem, você tem razão, vou pedir ajuda.

Evangelina chegou à sala. Por mais que tentasse manter o equilíbrio, era impossível, já que Leandro se esvaía. Ao contrário do pedido de Alexandre, Evangelina estava pálida e com lágrimas nos olhos.

— Por favor, senhor Eduardo, Leandro não parece bem. Venha, temos que levá-lo o mais breve possível para o hospital!

Eduardo e Patrícia foram os primeiros a chegar ao banheiro. Patrícia suplicou ao Criador que o livrasse daquele triste fim. Em um instante, todos entraram no quarto e de longe se viam as pernas longas do rapaz largadas ao chão do banheiro. Marisa empurrou todo mundo e se jogou sobre o filho em prantos. A cena era lamentável para todos que lá se encontravam naquele momento. Eduardo, muito decidido, gritou:

— Por favor, afastem-se todos. Fiquem apenas Paty e Cléo para me ajudar a levantá-lo e colocá-lo no carro.

E assim foi feito. Quando deram entrada no hospital, enquanto Cléo ficou responsável por sua internação, Leandro foi levado imediatamente à emergência. Eduardo contou em poucas palavras o que o filho havia feito. Os médicos correram e fizeram uma lavagem estomacal, como Alexandre havia sugerido. Conseguiram tirar uma boa parte e Leandro ainda se mantinha preso ao corpo. Depois de muitos medicamentos para combater as drogas que havia consumido, seu quadro se estabilizou. Alexandre, a um canto, orava para Jesus junto aos espíritos voluntários que chegaram rápido a um sinal do instrutor. Muitas vibrações positivas foram feitas, Alê e seus amigos da pátria espiritual espalmaram suas mãos sobre Leandro e com fervor rogaram suas súplicas ao Altíssimo.

Evangelina, acompanhada de Leonor e Marisa, chegaram em seguida. Alzira ficou por causa de Júnior. Marisa estava histérica. Foi entrando na frente, como se fosse a dona do estabelecimento, e dirigiu-se à recepção:

— Por favor, quero notícias de Leandro Alvarenga Linhares.

— Calma, dona Marisa, a senhora está muito nervosa.

— Claro que estou... Não é o seu filho que está passando mal!

A moça da recepção, sentindo por Evangelina ser tratada tão mal, se pronunciou:

— Seu filho já foi atendido, senhora.

— Onde ele está?

— É melhor a senhora subir para o terceiro andar. Lá lhe darão mais informações.

Marisa, como uma louca, empurrou todos à sua volta e subiu. Evangelina e Leonor permaneceram ali. Não acharam prudente seguir Marisa, já que estava fora de si. A jovem da recepção se pronunciou:

— A senhora é o que do rapaz?

Evangelina, não aparentando nervosismo, respondeu:

— Eu sou apenas uma amiga. Essa é Leonor, a sogra. Sei que são muitos os casos em que vocês se desdobram para resolver, mas poderia me dizer algo sobre o estado dele?

A jovem silenciou por alguns instantes depois respondeu:

— O caso é muito grave. Não quis me adiantar para a senhora que chegou nervosa aqui, mas ele está na UTI e nem sei se a deixarão vê-lo.

— Tem certeza disso, minha jovem?

— Tenho, sim. Fizeram o que puderam, mas muitos dos remédios que ele ingeriu já estavam fazendo efeito em seu corpo.

Evangelina agradeceu à bondosa jovem e sentou-se com Leonor próximo à recepção. Não adiantaria subir, seriam mais pessoas a atrapalhar o trabalho dos médicos dos dois lados. Depois de acomodadas, Leonor chorava muito, culpando-se.

— Eu sabia... Eu sabia que isso ia acontecer!

— Acalme-se, amiga, não adianta procurar culpados agora. Leandro estava decidido. Em seus pensamentos, o melhor seria partir e se juntar à sua filha.

Leonor olhou para ela admirada, pois Evangelina não sabia de nada. Como ela poderia falar com tanta veracidade sobre o que Leandro pretendia?

— Do que a senhora está falando?

— Dos remédios que Leandro andava tomando.

— Como soube dos medicamentos?

— Sei pouco, mas o suficiente para deduzir que esse foi o caminho mais fácil que encontrou para dar fim à sua vida corpórea.

Leonor ficou de boca aberta.

— Mas ninguém sabia que Leandro fazia uso desses remédios a não ser eu!

— Leonor, conte-me como tudo aconteceu.

Leonor, com um lenço nas mãos, assoava o nariz e enxugava as lágrimas que desciam copiosamente.

— Logo que soube da inocência da minha filha e que ela quis se afastar de todos, Leandro se sentiu culpado. Achou que de alguma maneira ela queria puni-lo por não ter confiado nela naquele momento em que mais precisava. Ele passou a ir à minha casa com frequência. Seu estado era lamentável. Aos poucos fui me dando conta de que eu também estava errada quanto ao amor dos dois. Agora sei que um nasceu para o outro. Aos poucos fizemos nascer uma grande amizade. Como disse lá na chácara, nos apegamos um ao outro, mas Leandro a cada dia se amargurava mais por Sabrina não querer vê-lo. Teve várias crises de choro e se trancava no quartinho que tenho no fundo de minha casa. Não saía para nada. Muitas vezes fui obrigada a fazê-lo tomar uma sopa que amassava como papinha de bebê. Ele engolia à força. Outras vezes até parecia mais animado, mas sua tristeza era de cortar o coração. Eu já não estava suportando aquela situação, havia dias que nem banho tomava. Dizia sempre: "Para que tomar banho, me arrumar, se meu amor não quer mais saber de mim?". Até que um dia meu marido, como já estava sabendo o porquê de Sabrina ter se isolado, sentiu que deveria interferir e me pediu que o acompanhasse ao médico, que logo tudo estaria bem. Mas eu não sabia da existência do meu neto, que Sabrina estava grávida. Então, achava bobagem meu marido insistir em levá-lo ao médico. Mas ele sabia que assim que Sabrina estivesse com o bebê e recuperada procuraria Leandro. Eu particularmente achava um absurdo meu marido insistir em levá-lo ao médico. Até cheguei a desconfiar da grande confiança que meu marido queria nos passar. Mas, enfim, sem alternativa, acompanhei-o ao médico, que o encaminhou a um psiquiatra, porque seus sintomas eram típicos de depressão. Fiquei muito preocupada e o levei. Foi aí que tudo começou. No início até que os remédios fizeram efeito e ele ficou mais animado. Mas agora, só agora, vejo que esses medicamentos se tornaram uma arma em suas mãos. Começou a tomá-los descontroladamente. Muitas vezes eu os escondia, mas ele ficava tão fora de si que eu acabava cedendo, até que todos os remédios ficaram em seu poder. Mas eu tentei... Tentei alertá-lo para que não tomasse em demasia, mas fui infeliz, nada consegui. Eu deveria ter procurado ajuda. Se não com seus pais, pelo menos com alguém em quem ele confiasse. Por isso me sinto tão culpada. Que Deus me perdoe, mas, se eu soubesse que Sabrina estava esperando um filho, daria um jeito de Leandro saber. Mas eu também só soube quando nos avisaram que minha querida filha estava internada neste mesmo hospital.

As lágrimas de Leonor desciam dilacerando sua alma. Tanto sofrimento, a perda da filha, Leandro atentando contra a própria vida... Realmente os desencontros entre familiares são muito frequentes. A ignorância e o orgulho fazem nossas faltas, em vez de diminuir, aumentar. Como um todo, se conseguíssemos ceder um pouco daqui, um pouco dali, talvez não tivéssemos tantas desventuras amargando o destino de muitos irmãozinhos encarnados que atrasam a evolução.

— Não se culpe, cara Leonor, você fez o que estava a seu alcance. Infelizmente, não sabemos de tudo, somos muitos falhos ainda. Você até que fez muito por Leandro. E isso tudo fez bem a você, pois pelo menos reconheceu que faltou com sua filha, e isso já é um grande avanço.

— Se eu soubesse que Leandro e minha filha se amavam mesmo, não teria ido contra. Minha filha, que Deus a tenha, sempre procurou ser justa e responsável, e eu o que fiz? Sempre a critiquei. Sei que vou queimar no fogo do inferno.

— Pare de dizer bobagens. Você, além de ter recolhido Leandro em seu coração, se arrependeu de suas atitudes, isso conta muito para Jesus, Nosso Salvador.

A conversa entre Evangelina e Leonor já acontecia há muitos minutos.

— Acho que agora devemos subir e saber ao certo o que se passa com nosso querido Leandro.

— Isso mesmo... Vamos procurar saber de Leandro.

Capítulo vinte e seis

A recuperação de Leandro

As duas mulheres subiram para o andar onde todos estavam à espera de algum milagre. Assim que Evangelina subiu, Alexandre se aproximou:

— Onde estava até agora?

Por pensamento, Evangelina explicou sua conversa com Leonor.

— Peça ao médico para ver Leandro.

Evangelina, em pensamento, quase gesticulando, respondeu:

— Se os pais dele não foram autorizados, quem sou eu para fazer esse pedido?

— Pare de fazer perguntas e faça o que estou encarecidamente lhe pedindo.

Evangelina não poderia duvidar. Se Alexandre pediu, ela deveria tentar, e foi o que fez. Sem colocar obstáculo algum o médico a deixou entrar. Marisa ficou possessa.

— Aonde pensa que vai?

Patrícia sabia que algo de extraordinário havia acontecido para o médico deixar Evangelina entrar.

— Mãe, por favor, é hora de ficarmos unidos – disse Patrícia segurando o braço da mãe com força.

— Mas eu que sou a mãe... – Eduardo, abraçando-a, cortou-a de pronto.

— Pode ir, dona Evangelina.

Evangelina, vendo que o médico e todos os outros foram a favor, entrou em uma antessala e se preparou. Fez todo aquele ritual que os encarnados são obrigados a cumprir. Quando pronta, entrou, e Alexandre seguia atrás, varando portas e paredes. Assim que se aproximou do jovem, comoveu-se. Ele dormia profundamente.

— Você sabe que esse sono não é o normal, não sabe?

— Ah... Por favor, Alê, deixe-me.

— Não entrou aqui para se comover. Entrou para colocar em prática seus estudos.

Evangelina deixou que algumas lágrimas descessem de seus olhos.

— Pare de chorar... Precisamos de suas energias para talvez trazê-lo de volta.

Enquanto Alexandre e Evangelina conversavam, Leandro entrou por um túnel onde a luz era tão forte que ofuscava sua visão. Delicadamente foi tocado no braço.

— Não siga, meu irmão.

Leandro olhou para aquela entidade cheia de luz. Parecia um anjo de tão linda que era. Ele indagou:

— Por que não? Olhe que lugar maravilhoso, tão iluminado!

— Mas, por suas atitudes, esse não é o lugar a que será levado.

— Levado? Estou indo porque quero, desejo encontrar o amor da minha vida.

— Mas não será assim.

— Como, não? Tomei todos aqueles remédios na intenção de encontrá-la!

— Mas só vai encontrar sofrimento e muita dor. Sabrina não está no lugar a que será destinado. Volte e lute por sua vida. Lute com todas as suas forças. Um dia, quando for sua hora de partir, com ordens do nosso Criador, encontrará seu amor esperando por você.

— Quem é você para me impedir? Vou agora, é minha chance, sei que ela espera por mim.

— Realmente ela sente sua falta e o espera, mas se fizer isso delibe- radamente sofrerá durante meses, anos, até estar ao seu lado. Sabrina partiu porque chegou a hora dela. Ninguém tem culpa nenhuma, era a hora dela. Ela tinha um problema físico congênito, por isso partiu. Não foi para puni-lo ou para afrontar quem quer que fosse. Sabrina foi porque o Altíssimo a chamou.

— Você está mentindo para mim.

— Nunca minto, sou apenas uma voluntária que se dispõe a auxiliar irmãos perdidos e confusos como você. Venha, vou lhe mostrar algo que poderá fazer com que mude de ideia.

O anjo de muita luz aproximou-se dele, mesmo estando deitado no leito da UTI. Assim que se viu do alto, levou um susto, contudo, viu Evangelina acompanhada de um rapaz jovem como ele.

— Preste atenção no que eles falam.

Leandro silenciou para ouvir, seu cérebro espiritual captava tudo.

— Senhor Jesus de misericórdia, faça com que Leandro entenda quanto sofrerá se insistir em deixar seu corpo material. Tira o véu das ilusões de seus olhos para que ele desista de seu intento. Ele não tem noção de que seu caminho não é compartilhado por Sabrina. Livre-o dessa atitude insana, ou ele nunca ficará ao lado da mulher amada.

Leandro, conforme ouvia as súplicas de Evangelina ao lado do rapaz que impunha suas mãos sobre seu corpo, deixou que suas lágrimas descessem pelo rosto e, curioso, continuou prestando atenção. Agora quem dizia palavras esclarecedoras era o jovem.

— Senhor, sei que alguns não suportam a perda de pessoas queridas e se matam na esperança de encontrá-las e, assim, atingir seu objetivo. Mas sabemos que os resultados são diferentes do que esperam; em vez de unir-se ao objeto de sua afeição, afastam-se dele ainda por mais tempo. Deus não recompensa um ato de covardia e o insulto que lhe é feito quando se duvida de Sua providência. Não queremos que Leandro pague por momentos de loucura e pesares sem ter condições de sustentá-los. Que assim seja em Teu nome, Senhor!

Leandro se desesperou e começou se debater, voltando para o corpo. Evangelina e Alexandre, junto do anjo de luz, assistiram animados so corpo de Leandro se debater em aflição. O jovem, no limite de seu desespero, abriu os olhos azuis e avistou todos à sua volta.

Podem não acreditar, mas ainda houve tempo para que Leandro, com os olhos do espírito já sobre o corpo material, visse nitidamente não só Evangelina, que era encarnada e estava na mesma faixa vibratória, mas também Alexandre e o anjo de luz. Em um grito, Leandro bradou:

— Meu Deus, vocês existem!

Em seguida, caiu em sono profundo por ainda estar sob efeito dos vários remédios que ingeriu, e sua visão foi esquecida.

Evangelina deu um largo sorriso de felicidade para o anjo de luz e para Alexandre.

— Ele nos ouviu... Ele nos ouviu...

— Graças a Amarilis.

Amarilis abraçou Alexandre com ternura.

— Bem... Demos um passo ao progresso. Esperamos que isso sirva de lição para nosso querido Leandro! – disse Evangelina, feliz.

— Você disse bem, minha amiga Evangelina, demos um passo ao progresso, mas temos de estar cientes de que Leandro conseguiu nos ver em espírito, onde o entendimento é bem mais acessível. No corpo material as coisas se desenrolam de outra maneira. Nunca poderemos nos esquecer de que Leandro ainda não está livre do suicídio.

— Nossa, Alexandre, como você é desmancha-prazeres! — concluiu Amarilis, decepcionada.

— As decepções de vocês não me comovem, temos que estar atentos a tudo e a todos, principalmente a Leandro.

— Quer dizer que dessa vez ele está livre?

— Sim... Mas ainda não é o bastante.

— Me desculpe, Alê, acho que tem razão. É que me empolguei tanto em vê-lo se debatendo!

— Querida Evangelina, sei como são os pensamentos dos suicidas por experiência própria. Se conseguirmos atingir nossos objetivos, aí, sim, serei plenamente feliz e agradecido aos espíritos que lutam para diminuir esses números.

Evangelina olhou para Alexandre perplexa. Não conseguiu se conter.

— Experiência própria? Você então... – Alexandre a cortou.

— Essa é uma outra passagem de vida. Não estou aqui para contar minhas experiências, e sim para trabalhar incansavelmente em prol dos meus irmãozinhos, para não sofrerem loucuras devastadoras. Demências incontáveis e assustadoras. Amarilis, como espírito, já colaborou muito com todos do vale dos suicidas. Mas você, querida, por mais que estude esse assunto, não saberá avaliar quanta dor é mostrada... São incontáveis os sofrimentos do corpo espiritual. Tudo é demasiadamente doloroso, é como se experimentassem as feridas abertas em chagas, as dores são sentidas como no corpo material. Bem... Acho que eu e Amarilis podemos voltar ao nosso lar, e você, minha querida, que Jesus a sustente ao lado de Leandro.

— Muito obrigado por tudo o que vocês me ensinaram hoje, e que possamos ser vitoriosos. Quem sabe é mais um resgatado?

— Quem sabe, minha querida Evangelina?

Alexandre e Amarilis volitaram para o espaço e Evangelina saiu da UTI muito esperançosa.

— Como meu filho está? – perguntou Marisa, ansiosa.

— Vamos todos nos sentar, pois tenho boas notícias.

A senhora contou o que houve na UTI e todos se alegraram, principalmente Patrícia, que acreditava na providência divina. Eduardo, que até então estava se controlando, deixou escapar algumas lágrimas. No entanto, Marisa protestou:

— Vocês todos estão felizes com a conversa dessa senhora? Mas eu estou incrédula. Como acreditar em espíritos, idas e vindas no corredor da morte?

— Marisa, me perdoe, mas há muito que deve se informar. Já foram comprovados vários casos de pessoas que estiveram entre a vida e a morte e contaram os mesmos fatos.

— Mas como sabe que meu Leandro esteve nesse túnel de luzes e voltou de repente?

— Mãe, há muitos ensinamentos, não há como dona Evangelina explicar assim, em poucas palavras, é preciso ir fundo nos estudos para saber o mínimo.

— Está me chamando de burra? Que não entenderia?

— Não é isso, mãe... Mas a Doutrina Espírita é complexa para quem nunca leu nada a respeito.

— Querem saber de uma coisa? Esse assunto me incomoda, isso é coisa de macumbeiro, e meu Leandro não tem nada a ver com toda essa baboseira.

Recuso-me a ouvir. Se Leandro manifestou-se, é porque os remédios já estão sendo eliminados de seu corpo.

— Concordo plenamente, dona Marisa, mas devo esclarecer que sem a ajuda de Deus nada disso seria possível – tentou contemporizar a generosa senhora.

— Ainda bem que concorda comigo.

— E quanto à intervenção de Deus? A senhora também não acredita?

Marisa ficou calada, pois, por mais que nunca se lembrasse de Deus, devia haver um motivo para o filho se manifestar, já que ingerira muitos comprimidos de uma só vez.

— O que me deixa intrigada é não saber onde meu filho conseguiu esses remédios para doentes da cabeça!

— Senhor Eduardo, desculpe minha sinceridade, mas há muito seu filho está doente. Não é de uma hora para outra que as pessoas tomam atitudes impensadas e insensatas como Leandro fez.

— Como assim? Nunca soube disso.

— Pois deveria ter procurado saber o que aconteceu depois de ele ter abandonado tudo, seus compromissos com as lojas, por exemplo.

Eduardo ficou pensativo, recordando-se das atitudes que o filho apresentara alguns meses antes.

— A senhora tem toda a razão. Quando ele abandonou tudo, nós como pais dele também o abandonamos.

— Só se for você, eu nunca abandonaria meu filho – respondeu Marisa muito arrogante, mesmo com Leandro na UTI, com o risco de deixar o corpo.

— Marisa, quando vai assumir alguma coisa em sua vida, já que só faz maldizer as pessoas? – questionou o marido, já sem tolerância para caminhar lado a lado com a esposa.

— Quer dizer que eu sou culpada, então?

— Me desculpe, mas a senhora sabe muito bem por que não o procurou mais, deixando-o à deriva quando ele mais precisou. Aliás, a senhora tem tudo a ver com o estado de seu filho – intrometeu-se Leonor, não mais suportando a vaidade e o orgulho daquela mulher insensível.

— Dona Leonor, o que há realmente nessa história? Pela segunda vez aponta o dedo para minha mulher.

Marisa pensou que fosse ser desmascarada naquela hora. Seu rosto enrubesceu.

— Não é a hora apropriada para eu apontar o dedo para sua esposa, como disse. O que tenho a dizer é que Leandro há meses não saía lá de casa. Aos poucos meu marido e eu percebemos que ele não estava normal, mal se alimentava, só queria ficar deitado, nem banho ele se dava ao trabalho de tomar. Aí eu e Carlos achamos por direito levá-lo ao médico, quando descobrimos que ele estava com depressão profunda e o médico receitou alguns antidepressivos.

Marisa levantou e rodou a baiana.

— Me culpa, mas foi a senhora que o levou para a morte! Escute bem o que vou lhe dizer: se meu filho não voltar ao normal, coloco-a na cadeia.

— A senhora já fez isso com minha filha Leila, então não vou me surpreender se fizer comigo também. Não que minha filha seja santa e esteja pagando pelo que não deve. Ela teve seus motivos. E hoje pago um preço alto. Perdi uma filha, e a outra, para se redimir, está cumprindo pena em um presídio. Não estou desejando mal nenhum, principalmente a Leandro, a quem me afeiçoei demais. Mas todos nós, se não aprendermos por bem, aprenderemos por mal. Por esse motivo, não sinto que minha Leila esteja fazendo o que ela mesma se comprometeu a fazer. Sempre haverá um julgamento, que pode ser Deus nos alertando. Deus é bom, mas é justo também. Paga quem deve, recebe quem merece. Aos olhos de Deus, todos nós somos imperfeitos e precisamos, de uma forma ou de outra, quitar nossos débitos.

Todos ficaram de boca aberta com a sabedoria de uma aluna tão recente. Evangelina se orgulhou de Leonor, que estava assimilando as leis de Deus.

O clima estava ficando pesado. Eduardo, para poupar mais lavagem de roupa suja, preferiu encerrar o assunto, mas não se esqueceria de no momento oportuno pegar a sua mulher de jeito. Infelizmente, por tudo o que Eduardo ouviu e viu, sabia que sua esposa estava no meio daquela lamentável situação.

O silêncio se fez quando Carlos, acompanhado de Vitória, chegou, aflito.

— O que houve, Leonor?

Leonor abraçou o marido como há muito não fazia. De dois estranhos que eram, se abraçaram forte por alguns instantes. Lágrimas brotaram dos olhos do casal. Vitória abraçou de uma só vez a filha Cléo e Patrícia, que sentia mais conforto nos braços de Vitória do que da própria mãe. Assim que se acalmaram, Evangelina explicou tudo o que havia acontecido. Carlos ficou extremamente triste, pois já havia se acostumado com Leandro em sua casa, contudo, também se sentiu culpado por ter prometido à filha que ninguém saberia de sua gravidez.

Todos estavam exaustos, mas ninguém queria ir embora. Ficou cada um em um canto. Eduardo, Carlos e Leonor foram tomar café para reanimar o corpo, que já estava bastante desgastado. Era preciso energizar. Já era alta madrugada quando Patrícia desceu, em companhia da amiga Cléo, para esperar por Maurício, que estava chegando. Restaram Evangelina e Marisa na antessala que dava para a UTI. Marisa de cinco em cinco minutos ia até o vidro para olhar para o filho, que continuava em sono profundo. Evangelina orava para aquele pesadelo acabar e tudo voltar ao normal.

Capítulo vinte e sete

o primeiro resgate de sabrina

Amanheceu um lindo dia na colônia onde Sabrina estava instalada. Impaciente, ela esperava por Alexandre, que prometera levá-la para conhecer um novo trabalho. Ele passou antes na sala de seu superior para receber instruções. Assim que ficou pronto, foi até Sabrina.

— Puxa, como você demorou!

— Querida Sabrina, são muitos os meus trabalhos. Antes de mais nada, bom dia.

Sabrina, sem graça, respondeu gentilmente:

— Me perdoe, é que estou curiosa para saber aonde vai me levar hoje.

Alexandre, antes de ir em busca de mais uma experiência com sua pupila, pediu que ela se sentasse no banco do jardim e sentou-se ao seu lado.

— Sabrina, você já conheceu quase todos os lugares de socorro, porém não será nada agradável o local a que iremos hoje.

— Mas pensei que... – Alexandre a cortou.

— Pensou que fosse visitar Leandro e seu filhinho, não é isso?

— Sim... Pensei... Já faz muitos meses que estou aqui, e acho que mereço um voto de confiança. Prometo não dar trabalho.

— Concordo com você, acho mesmo que merece uma visita aos entes queridos que deixou na Terra, porém, essa é uma experiência muito importante. Vamos às câmaras de passes fluídicos para você ser preparada adequadamente.

— Nossa, quanto mistério!

— Sabrina, quero que conheça os trabalhos de inúmeros colaboradores que visitam o Umbral. Iremos hoje ao vale dos suicidas.

Sabrina abriu a boca com expressão de medo e de surpresa.

— Vale dos suicidas?

— Sim... Aqui precisamos estar preparados para qualquer acontecimento que porventura venha precisar de nosso auxilio. E esse trabalho é de suma importância.

Antes de Alexandre se juntar aos outros colaboradores, levou Sabrina às câmaras de passes. Quando sentiu que estava fortalecida, disse gentilmente:

— Já está na hora.

Sabrina nada disse, apenas agradeceu pelas boas vibrações dos amigos daquele setor e acompanhou seu instrutor.

— Vamos indo. No caminho encontraremos nossos amigos colaboradores.

Sabrina e Alexandre começaram a caminhar. Quando chegaram à grande muralha que tinham de ultrapassar, uma legião de colaboradores se aproximou e gentilmente os cumprimentou.

— Nossa, Alexandre, precisa de todos esses espíritos para nos acompanhar?

— Não, minha cara, nós é que os acompanharemos. Você aqui está fazendo apenas as vezes de aprendiz. Não terá que fazer nada, apenas ficará em oração, e, por favor, preste bastante atenção nos acontecimentos, ore e vigie sempre.

Sabrina ficou assustada, pensando que talvez não estivesse preparada para aquela empreitada. Alexandre, segurando sua mão, sentiu seu desconforto.

— Querida Sabrina, não tema. São nossos irmãozinhos também. Eles precisam das nossas orações e da nossa dedicação. Você não terá que fazer nada, apenas observe como serão feitos os trabalhos e, em pensamento, ore para que possamos auxiliar nossos amigos de luz amparadores.

Sabrina, trêmula, olhou para Alexandre, apertou sua mão e respondeu, confiante:

— Estou preparada, sim, podemos ir, farei tudo como me ensinou.

Sabrina e Alexandre, acompanhados dos muitos irmãos de luz, ultrapassaram a grande muralha. Em segundos estavam adentrando o lugar que parecia mais o inferno. Logo que chegou, Sabrina ouviu gritos de desespero e uivos dos mais grosseiros e infelizes irmãos em lamentável situação. Tudo era escuro e lamacento. Sabrina, a cada passo que dava, apertava a mão de Alexandre. Sentindo seus pés afundarem no lamaçal, pensou ter um enorme aperto no peito.

— Apenas seja forte e mantenha o pensamento em orações.

Sabrina não abriu a boca. Apenas balançou a cabeça positivamente. Os irmãos que se encontravam ali havia meses, anos, em sofrimento, quando viram a luz ao longe, gritavam ou grunhiam como animais. Os amparadores pediram que eles esperassem por ali mesmo, por causa de Sabrina, e continuaram andando em meio aos rastejantes em lamentável estado de dor, com suas feridas abertas – o cheiro era insuportável. Sentiam fome e sede. Era penoso assistir a tudo aquilo sem que pudessem fazer muita coisa, pois a alguns era imposta tal situação, outros se recusavam a acompanhá-los, achando que eram livres e poderiam fazer o que bem quisessem. Em meio a tantos desgraçados infelizes, um casal se aproximou de Sabrina. Com medo, ela apertava cada vez mais a mão de seu instrutor.

— Calma... serenidade sempre... – disse Alexandre no ouvido de sua pupila.

O casal, vestindo roupas pretas mescladas de vermelho, sentiu seu perfume, cheirando-a como fazem os animais. Num repente, a moça, com ar de arrogância, perguntou à jovem, que se mantinha sem se mover:

— Se veio aqui procurar pelo seu macho, ele ainda não chegou – e gargalhou alto.

Sabrina olhou para Alexandre pedindo explicações com os olhos.

— Não entre em suas vibrações, deixe que ela fale o que quiser.

— É, meu caro, está aí, todo arrumadinho, vestido de branco, cheiroso, mas garanto que não se esqueceu de nós, não? – provocou a moça.

Sabrina, coitada, não estava entendo nada.

— É, pra você ver, né, Ana, como as coisas mudam, nem parece aquele desgraçado que aqui chegou – concluiu o homem que vestia uma enorme capa preta.

— Como tem passado? – perguntou Alexandre.

— Nós, muito bem, sabe como é, né, ainda trabalhamos muito por aqui. E você, moça, o que veio fazer aqui? – perguntou o homem para Sabrina.

Ela, por sua vez, olhou para Alexandre.

— Não tenha medo, pode responder – disse Alexandre.

— Bem... Eu vim conhecer o lugar.

— Pelo visto, já aprendeu muitas coisas, não é?

— Sim... Acho que sim...

— Você sabe, moça, que aqui só passam, e muitas vezes ficam por anos, os covardes que exterminam suas próprias vidas. Não é, Alê?

— É, sim... Seu Zé, será que dá para deixar suas insinuações para uma outra oportunidade?

— Essa moça bonita sabe de sua vida passada?

— Não... Não sabe nada além do que deve saber. Sou seu instrutor, e ela não precisa saber de nada além disso.

— Você viu, Ana? Ele agora é instrutor.

— Pois é, como as coisas mudam... – respondeu a moça com olhar de cobiça para Alexandre.

— Está bonitão, hein!

— Agradeço o elogio.

— Mas gostava de tu como era antes. Agora tá todo engomadinho, se bem que de um bom perfume sempre gostei, e você tá cheiroso por demais – Ana deu uma gargalhada que podia ser ouvida a quilômetros.

— Qual é seu nome, mesmo? – perguntou Zé.

Sabrina estava mais atenta, e muito sabiamente respondeu:

— Eu não disse meu nome, portanto, acho que se enganou.

— Pois é, não disse mesmo, mas posso saber seu nome?

— Sabrina...

— Ah... Zé, você sabe quem é... É aquela... Aquela, sabe?

— Chega... Chega, já falaram demais. Agradeço por vossos serviços, mas agora acho que devem ir andando. Vão cumprir seus trabalhos de colaboração – interveio Alexandre com bondade.

— Mas já entregamos nossa encomenda para seus amigos, eles estão lá socorrendo um novato para ser levado do lado de vocês.

— Eu agradeço muito a colaboração de vocês dois, mas Sabrina está apenas fazendo a primeira visita e ainda não está preparada para todas as novidades que vocês fazem questão de comentar.

— Tudo bem... Vamos, Zé, sabe que temos que respeitá-lo agora – pronunciou Ana com ironia.

Quando o casal estava saindo, Ana, despeitada por ter perdido a companhia de Alexandre, provocou Sabrina:

— Acho bom você se acostumar com este lugar, terá muitas vezes vontade de vir aqui!

Alexandre ia falar o que ela merecia, mas seus amigos amparadores ressurgiram com uma moça toda esfarrapada e ensanguentada sobre uma maca.

— Vamos, Alexandre, já cumprimos nosso dever de hoje.

Sabrina, quando viu a jovem naquele estado, se penalizou, deixando cair algumas lágrimas. Todos se viraram para deixar aquele lugar quando Zé ainda gritou:

— Espero ver você logo, Sabrina!

Sabrina olhou fixamente nos olhos do homem e sentiu uma coisa estranha, era um misto de piedade e pavor.

Logo adentraram a colônia com a jovem resgatada. Ela foi levada para um dos hospitais para ser devidamente tratada. Sabrina tinha milhões de perguntas a fazer para Alexandre e elas remoíam seus pensamentos, mas sentiu que não era hora de questionar nada naquele momento. Esperaria a oportunidade certa. Ela se dispôs a ir junto com os amigos amparadores para também ajudar aquela jovem.

Sofia foi tratada com o devido carinho. Lavaram-na, cuidaram de suas feridas, trocaram suas roupas e todos reunidos fizeram energização na parte de seu coração e de seu aparelho digestivo, que ainda estava com grande feridas abertas. Sabrina, como aprendiz, fez a mesma coisa que os outros. Impôs suas mãos e pediu misericórdia a Jesus. Sofia dormia profundamente, induzida pelos colaboradores e médicos que se encontravam naquele quarto. Ao término, todos se dirigiram à porta. Sabrina, que estava saindo também, parou no meio do caminho e questionou seu instrutor:

— Você não vem?

Alexandre não respondeu, apenas sentou-se ao lado de Sofia e ficou em posição de prece.

— Venha, Sabrina, vamos deixá-los sozinhos.

— Mas por quê?

— Não faça perguntas. Logo Alê a colocará a par de tudo, tenho certeza.

Capítulo vinte e oito

A felicidade toma conta de todos

Depois de dois dias Leandro despertou. Sua cabeça ainda doía muito por ter sobrecarregado seu fígado, que é um dos responsáveis pelo processamento da maior parte de tudo o que ingerimos, portanto, somos todos responsáveis pelo bom funcionamento desse órgão vital. Por isso, muitos não sabem que são candidatos inconscientes a suicidas.

Leandro pôde sair da UTI e ser levado para o quarto. Evangelina estava na chácara, acompanhada de todos os outros amigos, já que não se fazia necessário que todos ficassem no hospital atrapalhando o andamento. Ficaram apenas Marisa e Eduardo, que revezavam para tomar banho e se alimentar. Evangelina e os outros tentaram auxiliar no revezamento, mas Marisa, com sua ignorância, não aceitou. Achava que todos eram intrusos e que seu filho precisava apenas de sua companhia. Ela amava muito o filho, e achava que ele era sua propriedade.

Eram oito horas da manhã. Alzira e Leonor arrumavam a mesa para o café da manhã quando aos poucos todos foram se levantando e se reunindo à mesa. Leonor, depois de desejar bom-dia a todos, foi indicando os lugares em que cada um deveria se sentar. Todos estavam alegres por

Leandro já estar fora de perigo. Em volta da mesa, acomodaram-se conforme Leonor indicou.

Nas cabeceiras da mesa sentaram-se os dois homens, Carlos e Maurício, em volta Cléo, Evangelina, Vitória, Patrícia e Leonor. Era um falatório só, mal se ouvia o que falavam, todos estavam ligados na mesma sintonia, na mesma vibração de felicidade. Antes de começarem o desjejum, Evangelina fez uma linda prece, agradecendo pelo restabelecimento de Leandro e pela primeira refeição do dia. Leonor, com o netinho no colo, molhava pequenos pedacinhos do pão no café com leite e colocava na boca do menino.

— Puxa vida, como estou feliz por meu irmão já estar bem!

Maurício, segurando a mão da namorada, sorriu.

— Nem me fale, pensei que Leandro não fosse escapar dessa!

— Vira essa boca pra lá, Cléo... Credo!

— Cléo tem razão... Sinto muito, Patrícia, mas é verdade, Leandro escapou por pouco e pela misericórdia de Deus.

— Eu sei, dona Evangelina, mas não precisamos nos lembrar disso a toda hora, devemos agradecer a Deus e pronto.

— Você está certa, minha filha, é isso mesmo. Nosso Leandro logo estará aqui conosco – disse Leonor com entusiasmo.

— Me desculpem, mas temos que falar sobre esse assunto – pronunciou-se Carlos.

— Por quê, Carlos? Está tudo bem agora. Você acha que Leandro, convivendo com essa coisinha linda que é o Júnior, vai fazer outra besteira?

— Eu acho...

Todos pararam e olharam perplexos para Carlos.

— Pessoal, o senhor Carlos tem toda a razão. Precisamos falar sobre isso. Ontem à noite, já era muito tarde e vocês haviam se recolhido. Eu e ele ficamos na varanda e eu o coloquei a par de tudo o que vem acontecendo. Precisamos amparar Leandro, ele ainda vai atentar contra a própria vida.

Leonor levantou com neto no colo e começou a andar de um lado a outro.

— Dona Evangelina, como pode dizer uma coisa dessas? Olhe para essa criança linda... Ele precisa do pai!

— Eu sei, dona Leonor... Mas Leandro se culpa, e quando nos culpamos nada faz esse sentimento ser eliminado do nosso coração.

— Mas Leandro não tem culpa de nada, ele precisa ter essa consciência. Nenhum de nós, com exceção de Evangelina, Patrícia, e não sei se mais alguém, sabia que Sabrina estava grávida.

Carlos não se pronunciou.

— Mas, dona Leonor, o suplício de Leandro não é propriamente a gravidez de Sabrina, e sim ter virado as costas quando ela mais precisou. Ele não se perdoa.

— Alexandre e eu discutimos muito sobre isso, e a maior parte do tempo ele insistiu que vigiemos Leandro para que ele, em hipótese alguma, fique isolado, sozinho.

— Quem é Alexandre? – perguntou Leonor, admirada por nunca ter ouvido falar ou ter tido o prazer de encontrá-lo por ali.

— Alexandre é um espírito amigo meu, instrutor de Sabrina do outro lado da vida.

Leonor sentou-se com o neto nos braços de volta na cadeira e, olhando fixamente e admirada, perguntou:

— Seu amigo é um espírito?

— Sim... Também tenho amigos do além.

— E a senhora disse que ele está com a minha Sabrina?

— Sim... É ele quem está instruindo e cuidando da Sabrina. Sua filha é uma garota boa demais...

— Quer dizer que ela está bem?

Todos à mesa se emocionaram por Leonor e Carlos, que deixaram as lágrimas descer sem cerimônia. Júnior passava as mãozinhas no rosto da avó sem se dar conta do porquê do choro. Ela o abraçou forte e disse com carinho:

— Sua mamãe está bem, meu querido!

Júnior sorriu como se entendesse as palavras da avó.

— Pode ter certeza de que Júnior entende bem. Muitas crianças de até sete anos de idade podem ver esses espíritos de luz.

Todos começaram a se interessar pelo assunto. Evangelina explicou por horas as obras da espiritualidade. Todos prestavam atenção, como alunos que ficam atentos a seu professores. Foi muito proveitosa aquela manhã para todos. Uns questionaram a veracidade de alguns fatos, outros se entregaram de corpo e alma às informações vindas da pátria espiritual por meio de Evangelina. Era uma harmonia só, até que chegaram Marisa e Eduardo. Bateram à porta e entraram. Todos olharam para eles com alegria no rosto, esperando boas novas, mas não foi o que Marisa, com sua ignorância, vibrou.

— Nossa, meu filho em um hospital, sobre uma cama, infeliz, e vocês todos felizes desse jeito?

— Bom dia, dona Marisa... estamos felizes mesmo, quem não estaria com a melhora de nosso querido Leandro?

Marisa caiu do salto. Evangelina sabiamente desarmava pessoas como ela.

— Bem... É que pensei que já haviam se esquecido de tudo o que passamos.

— Nossos pensamentos estarão sempre ligados ao seu filho. Todos nós aqui, dona Marisa, o amamos muito. Claro que não é um amor como o seu, mas o amamos cada um à sua maneira.

Marisa não entendeu a ironia de Evangelina, que era especialista em colocar alguém em seu lugar. Pensou que ela dizia que seu amor era muito maior e mais especial.

— Desculpem minha esposa, ela está muito cansada – disse Eduardo, percebendo que só sua mulher não enxergava o óbvio: ainda não se dava conta de que todos estavam ali por realmente amar Leandro.

— O que é isso, senhor Eduardo, nós entendemos – concluiu Leonor, já assimilando algumas lições de Evangelina.

— Chegaram em boa hora. O café está uma delícia. Sentem-se e façam uma refeição digna.

— Será que eu poderia tomar um banho primeiro? – perguntou Marisa já se sentindo em casa.

— Bem... Maurício é o dono da casa, mas tenho certeza de que não vai se opor.

Maurício gentilmente se manifestou:

— Claro que sim... Vou ver uma toalha de banho limpa para a senhora.

— Pode deixar, termine seu café que já conheço esta casa como a palma da minha mão. Vou buscar – interveio Leonor.

Marisa acompanhou Leonor meio sem jeito. Maurício puxou a cadeira para Eduardo, o homem que colaborou com a mulher para colocá-lo atrás das grades.

— Sente-se, por favor, tenho certeza de que não toma um café como esse há dias!

Eduardo não sabia como agir diante de tantas gentilezas. Envergonhado, sem conseguir encarar o jovem, respondeu dirigindo-se à cadeira que ele havia puxado para acomodá-lo:

— Muito obrigado, rapaz... Vou aceitar, sim, esta mesa parece um banquete... Quantas coisas gostosas!

— Pai, esse "rapaz" tem nome... É Maurício... – disse Patrícia.

— Eu sei...

Evangelina, generosa, interveio:

— Pare com isso, Paty... Claro que seu pai sabe o nome do seu namorado, apenas a fome não o deixa raciocinar direito!

Eduardo, diante de tanta hospitalidade, nem se importou que Evangelina se referisse a Maurício como namorado de sua filha. E depois, no fundo, sabia que havia se deixado levar pela maldade da mulher. Sabia que Maurício sempre fora uma pessoa de bem. Rindo, respondeu:

— A senhora acertou na mosca... Diante de tantas coisas gostosas e de um bom café, estou sem raciocinar direito.

Eduardo comeu como há muito não fazia, mesmo porque o clima de alegria e de harmonia abriu seu coração para momentos bons como aquele. Marisa tomou banho e, bem-arrumada, juntou-se àqueles que conversavam com alegria e bem-estar. Ela sentou-se como uma dama, mas alimentou-se como uma plebeia que há muito não via um prato de comida.

— Ah, meu Deus, já ia me esquecendo!

— O que foi, pai? – perguntou Patrícia assustada.

— Contei a seu irmão sobre a preocupação de vocês. Ele me pediu para dizer que quer ver todos vocês.

— É mesmo, pai?

— É, sim, minha filha, quer ver todos. Amanhã pela manhã terá alta. Por isso viemos, ele está muito bem. Faz questão de que todos vocês vão visitá-lo. Disse que não aguenta mais ficar sozinho.

Todos se levantaram ao mesmo tempo. Eduardo e Marisa olharam assustados, pois não sabiam que Leandro realmente não poderia ficar sozinho por muito tempo, pelo menos durante o período determinado por Alexandre.

— Nossa, gente! Está certo que ele quer vê-los, mas não precisam sair correndo assim – disse Marisa, desconfiada.

— Mas sabe o que é, mãe, um pouco antes de vocês chegarem já estávamos combinando de visitá-lo!

— Tudo bem então... Vão... Maurício, por gentileza, eu e Eduardo podemos ficar em sua casa? Estamos tão cansados – perguntou muito sem graça a "dama" Marisa.

— Claro que sim, dona Marisa, sinta-se em casa. Descanse bastante, tenho certeza de que precisam.

— Nós agradecemos muito pela hospitalidade, seria muito longe, eu... – Maurício a cortou.

— Não precisa se explicar. Fique à vontade, vamos todos ver Leandro e vocês descansem.

Marisa sentiu-se diminuída pela primeira vez. Nada respondeu, apenas ficou a admirar a união de todas aquelas pessoas na intenção de ver seu filho bem. Leonor trocou Júnior. Assim que ia saindo, Marisa olhou para o garotinho, que sorriu para ela.

— Júnior também precisa ir? Se quiser posso ficar com ele.

— Terá tempo, dona Marisa, mas Leandro é a prioridade agora, ele precisa do filho, tenha certeza disso.

Marisa abaixou a cabeça e respondeu:

— Tenho certeza que sim... Todos nós teremos tempo para ficar com Júnior.

Todos saíram felizes. Marisa, ainda com a cabeça baixa, deixou que as lágrimas descessem por seu rosto.

— O remorso está chamando-a à razão, Marisa?

— Ah... Vê se não me amola, Eduardo, deixe-me com meus pensamentos.

Sem terminar de comer, a mulher saiu da mesa e entrou no quarto em que o filho ficava e se deixou cair na cama. Chorou até adormecer.

Capítulo vinte e nove

A história de Alexandre

Sabrina saiu do hospital a passos lentos, pensando em tudo o que vira e ouvira. Por que Alexandre se comoveu tanto com aquela jovem? Por que quis ficar ao lado dela? Sentou-se em um banco do jardim todo florido. Ficou horas esperando, até que viu Alexandre saindo do hospital. Ao longe ele avistou sua pupila e se aproximou, sentando-se ao seu lado silenciosamente. Sabrina respeitou, e pensou que pela fisionomia dele era algo muito importante ou especial. Até que seu instrutor quebrou o silêncio:

— Há muito esperava por Sofia.

— Posso perguntar quem é ela?

— Passamos muito tempo juntos.

— Muito tempo quanto?

— Desde quando ainda vivíamos na Terra.

— E por que você foi recolhido há mais tempo e ela não?

— Tudo o que você presenciou até o momento foi minha história de vida.

— Sinto que ela significa muito para você.

— Você não imagina quanto. Sofia e eu éramos muito jovens ainda, eu tinha uns quinze anos, e ela, dezessete, estudávamos juntos no mesmo colégio.

— O que aconteceu para ela passar por tanta dor e sofrimento?

— Tem certeza de que quer saber?

— Claro que sim... Preciso saber... Importo-me com sua vida, com sua história. Assim como se dedica à minha. Tenho me sustentado por ter você como meu instrutor. Por favor, Alê, fale-me um pouco de sua trajetória. Alexandre olhou para Sabrina, passou a mão suavemente em seu rosto e sorriu.

— Você é muito generosa.

— Não disfarça, não... Pode me contar tudo.

— Tudo começou quando entrei para o ginásio, quer dizer, naquele tempo fazíamos uma prova para ver se estávamos aptos para a escola pública. Há muito tempo, estudar em uma escola pública era motivo de orgulho, o ensino era o melhor. Passei logo de cara na prova que fiz de português e matemática. Era quase uma criança, tinha apenas onze anos. Senti muito orgulho, não era para qualquer um. Mas eu entrei, consegui meu lugar ao sol – Alexandre deu uma pausa relembrando sua vida corpórea.

— Vamos, continue... - pediu Sabrina, curiosa e interessada na vida de Alexandre.

— Bem... alguns anos se passaram, e eu era um bom aluno. Nunca fui reprovado, tudo estava indo muito bem, meus pais sentiam orgulho e felicidade por eu ser um dos melhores alunos. Participava de campeonatos de matemática, português e sempre era um dos primeiros.

— Que chato, campeonato de matemática e português?

— Chato por quê? - replicou Alexandre, rindo do jeito de Sabrina.

— Vou te contar um segredo: nunca gostei muito de matemática na minha adolescência. Eu era péssima em matemática. Leandro foi quem me ajudou a perder o medo dessa matéria. Para mim, parecia um monstro aterrorizante.

— E como conseguiu ser promovida a caixa? Você lidava com pura matemática.

— Ah... Depois fui vendo que não era tão ruim assim. Além do mais, esqueceu que sou do tempo da informática? O computador faz tudo por nós.

Alexandre se descontraiu com o jeito de Sabrina e deu um sorriso.

— É verdade, vocês pegaram uma época muito melhor.

— Mas não vai disfarçando, não... Continue sua história.

Alexandre continuou:

— Não pense que participei só de campeonatos de matérias, não. Fui um dos melhores jogadores de vôlei também!

— Também, com esse tamanho todo, até eu.

Sabrina tinha o poder de fazer Alexandre sentir-se bem, menos culpado pelo passado penoso.

— Vamos, continue...

— Bom... O tempo foi passando, até que fiz quinze anos e passei para o colegial.

— Colegial? Ainda fala colegial?

— Quer parar de zombar de mim e me escutar? Sou de muito tempo antes de ti.

Sabrina, muito espirituosa, levou os dois dedos à boca, formando uma cruz, e disse efusivamente:

— Eu juro... Eu juro que não vou mais zombar de você. Continue... Continue...

Alexandre retomou sua história:

— Foi aí que conheci Sofia, caí bem na sala dela.

— Mas ela era mais velha que você. Não era para Sofia ter terminado o colegial?

Alexandre olhou para ela com censura.

— Tudo bem... Vou ficar calada.

— Era... Mas Sofia sempre repetia de ano. Passava um e ficava outro. Ela sempre me olhava daquele jeito... – Alexandre parou com ar de segredo íntimo de um garoto que estava descobrindo sua sexualidade. – Não vai me perguntar de que jeito?

— Não... Mas imagino que olhares foram. Ficou apaixonado, não é isso?

— Por que as mulheres sempre são muito mais espertas, hein? – perguntou Alexandre rindo para Sabrina.

— Continue... Ela também se apaixonou por você?

— Sim... Ficamos perdidamente apaixonados. Passamos a estudar sempre juntos... Ela aos poucos foi pegando gosto pelos estudos e já não repetia com frequência. Com o tempo fui estranhando seu comportamento. Às vezes me encontrava muito eufórica, não parava de falar, gesticulava demais com as mãos e queria fazer amor desesperadamente, não parecia ela. Eu me assustava, já que era muito inexperiente no assunto ainda.

— Puxa, que lindo... Vocês faziam...

— Pode parar – disse Alexandre cortando-a. – Você já entendeu, não é preciso entrar em detalhes.

— Tudo bem... É que me faz lembrar o meu amor com Leandro, nosso filho é lindo! Fruto de um grande amor.

— De seu filho pode falar. Não que seja proibido falar de sexo... mas a essência do amor aqui desse lado é outra.

— Outra como?

— Aqui o amor é puro, é verdadeiro, não precisamos do "ato", já que não temos mais a parte corpórea. O amor é demonstrado de outra forma.

— Tudo bem, isso você me explica depois. Quero saber do seu amor com Sofia.

— Bem... Depois de muito tempo, descobri em uma festa que ela usava drogas. Naquele dia ela estava tão subjugada pela droga que, enquanto eu não a experimentei, ela não sossegou.

— Eu sei como são essas coisas... A coisa pegou, não foi?

— Isso mesmo. Eu era apaixonado, ela para mim era tudo, eu a tinha como uma deusa. Só que eu não esperava que fosse enveredar por esse caminho. As drogas me tomaram com tanta violência que eu não conseguia mais viver sem elas.

— Quais as drogas da época?

— Prefiro não denominá-las, não é necessário. O que posso dizer é que já existiam sintéticas, não como as de agora, mas já existiam.

Não preciso dizer que meu comportamento também mudou. Fiquei agressivo, mal-educado com meus pais, que eram pura bondade. Até aí, eu já estava com dezoito anos, e Sofia, com vinte e dois. Já sabíamos o que fazíamos, já sabíamos que o caminho não era aquele. Mas não conseguimos vencer os vícios. Naquele tempo ainda não havia tratamento, como hoje em dia há nas esferas mais inferiores.

— Está dizendo que a Terra é uma esfera inferior?

— Sim, Sabrina, abaixo da Terra só resta uma. Mas mesmo assim vocês estão usufruindo de uma evolução grandiosa. Apenas temos que ter consciência do que fazer com essa evolução promovida pelo Criador.

— Continuando... Minha vida virou do avesso. A convivência com meus pais era insuportável. Recordo-me até hoje de vê-los chorando de tanto sofrimento. Eu era filho único, e os dois trabalhavam. Meu pai era dono de uma multinacional de peças para carros velozes, carros de corrida, e minha mãe era secretária de um dos governantes do país onde eu morava na época.

— Você não era do Brasil?

— Não... Eu nasci e morei na França.

— Meu Deus, você é francês!

— Sabrina, agora não sou nada. Ter outra nacionalidade não quer dizer absolutamente nada. Apenas mais um irmão errante em busca da evolução e em auxílio aos trabalhos voluntários com os irmãozinhos que chegam do planeta Terra. O que nos difere é o idioma, mas somos produto de um pai só.

— E por que escolheu esta zona espiritual?

— Embora haja vários lugares da pátria espiritual, várias cidades, várias colônias, esta é a pátria onde quero ficar e aprender. O Brasil é ainda um país em que não se gladia por religião; não há guerras por pensamentos de doutrinas distintas, e isso é muito bom para os recém-chegados, que logo absorvem que a essência é uma só, que Deus é um só. Escolhi vir para esta zona por causa de um grande amigo que me ajudou muito. Foi ele quem me socorreu com incontáveis orações e serviços dedicados à minha libertação por anos. Ele fez com que eu enxergasse a importância das minhas faltas e dos atos que cometi, e me fez lembrar de que existia um Deus. Aqui no além somos uma obra só, a obra do Criador, e é o que basta para que confiemos e acreditemos em sua bondade, um pai zeloso e justo. Não importa o país, o que importa é servirmos nos resgates, sejam quem forem os irmãos. Ingleses, norte-americanos, franceses, gregos, egípcios, tanto faz, aqui a língua é uma só: caridade.

Sabrina, com as costas das mãos, limpava as lágrimas que vertiam de seus olhos.

— Quer que continue outro dia?

Sabrina chorava compulsivamente em silêncio. Alexandre segurou suas mãos com carinho:

— Sabrina, nada é por acaso, minha história de vida até chegar aqui é de suma importância para seus conhecimentos, mas, se deseja que eu pare e continue em hora mais oportuna, será plausível.

Sabrina, em soluços, balançou a cabeça negativamente, e com a voz cortada respondeu:

— Não... Por favor... Fale-me mais um pouco da sua trajetória.

Alexandre continuou:

— Eu e Sofia nos amávamos muito, mas éramos fracos. Não conseguimos ser fortes e dizer não às drogas, que nos arrastavam cada dia mais para o fundo do poço. E eu que achava que já estava no fundo do poço. Por mais fundo que fosse, não chegava aos pés do que eu ainda passaria. Foram anos de brigas com meus pais, muita droga e amor com Sofia. Até que um dia fui parar em uma delegacia por estar com a cabeça cheia de droga. Eu e Sofia não estávamos nem aí para as pessoas, queríamos ser felizes e cometer atos impensados. Roubamos um supermercado e fomos pegos. Conclusão: fomos presos. Os pais de Sofia romperam definitivamente o relacionamento com ela e a colocaram para fora de casa. Por poucos meses aluguei um apartamento e a coloquei lá; era nosso ninho de amor e drogas. Pelo meu pai, ele me deixaria apodrecendo na cadeia, mas minha mãe me amava muito e intercedeu por mim, como sempre fazem as mães. Nunca damos os devidos respeito e reconhecimento que merecem. Passado mais de um mês, quem aparece na minha frente? Meus pais. Eu e Sofia estávamos havia um mês em processo de abstinência, eu estava pálido, magro demais, com os olhos fundos e passando muito mal. Quando os vi na minha frente, depois de muito tempo sem drogas na cabeça, pude enxergar quanta maldade e sofrimento causei. Naquele dia, consegui enxergar nitidamente todas as minhas faltas, e o arrependimento se apoderou do meu ser. Meus pais me tiraram de lá e me levaram para casa.

— E Sofia?

— Com muito custo, a pedido de minha mãe, meu pai também a tirou de lá. Nós a levamos para o apartamento que eu havia alugado, pois dinheiro nunca foi problema para mim, e segui com meus pais para casa. Sentia-me envergonhado e infeliz por ver minha mãe envelhecendo a olhos vistos. Depois de cuidar de mim com todo carinho, me fez comer, o que, diga-se de passagem, fiz como um animal. Senti que quando ela me olhava suas lágrimas desciam cortando toda a sua ilusão de família, de felicidade. Quando terminei de comer, ela me acompanhou ao meu quarto e teve uma longa conversa comigo. Finalizando, me fez prometer que nunca mais usaria drogas. E eu, como estava com todos os sintomas possíveis e impossíveis de abstinência a tomar meu corpo, concordei, pois o que sentia era insuportável, era um mal-estar difícil de descrever. Era quase impossível eu me sustentar sobre as pernas. Deitei-me e minha mãe, ainda chorando, me cobriu, pousou um beijo demorado em meu rosto, passou a mão em meus cabelos e saiu. Comecei a chorar desesperadamente. Era um misto de vergonha e fraqueza. Sem pensar duas vezes e por saber que eu não cumpriria minha promessa, esperei que se recolhessem e fui até a cozinha. Me deixei cair no chão e cortei, sem pensar, duas vezes minha garganta, deixando o sangue esvair até chegar à morte do meu corpo material. Naquele momento, eu pensava, em minha mísera ignorância, que acabando com minha vida material estaria livre de todos os sofrimentos, meus e de meus pais. Mas foi um engano indescritível – Alexandre parou e disse firmemente: – Sei que deve estar pensando que não sou exemplo nem o instrutor correto para você, mas gostaria que me desse um voto de confiança, porque paguei igual a um animal grotesco por minhas faltas. Arrastei-me durante anos em lamentáveis sofrimentos. E eu que achava que ficar sem as drogas e prometer isso à minha mãe era um suplício... Você não imagina o que foi depois de eu tirar minha vida sem permissão. Sabrina, vamos parar por aqui. Reflita sobre tudo que narrei a você. Se depois disso não quiser mais que eu seja seu instrutor, está livre para outro acompanhá-la em seus estudos. Contudo, quero que saiba que sofri terrivelmente para chegar até aqui. Posso não ser um exemplo, mas garanto que sou completamente grato a Deus e a todos os que intercederam por mim. Serei imensamente agradecido por conhecer alguém como você, e por ter tido a oportunidade de estar a seu lado durante esses meses todos.

Sabrina chorava penalizada. Sua dor era interminável, porém, teve um gesto surpreendente. Abraçou Alexandre apertado e, com a voz entrecortada, respondeu:

— Você é um... Miserável por me fazer... Chorar tanto... Mas não trocaria você por instrutor nenhum... Nem que fosse o mais desprezível dos seres.

Alexandre, emocionado, afrouxou o abraço e respondeu sorrindo:

— Eu sei que não valho nada.

Sabrina deu um tapinha no braço de Alexandre em meio a soluços e risos e completou:

— Acho que por hoje realmente chega. Atingi meu limite, mas quero saber tudo o que aconteceu com Sofia e com você no vale dos suicidas.

— Acho que não será bom. Você viu com seus próprios olhos o que é aquele lugar. É melhor poupá-la dessa narrativa.

— De jeito nenhum, preciso saber o que é viver naquele lugar.

Alexandre a puxou pelas mãos para que ficassem em pé e respondeu como um grande instrutor:

— Você é persistente, quem sabe não será bom mesmo eu continuar a minha história? Fortalecerá seu aprendizado e frutificará sua dignidade. Agora vamos, já é tarde... Vou deixá-la na casa de Amarilis.

Os dois irmãos, no caminho da evolução, caminharam a passos vagarosos para que pudessem retardar a chegada à casa de Amarilis. Sentiam-se bem juntos. O silêncio se fez e cada qual estava em seus questionamentos. No fundo, Alexandre tinha consciência de que para Sabrina era importante saber como era o vale dos suicidas. Apreciou que ela continuasse com ele como instrutor. Não porque queria que Sabrina se penalizasse com suas dores, mas porque seria de muito proveito saber o que poderia esperar mais para a frente.

Capítulo trinta

Alexandre se abre para Evangelina

Evangelina chegou ao hospital para visitar Leandro muito bem acompanhada. Todos os amigos e Patrícia, a irmã querida, estavam com a alegria pulsando freneticamente pelas boas notícias que a mãe trouxera. Depois de passarem pela recepção, todos subiram para o andar onde Leandro se encontrava, mais refeito. Antes de adentrarem o quarto, pois eram muitos, Evangelina alertou:

— Bem, meus queridos, peço que sejamos silenciosos e moderados. Leandro ainda está se restabelecendo. Ainda são necessários muitos cuidados.

— Que tal a senhora e dona Leonor entrarem primeiro? Sei que a senhora e dona Leonor, com Júnior, levarão a serenidade de que meu irmão precisa. Depois entramos nós.

— Acho que Patrícia tem razão. Eu entro acompanhada da senhora e do meu neto. Aos poucos estou conseguindo compreender seus ensinamentos – concluiu Leonor, muito mudada. Ela estava se conscientizando de muitos fatos que poderiam existir entre o mundo dos vivos e o dos que partiam.

— Está bem... Nós preparamos nosso amado Leandro e depois vocês entram – disse Evangelina, sentindo que Patrícia fez uma escolha providencial.

As duas senhoras bateram à porta e entraram com o pequeno Júnior nos braços. Leandro parecia dormir. Evangelina se aproximou em silêncio para não o assustar. Mas, para sua surpresa, o jovem abriu os lindos olhos azuis.

— Que bom vê-las! – disse Leandro, já abrindo os braços para o filhinho. – Que saudade, meu filho!

Leonor esperou que Leandro se acomodasse melhor para depois, sim, entregar Júnior. Leandro abriu um lindo sorriso que havia muito Evangelina não presenciava.

— Você parece feliz, refeito!

— Me sinto envergonhado. Peço desculpas à senhora e principalmente à dona Leonor, que vem cuidando de mim há meses.

— Imagina... Não se preocupe, cuidei e cuidarei de você igual a um filho.

— A senhora é muito generosa, dona Leonor, e paciente também. Sou um traste mesmo.

— Não, meu querido, cometi muitos erros, mas aos poucos pretendo encontrar meu caminho e ser uma pessoa melhor.

Leandro, vendo que seu filhinho sorria e fazia gracinhas para ele, esqueceu-se completamente das senhoras e começou a se divertir com o pequeno, que parecia alheio a tudo o que havia acontecido com o pai.

Evangelina, aproveitando o bom estado espiritual de Leandro, em pensamento começou a fazer preces, e em poucos minutos Alexandre adentrou o quarto e se pôs ao lado do jovem, ainda enfraquecido.

— Parece-me muito melhor! – disse Alexandre sério.

— Sua opinião não me agrada diante de sua fisionomia!

— Preciso estar sorrindo para falar isso?

— Não... Mas também poderia ser mais cordial quando se manifestasse sobre Leandro.

— Bem... Evangelina, vamos fazer nosso trabalho, afinal de contas, estamos aqui para isso.

Evangelina achou Alexandre introspectivo e bastante preocupado. Os dois, acompanhados de uma grande equipe de amigos da pátria espiritual, fizeram seus passes fluídicos e se entregaram em oração. Ao término, Evangelina, sem se conter, questionou:

— O que houve contigo?

Alexandre, ainda concentrado no jovem sobre a cama, respondeu sem olhar para Evangelina:

— Estive com Sabrina visitando o vale dos suicidas.

Evangelina olhou meio confusa para Alexandre.

— Por que agora é a senhora que está com essa fisionomia de Madalena arrependida?

— Ah... Alexandre, para com suas gracinhas! Por que a levou àquele lugar? É o que estou pensando?

— Não pense, Evangelina... Nossos pensamentos têm um poder muito forte. Apenas estou em mais uma missão. Sabrina precisa se inteirar de todos os trabalhos do nosso lar. É apenas mais um ensinamento. Não sei por que vocês encarnados acham que o vale não deve ser visitado. Absorvemos grandes lições para nosso próprio adiantamento.

— Por que está dizendo isso? Por acaso ainda teremos problemas com nosso amigo aqui?

— Querida Evangelina, não temos problemas, e sim soluções.

— Ah... Você me entendeu, Alexandre.

Leonor às vezes olhava para a generosa senhora com estranheza, parecia falar com alguém. Às vezes alterava um pouco a voz e gesticulava moderadamente com as mãos.

— Está tudo bem, Evangelina?

— Ah, sim, sim...

— Costuma falar sozinha? – questionou Leonor, preocupada.

Evangelina procurou ponderar, respirou fundo e respondeu aos questionamentos da senhora.

— Sei que para a senhora não é novidade nenhuma que me comunico com os amigos do plano espiritual. Não se preocupe comigo, peço-lhe apenas um grande favor.

— Pois diga, farei qualquer coisa.

— Concentre-se em preces edificantes – falou Evangelina perto do ouvido da senhora para que Leandro, entretido com o filho, não percebesse.

Leonor nada mais disse. Concentrou-se em Jesus e abriu seu coração em orações. Alexandre, vendo que sua aparadora do plano terreno dava explicações a Leonor, esperou pacientemente e continuou seu raciocínio quando Evangelina se voltou para ele:

— Nossa missão será sempre buscar soluções. Leandro está indo bem, o que não quer dizer que está livre de cometer tal covardia.

— Por que quando você quer é tão rígido e grosseiro?

— Não estou sendo nem uma coisa nem outra, apenas lido com a realidade. Sabrina esteve visitando o vale para que pudesse buscar em seu espírito mais um aprendizado.

Alexandre, depois de terminar seu trabalho junto a Leandro, olhou para Evangelina e continuou:

— Não se preocupe. Sabrina não adentrou totalmente o vale. O que ela viu já bastou para saber o que encontramos naquele lugar. Nossos outros irmãos é que se aprofundaram no vale. Sabrina e eu apenas ficamos na porteira.

— Houve algum resgate? – perguntou Evangelina, curiosa.

— Curiosidade pode matar, hein!

— O que deu em você hoje? Está insuportável!

— Meu dever é vir cuidar de nosso irmãozinho Leandro. Precisamos alcançar nossos objetivos. Mas vou matar sua curiosidade, antes que ela mate você. Fizeram um resgate, sim... Sofia é seu nome.

Evangelina era encarnada, carregava as penosas vestimentas da parte corpórea, mas era sábia e uma médium muito competente.

— Ah... Então é isso? Sofia deve significar muito para você, não é?

Alexandre olhou fixamente nos olhos de sua colaboradora encarnada e respondeu:

— Nós que estamos do outro lado da vida sempre nos devotamos aos irmãos, seja quem for, todos são importantes para nós. Cada resgate é uma bênção significativa para todos nós.

Evangelina silenciou, mas não engoliu as explicações.

— Tudo bem... Tudo bem... Eu, ainda encarnada, sou uma mera e humilde colaboradora, afinal, como vocês nos ensinam, somos grosseiros e menos suscetíveis aos aprendizados de vocês, que já pertencem ao outro lado da vida. Desculpe-me.

Alexandre era jovem, pois, quando se suicidou, deixou para trás todo um futuro promissor. E, mesmo depois de muitos anos penosos e de aprendizado, quando foi resgatado, sofria intimamente com suas faltas e erros. Por isso, mais uma vez um alerta: quando deixamos a parte corpórea, não viramos santos ou ignorantes em sua totalidade, somos o que já éramos. Nada muda, a não ser que aceitamos novos caminhos e ensinamentos de coração, lembrando que existe uma força maior nos regendo: Nosso Criador, nosso bem maior.

— Eu é quem deve lhe pedir desculpa. Ao contrário de todos vocês encarnados, eu deveria trazer serenidade e compreensão. Minha missão é auxiliar, e não discutir com uma irmã como você, que é de uma dedicação imensa.

— Eu sinto muito, Alexandre, você não é perfeito. É como nós. Eu deveria ser discreta e deixar você com suas dores a refletir sobre a sua vida pretérita. É que às vezes me esqueço completamente de que estamos em dimensões bastante distintas, sou humana... e curiosa. Mas acabamos aqui esse assunto.

Alexandre demorou para aceitar suas ações e faltas. Aprendera muito ao longo de sua jornada, após tirar sua vida, mas ainda não se perdoava. E isso é muito pesado para quem já teve tanto tempo para refletir e perdoar a si mesmo. É muito mais penoso do que perdoar o irmão que lhe fez mal. Continuar com ideias fixas e não se perdoar é um mal quase que proibido na pátria espiritual. Alexandre aceitou com toda a dedicação ser um grande aprendiz e colaborador. Seus trabalhos eram sempre bem-sucedidos. Com grande satisfação praticava o bem, estava sempre disposto a cooperar com a evolução da humanidade. Entre muitos trabalhos de cooperação, aceitou de seu superior a oportunidade de fazer trabalhos psicográficos com um médium escolhido por afinidade, já que seu amigo do passado fez tanto por ele até o momento em que foi resgatado do vale. Não é permitido ainda revelar o nome desse amigo que tanto o protegeu e velou por ele. Mas foi de grande importância a demonstração de Alexandre de cada vez mais querer contar, por meio de um médium, muitas e muitas experiências que presenciou, levando aos irmãos encarnados a noção de onde devemos nos colocar e como nos entregar aos trabalhos doutrinários, e trazendo, aos poucos, conhecimentos valiosos da realidade que cada um poderá encontrar após deixar a parte corpórea, de acordo com o merecimento de cada um. Alexandre se aproximou de Evangelina e, buscando suas mãos, foi dedicado:

— Você sempre se preocupou em querer saber como foi minha vida passada, pois hoje lhe digo sem orgulho nenhum que andei pelos vales das sombras por anos. Sofri muito mais do que já estava sofrendo quando ainda vivia entre vocês. Fui covarde sem ao menos tentar me livrar de um mal que em minha ignorância pensava não ter "pecado" maior. Mas meu engano foi o remorso penoso e terrível... Tirei minha vida sem questionar. Para mim, o fim era ali, quando rompi meu elo corpóreo sem permissão de Deus. Por isso, peço-lhe milhões de desculpas. E que me possa entender igualmente, como um irmão ainda na senda do aprendizado e da verdade, que nem sempre é fácil assimilar. Deixar o corpo material não é nada diante do vale e das sombras grotescas. Um dia, com tempo, exporei meus sentimentos em relação aos meus atos e a Sofia. O que mais desejo, hoje, é contar com sua ajuda e dos amparadores para que Leandro não tenha o mesmo destino que o meu. Hoje sou um humilde servo de Deus, mas tenho muito que aprender e desapegar. Sou falho em demasia ainda. Como sabemos, aprendemos muito do outro lada da vida, contudo, precisamos sempre orar e vigiar, baixar a guarda não é um bom conselho. Devo admitir que minhas necessidades ainda são um abismo entre o que fui e o que devo ser.

— Já passou o tempo, Alexandre, de virar a página dos atos cometidos, o que foi feito foi feito... Perdoar-se modificará muito seus caminhos ainda. Dê a si mesmo uma chance, esqueça as mazelas que cometeu um dia. Agora há um novo ciclo em sua jornada – interveio Diógenes, seu superior e orientador, que até então ouvia em silêncio, com paciência, seu pupilo sentindo-se o "coitadinho".

Alexandre, em respeito, baixou a cabeça e nada respondeu.

— Enquanto carregar fardos que não foram só seus, você se sentirá um "coitado". Já passou dessa aula, desse aprendizado. Seja forte, não deixe que a chegada de Sofia o atinja. Ela não precisa de sua piedade, muito menos de sua culpa, cada um paga por sua parcela. Concentre-se nas obras oportunas que vem desenvolvendo até o presente momento. Deve se preocupar, sim, em auxiliar Leandro, mais um irmão de tão rara beleza humana, a não colocar à prova sua covardia. Você, mais do que ninguém, sabe o que é viver nas trevas até que seja feita a justiça de si mesmo. Nosso Pai é misericordioso, sabe o que passou, mas teve ao seu lado em orações, por anos, um grande amigo e devotado de amor por você. Continue sua senda da evolução junto aos irmãozinhos que ainda precisam de muito entendimento e amor. De Sofia cuidaremos nós.

Aquele dia meu orientador foi duro comigo, contudo, assimilei com mais clareza o que deveria seguir. Já me sentia mais leve e pronto para continuar a contar a experiência de Leandro e Sabrina, pois esse era o meu dever. Foi eu quem escolheu esse trabalho em prol dos irmãos que se encontram encarnados no plano terreno.

Acabamos o que tínhamos de fazer junto a Leandro e voltamos à pátria espiritual. Antes de minha partida, me dirigi à grande colaboradora terrena Evangelina:

— Agradeço-lhe muito por tudo o que tem feito por Leandro e Sabrina. Sempre estará em minhas orações.

Evangelina era preparada para tudo a que se dispôs a se dedicar nos ensinamentos doutrinários sobre vidas entre mundos, mas naquele dia em especial deixou que algumas lágrimas lubrificassem seus olhos e molhassem seu rosto sereno.

— Eu também agradeço por me deixar saber de uma parte de sua trajetória. Foi de muito proveito e edificante para minha alma, pois agora, sem segredos, sei por que se dedica a salvar Leandro das mazelas e moléstias das trevas, que sabe muito bem o que significam.

— É isso mesmo, minha generosa amiga. Continuemos confiantes de que todo nosso trabalho prazeroso venha a acrescentar bons resultados.

Alexandre, junto a Diógenes e outros amigos espirituais, volitaram a caminho de seu lar.

Capítulo trinta e um

o amor de Cléo

Antes de Patrícia e os outros amigos adentrarem o quarto de Leandro, ele pediu que Evangelina se aproximasse:

— O que foi feito do diário da Sabrina?

Evangelina ficou menos apreensiva quanto ao estado de saúde de Leandro, pois, se ele se lembrara do diário, era porque nada havia afetado seu cérebro material.

— Fique despreocupado. Eu o guardei direitinho.

— Ai, que bom. Não quero que ninguém saiba da existência dele, principalmente minha mãe.

Leandro aos poucos parecia perceber que sua mãe o sufocava.

— Sei que pertence só a você. Sabrina me deixou encarregada de que, se algo acontecesse a ela, eu o entregaria a você.

— Ah... Então a senhora já sabia da existência dele e dos problemas de saúde do meu amor?

— Sim... De certa forma, sim.

— Como assim, de certa forma?

— Sabrina preparou esse diário durante todo o tempo em que esteve na casa de campo de Maurício. Pediu-me que entregasse a você, caso não desse tempo de ela mesma fazê-lo.

— Continuo sem entender. Então a senhora sabia que Sabrina estava doente?

— Não vou negar... Sabia, sim... Mas não foi por ela.

— Não? E por quem, então?

— Sei que lhe pode parecer um tanto quanto absurdo, mas tenho alguns amigos espirituais.

Leandro riu alto, sem acreditar nas palavras da senhora.

— É verdade, Leandro – intrometeu-se Leonor.

Leandro na mesma hora fechou o semblante e ficou a esperar por uma explicação.

— Leandro, há tantos mistérios entre o céu e a terra que você não entenderia agora, mesmo que eu tentasse explicar. Confie em mim e nesses espíritos que se comunicam conosco. Sabrina está bem e já sabe de tudo o que ocorreu.

— A senhora quer dizer que depois da morte nascemos em outro lugar?

— Não, meu querido. Não morremos, apenas deixamos o invólucro material e partimos para uma outra jornada.

Leandro balançava a cabeça em negação. Não estava entendo nada do que Evangelina falava.

Leonor, preocupada, interveio gentilmente:

— Não acha melhor falar sobre este assunto quando você estiver plenamente restabelecido e fora do hospital? Tenho certeza de que entenderá muitos fatos, assim como eu, aos poucos, estou me inteirando. Nossa Sabrina continua em um lugar muito melhor que este em que vivemos, meu querido.

Evangelina olhou admirada para Leonor. Leandro ainda não estava totalmente sóbrio, dadas suas intenções de abandonar o corpo, além dos remédios, que o deixaram lento em todos os sentidos, principalmente na parte cerebral.

— As senhoras estão perturbadas igual ficou minha irmã anos atrás!

— Não, Leandro... Você está equivocado, sua irmã é apenas uma grande médium.

— O quê? – questionou Leandro, achando um absurdo aquele assunto.

— Vamos parar com essa conversa... – pediu Leonor, enfática. – Leandro, o que importa é que você está bem melhor. Terá todas as respostas, mas agora não é o momento.

Evangelina estava completamente admirada por Leonor acordar para os assuntos que realmente traziam conhecimento ao nosso despertar para a vida, em sua total realidade.

— Leonor tem toda a razão, prometo que assim que voltar para a chácara conversaremos sobre isso. Prometo que serei verdadeira em todos os sentidos com você. E, depois, há um batalhão de amigos seus para vê-lo, inclusive sua irmã, que se encontra impaciente!

Leandro no mesmo instante sorriu de alegria.

— Por favor, mandem todos entrarem, quero muito todos eles aqui comigo!

Leandro pareceu esquecer-se do assunto. Era outro rapaz, estava bem, feliz, solícito como antes. Patrícia, Cléo, Carlos, Maurício e Vitória foram convidados a entrar. Patrícia foi a primeira a abraçar o irmão, com muito amor, depois todos os outros. Aquela visita fez bem a Leandro.

— Até o senhor, seu Carlos, veio me ver?

Carlos, emotivo, abraçou-o forte.

— Mas é claro! Assim que soube vim para cá correndo!

— Peço desculpas a todos pelo infortúnio que causei.

— O que é isso, Leandro? Todos nós, em algum momento de nossa vida, ficamos perdidos — disse Maurício.

— Maurício, você é um dos que poderiam me apontar o dedo, mas em vez disso... – respondeu Leandro, envergonhado.

— Leandro, aprendi muitas coisas durante o período em que nos afastamos, mas o que mais tenho colocado em prática é tentar entender e respeitar os pensamentos e opiniões das outras pessoas.

— Sinto muito por tudo o que já lhe causei e por ter sido cego em minha ignorância.

— O que importa agora é que está bem. Teremos muito tempo para brigar sobre nossas maluquices – brincou Maurício, deixando claro que não guardava nenhuma mágoa de quando foi preso e a mãe de Leandro ficou reforçando que ele era um traficante, um desviado, privado de amizades do bem.

Cléo, em um canto, olhava para Leandro penalizada. Sempre respeitou o amor que ele dispensou a Sabrina, mas seu coração estava em pedaços por ver o grande amor dela sujeito às mazelas da vida. Cléo, desde o tempo em que estudavam juntos, amava Leandro, contudo, nunca conseguiu se declarar por saber que esse amor jamais seria correspondido. Ela cultivava um amor platônico e forte, mas nunca teve a intenção de romper com qualquer um de seus melhores amigos por causa disso. Leandro sempre deixou claro o amor que sentia por Sabrina e ela, por sua vez, apesar de tentar não levar a sério, dada a distância social que havia entre eles, também sempre o amou de todo o coração. Eram um belo casal e ótimos amigos, mas sua vontade era de envolvê-lo em seus braços e dizer: "Estou aqui... Posso fazê-lo feliz agora que Sabrina teve que seguir seu caminho...". No mesmo instante balançou a cabeça para desanuviar aqueles pensamentos que, em seu entendimento, eram insanos.

— Não quer segurar Júnior, Cléo? – perguntou Leandro, arrancando-lhe de seus mais íntimos pensamentos. Parecia até que ele adivinhava seus sentimentos em relação a ele.

— Ah... Claro que sim... Amo muito esse gorducho...

Cléo se aproximou de Leandro e pegou Júnior, que sorria sem parar. Sua mãe, Vitória, discretamente se aproximou da filha enquanto todos voltavam suas atenções para o enfermo. Mas isso não passou despercebido por Evangelina.

— Como está lindo esse garoto, não acha, minha filha?

— Como eu poderia não achá-lo lindo? Esses olhos vivos!

— Pois é... São iguaizinhos aos do pai!

Cléo, sentindo as intenções da mãe, respondeu:

— Por favor, mãe, não comece.

— Qual o problema, não posso fazer uma observação?

— Te conheço muito bem, minha mãe.

— É uma grande oportunidade de se aproximar de seu grande amor.

Cléo olhou para os lados com medo de alguém ouvir os absurdos que sua mãe dizia.

— Pelo amor de Deus, mãe, nem tente repetir uma insanidade dessa. Não vê que Leandro ainda está debilitado?

— Claro que vejo, não sou cega. Para curar um amor, nada melhor que um novo no lugar.

Cléo, com medo de alguém escutar o que a mãe dizia, disfarçou:

— Pessoal, vou dar uma voltinha com Júnior e já volto.

— Acho melhor não, Cléo. Hospital não é lugar para passear com uma criança – disse gentilmente Leandro, preocupando-se com o bem-estar do filho.

Cléo ficou tão sem graça que não sabia o que responder. Evangelina a salvou:

— Eu te acompanho, Cléo, quem sabe ele não toma aquela mamadeira que Leonor trouxe? Fique sossegado, papai, não iremos longe. Ficaremos apenas na sala ao lado.

Leandro, diante dos cuidados de Evangelina, confiou.

— Tudo bem, mas, por favor, não saiam de perto. Hospital é um lugar de muitas bactérias e vírus.

— Sim, senhor papai – brincou Evangelina, arrancado um lindo sorriso de Leandro.

— Esperem, levem também a fraldinha de pano. Às vezes ele regurgita um pouco de leite – correu a avó a pegar a fralda na bolsa de Júnior.

Assim que Cléo se acomodou com o pequeno no colo, comentou:

— Ah, meu Deus, será que sei dar uma mamadeira? Nunca fiz isso!

— Uma ótima oportunidade de aprender – disse Evangelina, observando os cuidados que a jovem dispensava ao bebê.

Júnior, impaciente quando viu a mamadeira nas mãos de Cléo, abriu a pequena boquinha tentando alcançá-la com desespero.

— Calma, garoto, tia Cléo não tem experiência! – disse a jovem rindo alto.

Mas Júnior sabia se virar. Assim que alcançou o bico de borracha, sugou com entusiasmo... Ele sabia cumprir seu papel de bebê.

— Puxa vida... O coitadinho estava com fome!

— Está vendo? Não é tão difícil assim! – a generosa senhora tentou deixá-la mais à vontade.

— Está certo o jeito que o seguro?

— Certíssimo. Daria uma boa mãe.

Cléo, ao ouvir aquelas palavras que gentilmente a senhora disse, ficou cheia de si.

— A senhora acha?

— Com toda certeza! Bem, pelo menos esse gorducho está devorando a mamadeira. Uma criança requer muitos cuidados, mas é uma bênção sem tamanho!

— A senhora tem razão. Eu nunca havia pegado um bebê no colo, muito menos oferecido uma mamadeira.

— Está indo muito bem.

Júnior terminou todo o leite e Evangelina ensinou:

— Agora coloque-o em pé para que possa arrotar.

Cléo fez o que Evangelina pedira.

— Assim?

— Isso mesmo.

Não demorou muito e o garoto arrotou como um bezerro. Cléo assustou-se, e Evangelina riu alto.

— Já pensou em se casar? – perguntou Evangelina de supetão.

— Quem, eu? Bem... Acho que não.

— Deveria, pois daria uma ótima mãe. Só falta ter ao lado um grande amor.

Cléo pensou que fosse dar na cara de tão vermelha que ficou.

— Imagina, dona Evangelina, a senhora me conhece... Nem namorado tenho.

— Mas está na hora. Quem sabe não aparece um príncipe encantado e resgata a mocinha?

— Não sonho...

Evangelina a cortou:

— Há quanto tempo conheço sua mãe e você?

— Sei lá... Há muitos anos...

— Pois então, nunca a vi com um rapaz, deveria pensar nisso. Ou nunca se interessou por alguém?

— Bem... Claro que sim... Mas é que...

— É que esse alguém que colocou no coração já tinha um grande amor, não é isso?

Cléo sentiu-se invadida, e seus olhos se encheram de lágrimas. Ela se levantou rapidamente com Júnior nos braços, tentando esconder sua emoção.

— Fique tranquila, seu segredo não será revelado, não por mim.

— Não sei do que a senhora está falando.

— Sabe, sim... Eu a conheço desde muito pequena. Acompanhei muito a luta de sua mãe para mantê-la viva quando a adotou. Você sofria de uma asma terrível, chegava a dar medo. Mas graças aos nossos amigos espirituais, além dos médicos terrenos, você conseguiu vencer a doença.

Cléo, em lágrimas, respondeu pausadamente:

— Eu... Sou... Muita grata... Por isso... Sei quanto trabalho dei à minha mãe, mas não me esqueço de agradecer todos os dias pelo amparo que tive.

— Agora só precisa se curar desse amor que a sufoca.

— Pelo amor de Deus, dona Evangelina, do que está falando?

— Do amor que sente por Leandro.

— Minha nossa, fale baixo!

— Não se preocupe, ninguém nos escutará, a não ser Deus, que tudo sabe de nossos caminhos.

— Ainda bem que só Deus mesmo!

— Quer dizer, Deus, sua mãe e eu...

As duas riram muito delas mesmas.

Cléo, com as costas das mãos, tentava limpar as lágrimas que ainda desciam. Evangelina, mulher sábia e generosa, pegou Júnior nos braços e disse:

— Vá ao banheiro, lave esse rosto e passe uma maquiagem. Ninguém precisa saber do que estávamos falando.

Cléo entregou Júnior à senhora e, quando ia se virando para ir ao banheiro, ouviu baixinho:

— Quando queremos, quando temos um grande amor em nossa alma, devemos lutar para um dia não dizer: "Puxa vida, tinha tudo para dar certo e não fiz absolutamente nada!".

Cléo parou no meio do corredor e respondeu:

— Minha chance é mínima. A senhora sabe muito bem que o coração por quem o meu bate não pertence a mim.

— Se não tentar, como vai saber se não há uma possibilidade? E, depois, sabemos que Leandro precisa de alguém de pulso forte e de um grande amor.

Cléo não respondeu nada, apenas correu para o banheiro e foi se arrumar. Quando voltou, ambas entraram no quarto como se nada tivesse acontecido.

Capítulo trinta e dois

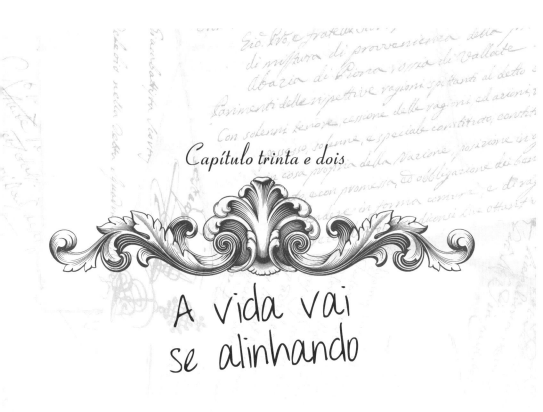

A vida vai se alinhando

Os dias foram passando e Leandro teve alta. Não quis voltar para suas obrigações ainda. Pediu permissão a Maurício para continuar em sua casa de campo. E o amigo, claro, gentilmente permitiu. Marisa não se conformava.

— Mas, meu filho, viemos buscá-lo.
— Mãe, por favor, eu sei de minhas obrigações, mas preciso de um tempo.
— Mas sua casa o espera com todo o conforto.
— Mãe, não vou, não me obrigue a dizer palavras que possam magoá-la.
— Marisa, deixe Leandro, ele tem seu tempo e nós precisamos respeitar.
— Mas Eduardo, o que...
— Marisa, vamos... Leandro já está bem – Eduardo a cortou.

Marisa abaixou a cabeça sem estar muito convencida, mas pensou que talvez não fosse o momento de discutir, já que havia muitas pessoas de fora.

— Leandro, sinta-se à vontade. Se acha que em sua casa ficará mais confortável, não se sinta acanhado – concluiu Maurício gentilmente. Sabia que Marisa nunca gostou dele.

— Não preciso mais do que isso tudo que me ofereceu. Sinto-me muito bem aqui, e depois, foi aqui que Sabrina viveu até seus últimos dias. Preciso absorver tudo o que houve. É minha obrigação, para que eu me sinta em paz. Eu agradeço por sua generosidade e peço milhões de desculpas por nunca ter feito nada por você, assim como está fazendo por mim.

Todos estavam felizes pela volta de Leandro. Contudo, Leonor foi obrigada a se manifestar:

— Leandro, meu querido, sei que se encontra ainda um pouco debilitado, mas preciso me ausentar por alguns dias. Leila também precisa de mim, não quero errar novamente.

— Não se preocupe, dona Leonor, a senhora já fez muito por mim e pelo meu filho. Tem todo o direito de ir e ficar o tempo que for necessário. Vou me virar bem. E, depois, tem Alzira, posso contar com a ajuda dela.

— Mas é claro que sim – respondeu Alzira com bondade.

— Se quiser, podemos levar Júnior conosco, afinal, ainda não tive oportunidade de conhecê-lo!

— Mãe, agradeço muito, mas preciso do meu filho ao meu lado.

— Irmão, cuidar de uma criança não é tão fácil assim – interveio Patrícia.

— Sei que nada é fácil, mas sou o pai dele, não sou? Terei que me esforçar e aprender. E, depois, com a perda de Sabrina, sinto que minhas obrigações como pai me chamam à razão. Ele já não tem mãe, é sensato que eu, como pai, o eduque e participe de seu desenvolvimento.

— Por que Cléo não fica para ajudá-lo? – questionou Evangelina.

— Eu? Mas... – Cléo não esperava por aquela proposta.

— Isso mesmo... Por que não?

— Mas, dona Leonor, nunca cuidei de uma criança!

— Gostei da ideia. Por favor, amiga, fique.

Cléo não sabia o que responder para Leandro.

— O que custa? Não deve ser tão complicado assim – concluiu Leandro, animado.

— Bem... Não sei...

— Já está resolvido. Sua mãe vai para São Paulo e traz algumas peças de roupa para você – firmou Evangelina, que torcia pela aproximação de Cléo e Leandro. Ele precisava de um estímulo, e nada melhor que um amor puro e verdadeiro. O amor sempre conquista até o que duvidamos.

Marisa mordeu os lábios de raiva. Ela era a avó, tinha todo o direito de ficar com Júnior.

— Isso, filha, vou para casa e trago algumas peças de roupa para você, não me custa nada – concluiu Vitória, feliz.

— Por que Cléo e não eu? – contestou Marisa irritada.

— A senhora tem todo o direito, mas terá que ficar aqui. Aceita?

Marisa, diante da pergunta do filho e pesando os prós e contras, logo respondeu:

— Mas aqui é praticamente o meio do mato. Como arrumar meus cabelos, minhas unhas? Disso não abro mão.

— Então, não há alternativa – respondeu Maurício de maneira irônica. Marisa, que o odiava gratuitamente, levantou-se de pronto.

— Vamos, Eduardo, vejo que estou perdendo meu tempo aqui neste fim de mundo.

Marisa se aproximou do filho e o abraçou forte. Seu amor por ele era extremamente exagerado, mas mesmo assim preferia suas vaidades. Todos – exceto Marisa – foram embora com alegria no coração. Ficaram apenas Leandro, o filho e Alzira para auxiliar Cléo. Vitória ficou feliz, pois aquela era uma pequena possibilidade de a filha se entender com o amor da vida dela. Antes de se despedirem, Leonor se aproximou de Leandro e disse, generosa:

— Não demorarei muito, apenas o tempo de visitar minha filha Leila.

— Tudo bem, dona Leonor, não se preocupe, fique o tempo que precisar. Leila precisa de seu apoio. A propósito... Dona Evangelina disse que a senhora tem algo para me entregar antes de ir.

— Meu filho, não importa o que está escrito neste diário, o que vale é ser forte. Tem um filho lindo que depende de você.

Leandro, fixando os olhos na bondosa senhora, sentiu que aquele brilho vinha da alma, do amor que sentia pela filha, de que tardiamente se deu conta. Leonor, sem dizer mais nada, pois sabia que aquele diário pertencia a ele, foi ao seu quarto, tirou de dentro de uma gaveta o diário e o entregou em suas mãos. Ela se despediu de Cléo, de Alzira e do amado neto. No caminho, Evangelina sorria e torcia por Cléo.

Com o passar dos dias, Leandro e Cléo estavam se dando bem, eram alunos aplicados. A presença do filho e de Cléo fez que Leandro desse outro rumo à sua vida. Cléo nunca imaginou estar preparada para aquela tarefa, mas se esforçou.

Capítulo trinta e três

A vida segue seu rumo

Leonor chegou a São Paulo e, antes de ir para casa, foi visitar a filha no presídio. Leila, quando avistou a mãe de longe, correu para abraçá-la, chorando compulsivamente. Mãe e filha ficaram abraçadas por longos minutos, até que pudessem extravasar todo o sentimento entre duas pessoas ligadas diretamente às provações que buscaram na espiritualidade. Quando serenaram, Leila puxou a mãe para se sentarem em um dos bancos.

— O que houve, mãe? Como pôde me deixar sem notícias? Como está Leandro? E Júnior?

— Calma, minha filha, com tantas perguntas, você me deixa tonta!

— Por favor, conte-me tudo!

— Seu pai não veio visitá-la mais?

— Claro que sim, mãe, mas nos últimos dias todos sumiram!

— Mas ele já voltou a São Paulo há alguns dias!

— Eu sei, mãe, mas me contou poucas coisas, veio mesmo para me trazer alguns produtos de higiene pessoal, bolos, bolachas. Disse que eu esperasse pela senhora para saber dos últimos acontecimentos. Foi uma visita rápida. Você sabe que papai é um funcionário exemplar. Disse-me que se ausentou por muitos dias e que seu trabalho estava acumulado.

— Tudo bem... Vim para saber como está indo tudo por aqui e para trazer notícias.

Leonor relatou todos os acontecimentos e o trágico episódio com Leandro, que atentara contra a própria vida.

— Minha nossa, que terrível! Por isso eu perguntava como estavam todos e papai desviava o assunto. Disse que estava muito atarefado, que seu serviço estava todo atrasado.

— Quer saber? Ainda bem, senão seria mais uma em aflição sem poder fazer nada. Nós que estávamos ali, junto dele, não pudemos fazer nada!

Leila chorava compulsivamente.

— Calma, minha filha, não chore.

— Como não, mãe? Como pude ser tão egoísta? Se tudo isso aconteceu, foi por minha causa.

— Mas você não é a única culpada, sabe disso.

— Não quero saber o que Marisa deve ou não deve, quero saber de mim. Aqui é um inferno! Sai briga toda hora, uma rouba a outra por miséria, por um pacote de biscoitos, por um sabonete melhor e outras coisas mais que nem quero citar.

Leonor abraçou a filha e sentiu-se muito culpada por ter passado a mão na cabeça dela, em vez de repreender, educar, auxiliar para o caminho correto.

— Sou tão culpada quanto você, minha filha, mas temos que nos perdoar.

— Como me perdoar se o que mais faço aqui é pensar em tudo o que fiz minha irmã passar?

Leonor segurou com carinho as mãos da filha e disse, serena:

— Aprendi com uma pessoa muito sábia que, se nós não nos perdoarmos, nunca sairemos dos miasmas que nos impedem seguir em frente.

— Do que está falando, mãe?

— Aprendi muito com todos esses acontecimentos. A pior condenação parte de nós mesmos. O que foi praticado já foi. Você está reparando seu erro, só falta se perdoar. Somos humanos, sujeitos a grandes vicissitudes e erros. Mas também temos Jesus intercedendo por nós. Confie e acredite que dias melhores virão. Faça suas orações e peça misericórdia a Jesus por seus erros. Peça de coração, de peito aberto, de alma exposta, para que ele sinta que você realmente se arrepende dos atos cometidos.

Leila, com a voz pausada de emoção pelas palavras bem colocadas da mãe, respondeu:

— Se existe... Um Deus... Jesus... Ele já sabe o quanto me arrependo do que fiz.

— Então basta, minha querida. Ele há de estender suas mãos para você.

— Será, mãe?

— Claro que sim, minha filha. Seus emissários são de uma bondade extremante genuína. Nunca estamos sozinhos. Temos nossos amigos do espaço que nos acompanha. São bondosos, contudo, justos. Toda ação requer uma reação. Nunca pagamos por aquilo que não devemos. Não é só você que está pagando. Eu também, mais que você. Quer dor maior que perder uma filha, ter a outra presa e ver o futuro promissor do possível genro se esvair ao tentar o suicídio? Cumpra com dignidade o que veio cumprir. Tenho certeza de que os justos serão absolvidos. Jesus disse: "Vinde a mim os que sofrem, que serão consolados".

Leila estava admirada, nunca havia visto a mãe tão mudada. Aos poucos foi serenando com as palavras dela.

— Já está aqui há quase um ano, quem sabe teremos boas notícias?

— Não sei não, mãe. Isso é o inferno!

— Pare de dizer isso, as palavras têm força, e repeti-las de nada vai ajudar. O que vai ajudar é ser uma boa moça, ter sabedoria para não cair em mãos erradas. Sei que é muito difícil, mas um bom comportamento a ajudará muito.

Leila abraçou a mãe e ficou refletindo sobre tudo o que ela, com muita sabedoria, dissera. A sirene tocou avisando que a visita se encerrara. Leila afrouxou o abraço da mãe e com humildade pediu:

— Dizem que Deus ouve mais as orações das mães... Por favor, ore por mim, mãe, para que eu saia logo daqui.

Leonor, passando a mão no cabelo não mais tão sedoso da filha, respondeu:

— Claro que farei, minha filha, contudo, suas orações serão mais significativas para Deus. Têm que sair de dentro de seu peito, ser feitas com a alma. Nós duas juntas marcaremos um horário para rogar a Deus, para que os bons espíritos intercedam por nós duas. Se você sofre as amarguras da vida, eu sofro mais.

Leila acatou todos os ensinamentos da mãe. Elas marcaram um horário em que as duas se recolheriam para as orações aos amigos da pátria espiritual.

Leonor despediu-se da filha e foi embora. Assim que chegou à sua casa, agradeceu por tão aconchegante lar, mesmo com toda a humildade de uma família que trabalhava muito para ganhar o pão de cada dia. Rapidamente deu uma arrumada nas coisas, preparou o jantar e esperou pelo esposo. Quando ele entrou em casa, Leonor correu para abraçá-lo. Carlos ficou admirado.

— Puxa vida, que bom encontrá-la em casa!

Leonor apertou ainda mais o abraço e disse baixinho:

— Que Jesus abençoe nossa casa.

Carlos sentiu uma mudança brusca na companheira. Depois do longo abraço, ele foi tomar seu banho. Assim que entrou no banheiro, viu sua toalha e todos os seus pertences de higiene arrumadinhos. Ficou feliz. Após um rápido banho, foi à cozinha e viu uma mesa especialmente arrumada, com muito esmero.

— Fiz aquela lasanha de que gosta tanto! – disse Leonor, feliz.

Rapidamente ela puxou a cadeira para que seu marido se acomodasse. Carlos estava sem jeito.

— O que deu em você, mulher?

— Nada, oras... Será que não posso tratar bem meu marido que chegou cansado do trabalho?

— Claro que sim, mas faz...

Leonor o cortou:

— Sente-se, vou servi-lo.

Carlos sentou-se, estranhando muito as atitudes da esposa.

— Está com febre ou alguma dor? Ou aconteceu um milagre?

Leonor sentou-se à sua frente e sorriu.

— Nada disso, apenas tive vontade de tratá-lo bem, como deve fazer uma esposa zelosa. De hoje em diante, saberei valorizar o que Deus me promoveu. Dizem que fazemos nossas escolhas antes de vir para o plano terreno. Se dizem, é porque tem algum fundamento. E sou muito feliz pelo marido e pelas filhas que tive.

Carlos sentiu um bem-estar maravilhoso – sem discussão, sem pouco caso, sem rabugice. Tudo estava perfeito.

Daquele dia em diante, naquele lar reinavam a serenidade e a bem-querença, mesmo com todos os sofrimentos do casal.

Depois de um ano e meio, Júnior já andava por toda a chácara. Leandro se sentia muito feliz pelo desenvolvimento do filho amado. Cléo cooperou muito com os cuidados e a educação do menino, mas às vezes também precisava se ausentar, pois tinha seus deveres e compromissos. Nesses dias, Leandro sentia sua falta, pois havia se acostumado com sua generosa presença.

Era uma noite normal. Depois de Leandro cuidar do filho, colocou-o para dormir e deixou o abajur aceso. Foi para seu quarto e, depois de muito tempo, pegou no fundo de sua gaveta o diário de Sabrina.

Meu querido Leandro,

Nosso amado filho já está prestes a vir ao mundo. Talvez eu esteja aqui, talvez não, pois tenho um problema congênito no coração. O médico me disse que terei poucas chances de sobreviver. Minha gravidez foi um passo muito arriscado. Mas eu o fiz jurar que, entre nosso filho e eu, salvaria nosso pequeno Júnior (é assim que o chamo).

Não quero nunca que se culpe por nada, pois tudo aconteceu exatamente como tinha de ser. Apenas lhe peço que eduque e cuide do nosso pequeno Júnior. E sei que fará isso com muito empenho.

Você já deve estar sabendo que Leila, minha irmã, foi presa por cometer atos ilícitos, mas devo preveni-lo de que esses erros não foram cometidos apenas por ela. Sua inteligência não chegaria a tanto. Mas não cabe a mim contar, e sim a você descobrir. Nada aos olhos de Deus fica impune, isso não quer dizer que desejo que sofra. Lógico que não, mesmo porque vivemos em meio a ações e reações. Um dia tudo é descoberto. Nada fica escondido debaixo do tapete por muito tempo.

Amo-te com toda a minha alma e sei que um dia estaremos unidos por esse amor. Mas, por ora, devo pedir-lhe que siga seu caminho, dê seu melhor. A vida deve ser cumprida de qualquer maneira. Então, que seja leve e feliz. O que temos que passar ninguém passará por nós. Fizemos nossas escolhas. Eu escolhi ter você, estar com você, porque o amo mais que minha própria humilde vida. Não esmoreça nunca. Quando estiver aborrecido e em desalinho, faça suas orações pedindo clemência ao Altíssimo, e sempre será socorrido. Nada vale mais que nossa vida, e tem uma novinha ao seu lado nesse momento, que é nosso filho. Cada vez que algum obstáculo aparecer em sua frente, lembre-se de que existe um "serzinho" que é fruto de um grande e eterno amor.

Não estacione sua vida, porque tudo é transitório e mutante. Sei que vai estranhar, mas fiz uma escolha para ti. Quer dizer, uma "grande "escolha.

Cléo sempre foi minha melhor amiga, e sua também, mas carrega em seu peito um grande amor platônico por ti. Ninguém merece terminar seus dias só. Não nascemos para viver sozinhos, como a terra precisa da água, a árvore precisa do fruto, e assim por diante. Nada sobrevive na solidão. Nascemos para amar e ser amados. Por mais amor que eu tenha eternizado em minha alma, não quero ser egoísta. Se o amor nos uniu e frutificou, por que não dividi-lo com nosso irmão ao lado? Nesse caso, nossa irmã Cléo. Quando perdemos um amor, podemos construir outro que nos faça bem, que nos levante, nos dê apoio. E isso Cléo tem de sobra. Não se feche para o mundo porque em algum momento o mundo se fechou para você. A vida é sábia. Quando nos é tirado algo muito precioso, temos por obrigação valorizar outros que poderão chegar para nos impulsionar nos caminhos de espinhos e obstáculos. Temos momentos felizes, inesquecíveis, contudo, as agruras da vida devem ser reparadas. Por isso, aproveite as oportunidades que lhe serão enviadas, tenho plena certeza disso. Ninguém é insubstituível. A não ser o amor que levamos para a eternidade. Não seja egoísta e faça quem puder feliz também. Mesmo que levemos para o todo sempre as afinidades que jamais serão cortadas, devemos nos doar e dar oportunidade da felicidade para que a plenitude continue.

Vou te amar para todo o sempre, por isso desejo do fundo do meu coração o melhor para ti. Você sempre foi um rapaz digno, inteligente e de uma beleza singular. Não deixe que esses lindos olhos azuis que sempre admirei percam o brilho da juventude. Abra-se às oportunidades que Jesus nos concede sempre que merecemos. Se for realmente amor eterno, te esperarei, sem dúvida nenhuma, para continuarmos de onde paramos. Um beijo, que Jesus te faça feliz.

Leandro fechou o diário com as lágrimas a descerem por seu rosto belo. Seus olhos azuis lubrificados ficaram mais lindos do que já eram – como se isso fosse possível. O jovem sentiu um aperto no coração por se lembrar da beleza singela de Sabrina. "Como ela poderia, depois de morta, se preocupar com meu bem-estar, se o que fiz foi lhe dar as costas? Senhor, Pai eterno, se é que existe mesmo, me leve para junto de minha amada, sem ela não serei capaz de cumprir o que ela com tanta generosidade me pede. Como me pede para viver e aproveitar as oportunidades, se tudo em que penso é exterminar com minha medíocre vida? Acabar com essa dor terrível que sinto em minha alma. Por favor, Deus, Jesus, seja lá o que for, acabe com minha vida, nada mais me resta, quero morrer... Quero morrer e acabar com esse sofrimento!"

Nesse instante, Leandro volta a si com o filho aos berros. Júnior chorava muito. Leandro saiu daqueles pensamentos funestos e frios e correu para ver seu filho. Quando se aproximou, Júnior com os bracinhos abertos a pedir socorro, gritava pelo pai.

— Calma... Calma... Papai está aqui... O que houve, hein? Diga ao papai...

O pequeno dizia algumas palavras confusas, pois ainda não era nítida sua pronúncia. Leandro o abraçou forte e o levou para o quarto e deitou com o filho sobre seu corpo. Leandro foi contando historinhas, e aos poucos o filho serenou. Alzira, preocupada, foi ao quarto do pequeno e não o viu. Dirigiu-se, então, para o quarto de Leandro e em silêncio entrou, pois a porta estava aberta.

— O que houve? – perguntou a senhora, preocupada.

Leandro, com gestos, pediu que ela se calasse e respondeu baixinho para não incomodar o filho. Ele lentamente tirou Júnior de cima de si, com muito cuidado para não acordá-lo, e o colocou ao lado, na cama. Cobriu-o e saiu com Alzira para sala. Os dois se sentaram e depois de alguns instantes de silêncio Leandro respondeu:

— Sinceramente, não sei o que houve. Nunca presenciei Júnior tão aflito. Assim que o tomei em meus braços, parou de chorar, mas ainda soluçava, muito assustado.

— Não entendo, Júnior sempre foi muito tranquilo. Acho que teve pesadelo!

— Mas criança dessa idade tem pesadelos?

— Para falar a verdade, não sei, mas Júnior nunca acordou assim, aos gritos.

— Bem... Não adianta ficarmos aqui tentando desvendar o que houve. Vamos observá-lo e ver se isso acontece novamente.

— Tem razão. Não adianta.

— Pode ir se deitar, Alzira. Júnior dormirá em meu quarto, perto de mim, esta noite.

— Tem certeza de que não quer que eu fique com ele? – perguntou Alzira, preocupada com os dois.

— Claro que não. Eu sou o pai e devo velar seu sono, sua tranquilidade.

— Está bem, vou me deitar. Qualquer coisa, pode me chamar.

Alzira foi para seus aposentos e Leandro foi à cozinha beber um pouco de água.

— Puxa vida... Mais uma vez conseguimos dissuadi-lo. Mas até quando?

— A pergunta certa, Amarilis, é: "Será que conseguiremos tirar essa ideia fixa de nosso irmãozinho?".

— Coitado do pequeno Júnior.

— Coitado por quê? Apenas o acordamos para que seu pai desviasse a atenção. O que não está certo é agir assim sempre que esse maluco tiver pensamentos de suicídio. Acho que está na hora de Sabrina entrar nessa história.

— O que pensa em fazer?

— Vamos embora, os dois estão em sono profundo.

— Que lindo... Olha como abraça o filhinho!

— Vamos, Amarilis, deixe que eles descansem em paz.

Capítulo trinta e quatro

Alexandre continua sua história

Voltamos à pátria espiritual. Amanheceu um dia lindo de sol e os pássaros confortavelmente cantavam anunciando mais um dia de trabalhos dos socorristas e seareiros no auxílio aos que chegavam da Terra.

Sabrina, sentada à mesa em companhia de Amarilis, tomava aquela água que dizia não ter gosto de nada, mas com a qual já se acostumara, pois após cada refeição sentia-se bem, disposta e confiante para os trabalhos. Sem que esperassem, receberam uma visita. Bateram à porta e sem cerimônia Alexandre entrou.

— Bom dia!

Sabrina levantou feliz.

— Bom dia, meu instrutor preferido! Quer sentar-se conosco?

— Aceito, mas já estou refeito. Não se preocupem com os caldos.

— Insistem em dizer "caldos", mas para mim não passa de uma água sem gosto.

Amarilis e Alexandre riram do jeito alegre de Sabrina.

— Bem, vim convidá-las para um trabalho. Chegaram da crosta terrestre vários irmãos. Um edifício em chamas não poupou quase ninguém.

— Então vamos... – disse Sabrina, prestativa.

Os três amigos socorristas se apressaram. Naquele dia houve muito trabalho com os irmãozinhos que gemiam de dor e lamento. Foi uma grande correria de amparadores, socorristas e seareiros em prol dos muitos que sofriam.

Já era à noitinha quando Sabrina, penalizada, pediu para sair um pouco no vasto pátio onde flores, pássaros, rios e cachoeiras permaneciam em suas tarefas da natureza, concluindo as obras do Divino Senhor Pai Nosso. Sabrina, com as costas das mãos apoiadas na fronte que concentrava suor, sentou-se perto do lago e ali ficou a questionar tantas misérias, dores e amarguras pelas quais muitos desencarnados passavam, experiências terríveis. Alexandre, depois de tudo estar organizado e os recém-chegados ficarem mais serenos, também saiu e foi à procura de Sabrina. Ao longe a avistou no lago, com os pés submersos na água fresca que descia calmamente por seu curso.

— Posso me sentar?

— Claro...

Alexandre sentou-se ao seu lado dela e, retirando suas sapatilhas brancas, colocou seus pés dentro da água também.

— Está impressionada?

— Para ser bem sincera, estou, sim. Nunca havia presenciado um desencarne em massa. Como aquelas pessoas sofriam!

— Sei que a cada dia se surpreende com algum fato novo, mas devo preveni-la de que há muitos casos ainda que desconhece.

— Piores que esse? Duvido...

— Sabrina, lembra-se de quando quis saber de minha história como humano?

Sabrina olhou para ele desconfiada.

— Sim... Claro que lembro.

— Quer saber de mais fatos?

— Sim...

Alexandre deu uma pausa e, depois de aspirar o ar delicioso das matas, concluiu:

— Quando acordei, deparei com um lugar escuro e lamacento, tudo parecia um breu. Era aterrorizante aquele lugar. Não demorou muito e se aproximaram de mim dezenas de espíritos destruídos, pareciam todos zumbis. Eu me encolhi em um canto como um animal acuado, e eles, bem, eles se aproximaram mais e mais de mim. Um deles apontou o dedo e gritou em alto e bom tom: "Seja bem-vindo! Mais um miserável a ser meu escravo". Havia vários esfarrapados, alguns até faltando pedaços dos membros, outros pareciam cadavéricos, como caveiras mesmo. Eu gritava que aquele não era meu lugar.

— E eles o que diziam?

— Bem... Eles riram histericamente com sarcasmo e responderam como animais. Suas vozes graves entravam em meu tímpano como os sons de surdos ou tambores. "Você acha que aqui não é seu lugar? Puxa, que peninha sinto de ti!", um deles disse. Eu, com um pavor que fazia todo o meu corpo estremecer, respondi: "Claro que não! Sou um miserável de um drogado, mas dei fim à minha vida justamente para não decepcionar minha mãe. Está acontecendo algo errado, não devo conviver com vocês". "É mesmo? Por que acha que é melhor que nós? Aqui é seu lugar, sim, e de hoje em diante será nosso escravo", gritaram de volta. "Do que está falando? Sou um ser livre, tenho minha vida, vou procurar meus parentes ou amigos. Tenho absoluta certeza de que vão expulsá-los daqui e me deixarão em paz", retruquei. "Hahahahaha... Logo se vê que é um defunto fresquinho. Meu amigo, você não poderia ter feito o que fez. Todos são livres, não é mesmo? Você fez sua escolha, e agora será nosso camarada." Eu me levantei e saí correndo, mas quanto mais eu corria, mais grunhidos e gemidos eu ouvia. Em determinada hora, senti que pisava em pessoas jogadas ao chão daquele lugar fedido e lamacento. Eles me puxavam pelas pernas, que, já enfraquecidas, me faziam cair no meio deles. Meu terror era interminável. Meio cambaleando, consegui me desvencilhar deles e continuei a correr; aquele lugar parecia não ter fim. Não havia uma árvore com folhas, um pássaro sequer a sobrevoar nossa cabeça. Era tudo muito escuro e aterrorizante.

Sabrina sentia seu coração disparar só de se imaginar em um lugar como aquele. Seus olhos secaram e, arregalados, não conseguiam derramar uma única lágrima. Ela parecia estar assistindo a um filme de terror.

Alexandre deu uma pausa. Parecia vivenciar novamente aqueles dias intermináveis de tormentos e dor.

— E daí? Continue! – pediu Sabrina, com muito medo, mas curiosa.

— Não sei avaliar o quanto corri por aqueles campos sombrios e mal-cheirosos. Até que, por fim e sangrando muito, caí no chão e apaguei. Se me perguntar se dormi ou não, não saberia responder. Parecia que haviam passado meses quando despertei. Meio atordoado, ainda sentia muita dor na minha garganta. O sangue já coagulado cheirava muito mal. Das minhas roupas nada restou, apenas alguns pedaços.

— Ficou sem roupas?

— Sim... Restou uma parte da minha calça de pijama. Quando me suici-dei, estava com roupas de dormir. Com muito esforço, consegui me sentar e ver como ainda sangrava. Parecia que havia perdido toda a massa mus-cular. Fiquei esquelético, parecendo um morto-vivo. Na hora me lembrei daquele homem estranho com dentes amarelados a rir da minha cara.

— E o que fez? – perguntou Sabrina, entrando na história como se esti-vesse vivendo os mesmos pesadelos do amigo.

— Não saí do lugar, fiquei bem quietinho, mesmo porque minhas dores eram piores que a fome e a sede. Tentei estancar o sangue que descia de mi-nha garganta, mas foi em vão. De repente, vislumbrei uma luz muito forte ao longe e várias pessoas. Em meus pensamentos, sentia que aquele era meu caminho. Tentei me levantar e me aproximar, mas, antes mesmo que eu pudesse ficar em pé, um rapaz todo de branco se aproximou.

— Se aproximou de você e o ajudou?

— Antes fosse, mas ele parou a uma distância regular e disse-me: "Não devias... Não devias...".

— O que ele quis dizer com isso?

— Na época, não atinei para o recado, mas hoje sei que ele quis dizer: "Não deverias ter feito isso". Suicidar-me, entendi – Sabrina balançou a ca-beça positivamente. – Mesmo assim, insisti, comecei a andar vagarosamen-te atrás daquele rapaz, mas, quanto mais eu andava, mais parecia que ele se distanciava. Sem que eu esperasse, colocou na maca toda branca e limpa uma pessoa que não pude saber quem era, e a levou. Aquele moço que me deu um recado nas entrelinhas virou para trás e acenou com a mão.

— Ele foi embora e o abandonou ali naquele estado?

— Aprenda uma coisa, Sabrina: ação, reação. Não que ele não se compa-decesse de mim, mas eu tinha de pagar pelo meu ato de covardia. Foi aí que me dei conta de que eu cometi as piores desavenças ao Criador. O homem não tem direito de dispor de sua própria vida. O suicídio é uma transgressão da lei de Deus.

— E o que fez depois disso?

— Procurei por dias (quer dizer, para mim, pareciam dias) por aquele cara que disse que eu era defunto novo e que faria de mim escravo.

— Mas por que você queria encontrá-lo?

— Em meu raciocínio, pensava que ele seria o único que poderia me expor alguma coisa. Eu estava à procura de qualquer resposta, e ele me parecia familiarizado com o lugar. Ele era a chave de muitos mistérios pós-morte.

Muitas vezes pensava estar tendo um pesadelo apenas, e em outras que era real, pelas dores que sentia, pela fome e pela sede. Tudo para mim parecia algo fora do comum. Aquilo tudo não poderia estar acontecendo, aquele lugar das trevas era apenas para nos intimidar diante de Deus. Porém, para minha infelicidade, era real.

— Mas você não pensou em orar?

— Imagina se eu poderia imaginar que Deus, sendo nosso Pai como aprendemos quando encarnados, faria isso. E orar não era do meu feitio. Sabrina, eu era um drogado inveterado. Já viu, enquanto estava na Terra, algum drogado do lado do bem, ou pelo menos fazendo orações? O humano só se regenera se tiver força de vontade. Devemos acreditar sempre que os humanos viciados têm cura, mas é preciso muita persistência, fé e confiança e que exista alguma força suprema acima de nós. E realmente esse não era o meu caso.

Sabrina, sem se dar conta, começou se emocionar.

— Quer que eu continue outro dia?

— Nem pensar, preciso saber de tudo.

— Então eu continuo. Bem, com muita dificuldade e depois de andar por horas, eu os encontrei. Estavam todos ao redor de um fogaréu, que minha inteligência não tinha a mínima ideia de como surgia. Parecia literalmente o inferno. Aproximei-me timidamente e logo chegou o brutamontes, que parecia ter duas vezes a minha altura. "O que quer aqui? Fugiu, não fugiu? Então desapareça." Aquele homem enorme com dentes amarelados me deu uma peitada tão forte que fui parar longe. Caído no chão, pensei: "Como ele tem essa força se eu mal me arrasto?". Aí fiquei curioso e fui para cima. "Não vou até que me explique alguns acontecimentos deste lugar", eu retruquei.

— E ele?

— Riu novamente de mim. Silenciou por alguns instantes, depois me respondeu com ironia: "O que fez nesses últimos tempos que não aprendeu nada?". "Nos últimos tempos? Vimo-nos alguns dias atrás", respondi com toda a certeza. "Faz mais de meses que sumiu. Ah, já sei, mesmo aqui deve ter algum amiguinho da luz te amparando", respondeu gargalhando. "Amigo da luz? Do que está falando? Aqui só vejo pessoas amontoadas, sujas, malcheirosas e que sofrem como eu", respondi. "Chega de assunto! Diga logo o que quer e vá-se embora." "Mas queria tanto que eu ficasse e agora me expulsa?", respondi. "Se tiver algum amigo da luz, não quero encrencas. Diga logo o que quer." "Preciso saber de tudo, como vim parar aqui, por que você não sente fome, sede... E também...", mas o homem me cortou: "Quer saber isso, aquilo. Não quer saber demais, não?" "Por favor, me ajude, preciso comer alguma coisa, beber água...", eu disse. "Já vi que não entendeu nada mesmo. Aqui, meu camarada, vivemos sob energias de encarnados. Quando precisamos repor energias, vamos até eles. Aqui tu não existe mais, é apenas um condenado pelo que fez." "Como assim? Estamos vivos, posso sentir tudo!", eu falei indignado. "É... Uma coisa é certa, continuamos vivos, porém, com uma diferença: os que voltam à pátria espiritual são tratados devidamente, que no caso são aqueles que partem no dia e na hora certos. Tudo é controlado minuciosamente. E outros, como nós, que não aprenderam nada, são suicidas. Há suicidas conscientes e inconscientes. E muito mais atrocidades que não valem a pena ser enumeradas. Tem muito a aprender, mas é melhor ficar na sua, não quero encrencas com os da luz. E depois, vai muito tempo para eu explicar como fazemos para ir até os infelizes encarnados. Se pensa que está longe deles, está enganado, estamos mais perto do que tu pensas. Estamos situados entre o mundo dos vivos e o dos que gostariam de viver. Aqui, meu camarada, é a escória da escória e ponto", discursou a criatura. "Não entendi, como assim um suicida inconsciente?", indaguei. "Você, meu camarada, já era um suicida", disse o brutamontes. "Eu não era um suicida inconsciente. Fiz pensando em minha mãe! Eu sou viciado em drogas, minha mãe sofria muito, fiz uma promessa a ela que sabia que não cumpriria, então me matei." "Então já era um suicida." "Não... Claro que não... Nunca havia pensado em me matar!" Todos que estavam ao lado riram de mim. "Não estou achando a menor graça", eu disse. "Meu camarada, todos que fazem uso de qualquer substância que venha a fazer mal ao seu corpo já é um candidato a suicida. De uma maneira ou de outra, penaria do mesmo jeito. Se não se matasse literalmente, acabaria morrendo pelos vícios." Sabrina, minha culpa foi tão grande ao ouvir aquilo de um ser ignorante que meus ferimentos começaram a doer e sangrar muito. Mais uma vez covardemente saí correndo, e ao longe ainda ouvi o homem sinistro gritando enlouquecidamente: "Você é suicida duas vezes, cara... Para você não há salvação".

Alexandre, vendo sua protegida chorar, silenciou.

— Por que não se esforçou para deixar as drogas? Talvez nada disso tivesse acontecido – disse Sabrina penalizada.

— Porque temos o livre-arbítrio. Hoje tenho total consciência de meus atos e do quanto fiz meus pais sofrerem. Mas, como humanos, usando o invólucro material, não nos damo contas dos males praticados.

— Então o tal homem tinha razão?

— Em parte, sim.

— Como assim?

— Às vezes, por não ver a infelicidade de quem se ama, o sacrifício da vida tem por objetivo poupar ou ser útil aos seus semelhantes. No caso, meus pais. Todavia, esse sacrifício é feito à custa da própria felicidade, é um ato soberano meritório aos olhos de Deus, por se pensar que se pratica a caridade. Sendo a vida um bem terrestre, ao qual o homem empresta o maior valor, aquele que a ela renuncia pelo bem de seus semelhantes não comete um atentado: realiza um sacrifício. Mas antes de cumpri-lo é preciso refletir se sua vida não poderia ser mais útil que sua morte. Por isso pergunto: "Será que fiz um sacrifício para um bem como caridade ou fui realmente um covarde em não assumir minhas faltas?". Se formos ver pelos sofrimentos terríveis que passei, digo que fui um covarde, e dos grandes. Embora pensasse em minha saudosa mãe, isso não abrevia minhas provas.

Depois de Sabrina refletir sobre o que seu instrutor lhe contou como ensinamento, ela disse:

— Continue, por favor. E depois que fugiu mais uma vez? O que houve com você?

— Perambulei por incontáveis dias. Digo "dias" para você entender, mas vivia mais às escuras do que na claridade, vivia em cantos me camuflando para sofrer menos, para que aqueles irmãos ignorantes não me perturbassem. Sentia dores terríveis que me levavam à inconsciência, e por vezes fiquei demente e apaguei por não sei quanto tempo.

— Minha nossa, como sofreu! O que houve depois para chegar aonde chegou?

— Bem... Passei anos confuso, como acabei de dizer. Fui escravizado, usufruindo da energia dos encarnados por muitas vezes, em todos os aspectos. Até que um dia, não suportando mais tantas misérias, dores, fome, sede, atrapalhando fluidicamente muitos irmãos encarnados, deu-me um desespero que gritei para que todo o vale das trevas me escutasse: "Deus pai, todo-poderoso, tenha misericórdia deste seu filho ignorante. Não suporto mais viver assim. Suplico-lhe, Senhor de misericórdia, estenda suas mãos sobre este seu filho. Serei seu servo em todas as situações, mas dê-me um voto de confiança".

Alexandre fez uma pausa. Sabrina, muito emocionada, respondeu, com a voz embargada:

— Deus atendeu às suas preces?

— Sim... Finalmente me ouviu. Conheci dois seres muito estranhos.

— Quem?

— Seu Zé e Ana Maria.

— Aqueles seres da porteira? Pensei que alguém de luz viesse ao seu socorro, mas eles?

— Não desdenhe deles, são muito sábios. À custa de evolução, trabalham para nós da pátria espiritual superior. Diógenes, Paulo, que você já conhece, e muitos outros de várias áreas. Cada um tem uma função, pouco os vemos. Para falarmos com eles, muitas vezes temos que marcar uma entrevista, dependendo do caso. Eles são nossos intermediários. Quando não podemos adentrar profundamente o vale, eles nos auxiliam.

— Já entendi, e depois disso?

— Seu Zé me instruiu em vários questionamentos. Eles vieram em meu socorro a pedido de um amigo meu. Fizeram a ponte entre o mundo das trevas e o mundo de nosso lar, a pátria espiritual. Cuidaram de mim, me instruíram quanto ao outro mundo para onde fui levado depois. E passou mais um ano de espera, contudo, já não era mais perturbado pelos outros.

— E a ferida feita pela faca, sarou?

— Não... Ainda tinha de passar pelas agruras de meus atos, por tirar minha vida e aos poucos trazer males ao meu corpo físico, além dos males ao meu aparelho digestivo, meu pulmão. Tinha que me equilibrar e harmonizar meu cérebro, que teve alguns neurônios danificados. Quando já estava preparado, vieram me resgatar. Já se contavam nove anos de duras penas. Lembra-se daquele rapaz que disse acenar para mim de longe logo que cheguei no vale?

— Sim, me recordo.

— Pois foi ele quem veio ao meu socorro, acompanhado dos meus avós. Foi o dia mais feliz de minha existência!

— Como chama esse seu amigo?

— Sinto muito, Sabrina, mas prefiro não comentar, pois ele se encontra no mundo dos encarnados. Se eu contar, talvez possa intervir em sua jornada na crosta terrena.

— Puxa vida, ele está encarnado?

— Sim... Contando nos dias de hoje, tem vinte e seis anos completos.

— Por favor, me conta vai!

— Sinto muito. Minha influência pode ser desastrosa. Mas posso dizer que é um grande homem, um jovem do bem.

— Puxa, deve ser muito bom saber que tivemos um amigo aqui e que agora regressou à Terra.

— Bem, Sabrina, essa foi minha experiência de existências e de vida. Mas havia um motivo para que eu cometesse o suicídio.

Sabrina olhou confusa e receosa para ele.

— O que quer dizer?

— Já está bastante tarde, amanhã estaremos juntos para que possa entender e me ajudar.

Sabrina ficou completamente assustada e ansiosa. Sentiu em seu coração que aquilo estava ligado diretamente a Leandro.

— Posso fazer uma única pergunta? Prometo que terei paciência de esperar amanhã.

Alexandre, lendo seus pensamentos, já sabia de que se tratava, mas, analisando friamente, achou melhor atender ao pedido de sua pupila, já que teria de se inteirar sobre grandes trabalhos que estavam por vir.

— Sim... Pode... E a resposta é sim...

— Mas eu nem fiz a pergunta ainda!

— É sobre Leandro, sim... Respondi à sua pergunta?

Sabrina, de boca aberta, respondeu apenas com outra pergunta:

— Quando vou conseguir ler a mente como vocês? Vocês sabem de tudo!

Alexandre a abraçou forte, e ambos seguiram para o descanso.

Capítulo trinta e cinco

A visita de sabrina

O modo de vida de Leonor, de como encarar as provações, mudou significativamente. Parou com suas costuras e se devotou completamente ao marido, que já podia mantê-los confortavelmente. Via a filha na prisão e alternava com visitas a Leandro e o neto, que agora era sua vida. Em tudo o que faltara com as filhas compensava com o neto e Leandro, que tinha como filho.

— Leandro, sei que não deveria me meter em suas decisões, mas acho que deve retomar sua vida. Não é prudente largar tudo em que se empenhou para viver futilmente. O trabalho dignifica o homem e faz bem para a mente. Você precisa de uma ocupação. Afinal, Júnior já está com dois anos e precisa se socializar. Desde que nasceu, nada conhece. Ele precisa ver o mundo para que se prepare para sua caminhada e suas escolhas.

Leandro ouviu Leonor atentamente e depois respondeu:

— A senhora tem razão. Já pensei nisso, mas não consigo voltar para aquela casa, aquela vida.

— Não seja ingrato. Ingratidão faz mal. Se não quiser voltar à sua casa, pode vir morar comigo, mas trabalhar é uma obrigação sua, afinal, tudo o que é pago aqui nesta casa é com o dinheiro do seu pai. Não acho justo o senhor Eduardo mantê-lo sem que você dê nada em troca.

Leonor sabia que havia abalado o ego de Leandro.

— A senhora acha mesmo?

— Sem dúvida. Terei um prazer imenso em recebê-lo em minha casa. Sabe muito bem que é humilde, mas você me faria muito feliz se viesse morar comigo e Carlos.

— A senhora está certa. Preciso encontrar ânimo para viver. Às vezes, acho que não vou aguentar de tanta saudade da Sabrina.

— Pensa que sou de pedra? Se pensa, está enganado. Sou como você, sinto muita saudade de minhas filhas, só que preciso continuar minha luta diária se um dia desejar a atenção de Deus. Amo Sabrina e desejo com todas as minhas forças que ela receba minhas vibrações de amor e perdão. Leila, infeliz, se encontra em uma prisão por atitudes nas quais errei junto com ela. Mas Deus é mais, confio que tudo é para melhor, para nosso aprendizado.

— A senhora está falando como dona Evangelina. Acredita que Sabrina vive como nós?

— Sem dúvida. Aprendi muito com Evangelina, aquela sábia senhora. Você acha que Sabrina está bem vendo-o aqui nessa pasmaceira, inútil? Se quiser ver Sabrina bem e feliz, lute pela vida, retome suas responsabilidades. Ela o esperará quando chegar sua hora. Ocupe sua mente com algo que lhe trará realizações e o sustento de seu filho. Leandro, você é jovem, poderá até refazer sua vida amorosa.

Leandro lembrou-se do que Sabrina havia escrito para ele no diário, sobre Cléo.

— Quem me dera eu encontrar alguém que me traga a felicidade que sentia ao lado de sua filha!

— Se ficar escondido aqui não saberá nunca. Meu filho, você é um rapaz tão lindo, vamos tentar, sei que juntos alcançaremos nossos objetivos. Sabe de uma coisa? Já está decidido, vamos agora arrumar suas coisas e as de Júnior e voltar para São Paulo hoje mesmo.

Leandro olhou para Leonor com mais entusiasmo.

— Posso mesmo ficar na sua casa, dona Leonor?

— Mas é lógico, você acha que vou conseguir pontos com Deus como? – respondeu Leonor em tom de brincadeira.

Leandro riu alto. Leonor, com o auxílio de Alzira, arrumou todos os pertences de pai e filho. Assim que chegaram à casa de Leonor, em São Paulo, o quarto que era das meninas estava arrumado para Leandro. Em um canto havia um berço que Carlos comprara para aconchegar o neto. Assim que Leandro entrou no quarto, sentiu uma vibração diferente e, reparando no berço, comentou feliz:

— Ah, dona Leonor, a senhora já estava com segundas intenções em relação a mim e Júnior, não é? Pode falar a verdade.

— Meu querido, estou sempre com segundas intenções quando se trata de ajudar alguém. Lindo o berço, não é? Foi o Carlos quem comprou e montou, todo feliz.

Leandro sentiu que Leonor mudara visivelmente ao falar de Carlos, parecia uma jovem apaixonada.

— A senhora tem certeza de que não vamos atrapalhar? Estava sossegada apenas com o senhor Carlos.

— Atrapalhar nada. Carlos ficará feliz porque consegui trazê-lo de volta.

— Ah, então confessa que foi à chácara de caso pensado?

— Claro que confesso. Você acha que eu perco tempo? Já perdi muito... – Leonor nem conseguiu terminar seu raciocínio. Ficou emocionada. Sem pensar duas vezes, aproximou-se de Leandro e o abraçou forte. Surpreso, ele retribuiu o aconchego daquela senhora que não tinha nada a ver com sua vida, com sua família.

Sabrina, em um canto, acompanhada por Diógenes e Alexandre, já estava a par das intenções de Leandro. Deixou que as lágrimas descessem sem cerimônia. Alexandre ficou emocionado, mas se conteve, pois seu superior estava lá também.

Leandro, abraçado à senhora, sentiu o perfume delicado que Sabrina usava. Suas lágrimas começaram a descer pelo rosto.

— Dona Leonor, está sentindo o perfume de Sabrina?

A senhora se afastou do rapaz, pôs-se de joelhos e, juntando as mãos em sinal de agradecimento, disse algumas palavras:

— Senhor de misericórdia, agradecemos de coração pela visita providencial de minha Sabrina. Serei eternamente grata por nos trazer essa alegria. Minha filha, se estiver aqui, sinta-se abraçada, eu a amo muito. Que seu coração bondoso possa perdoar minhas faltas como mãe.

Sabrina, chorando compulsivamente, aproximou-se da mãe e a abraçou com ternura. Leandro se deixou cair sobre a cama perplexo, tinha certeza em sua alma de que Sabrina estava ali. Chorou desesperadamente. Sabrina também aproximou-se dele e o abraçou com todo o amor que carregava em sua existência. Como se fosse realidade, Leandro respondeu ao vento, chorando em demasia:

— Sabrina, minha vida, sei que está aqui. Eu a amo com todas as forças do meu ser. Por favor, nunca se esqueça de mim... Eu imploro... E perdoe-me por tudo o que a fiz passar.

Sabrina, abraçada a ele, não se continha em emoção. Alexandre se aproximou na tentativa de afastá-la de Leandro para que ele pudesse voltar ao normal. As mãos do jovem rapaz suavam frio e seu coração acelerado pela primeira vez acreditou que sua amada continuava em algum lugar do qual ele ainda não fazia parte. Sabrina, resistindo ao impulso de Alexandre, disse no ouvido do amado:

— Meu amor, minha vida, não se aflija, não existe morte, e sim vida, sempre. Que Jesus o ampare. Eu o proíbo de qualquer ato impensado. Se cometer essa injúria a Deus, sofrerá tormentos terríveis. Eu lhe imploro, não faça isso. Se fizer, não me encontrará, só encontrará sofrimentos pesando ainda mais sobre suas faltas. Estarei sempre ao seu lado, de nosso filhinho e de todos aqueles que deixei e que continuo amando.

Alexandre teve de ser firme:

— Sabrina, basta. Eles já perceberam que você está presente. Suas palavras ficarão na memória de Leandro.

— Por favor, Alê, não permita que Leandro tenha um fim terrível como o... – não foi preciso Sabrina completar a frase que veio em seus pensamentos sem querer.

— Como o meu, não foi isso que pensou?

— Me perdoe, Alê, te quero muito bem.

— Por esse motivo, contei-lhe minha trajetória e as duras penas pelas quais passei, ceifando minha vida corpórea.

Diógenes, que até então assistia, sentiu que Sabrina não estava preparada para aquela visita e interveio:

— Sabrina, Alexandre tem toda a razão. Seu recado já foi dado, respeite seus limites. Estamos aqui para trazer conforto a seus pais e a Leandro, e não para deixá-los desesperados. O recado foi dado, era nossa obrigação. Agora temos que seguir nosso caminho, nada mais podemos fazer.

Sabrina pôs-se de joelhos em frente a Diógenes e implorou:

— Por favor, senhor, interceda junto a Jesus para que Leandro não cumpra o que seus pensamentos insistem em colocar em prática.

Diógenes serenamente a levantou e respondeu, olhando dentro de seus olhos:

— Leandro será amparado, mas devo preveni-la de que não interferimos no livre-arbítrio de quem quer que seja. Você tem de confiar que hoje mudou toda a história de Leandro. Ele vai refletir muito sobre as palavras que soprou em seu ouvido. Tenha fé e confie nos desígnios de Deus.

— Sinto, meu senhor... – curvou-se Sabrina, reverenciando-o. – Não foi minha intenção desapontá-lo, mas nunca poderia imaginar que a emoção nos tomasse dessa maneira.

— Eu a entendo, Sabrina, por isso fiz questão de acompanhá-los. Você e Alexandre estão com sentimentos em demasia. Alexandre é seu instrutor e você é ainda uma aprendiz. Os dois devem rever seus conceitos. Entenda, um bom ensinamento deve ser posto em prática, e a razão em qualquer trabalho deve ser o primeiro e único passo. Ainda mais no caso de um espírito suicida. É claro que vocês poderão sentir um grande afeto e uma mútua confiança, mas não devem passar disso. Estão em um trabalho bastante complexo. Firmeza e confiança é que fazem valer os atos em questão.

— Sinto muito, senhor, tem toda a razão – respondeu Alexandre depois do sermão.

Sabrina se aproximou do filho, que dormia tranquilo, alheio a tudo o que acontecia naquele quarto, e o beijou no rostinho. Todos se despediram e volitaram para a pátria espiritual.

Leandro, atordoado, sentiu que o perfume de sua amada se esvaía no ar. Leonor sentou-se ao lado de Leandro e perguntou:

— Acredita agora que nossa Sabrina continua viva?

Leandro levantou atordoado e com plena convicção de que Sabrina falara com ele.

— Ela sabe... Ela sabe, dona Leonor...

— Ela sabe o que, meu filho?

— Ela sabe que tentei me matar. Que desejava encontrá-la!

Leonor colocou as mãos sobre a boca em gesto de incredulidade.

— Como sabe disso?

— Não tenho plena certeza, mas algo ficou em meus pensamentos sobre eu não cometer um ato que me afastaria ainda mais dela, e algo sobre um sofrimento terrível.

— Ela lhe trouxe um recado. Com certeza foi a providência divina dos espíritos de luz! Isso é uma prova de que ela está sempre junto de ti e que Evangelina tem toda a razão sobre o mundo invisível, o mundo dos espíritos.

Leandro rodava em volta de si mesmo e, passando as mãos nos lindos cabelos negros como ébano, sorria e chorava ao mesmo tempo.

— Meu Deus, era ela... Era ela... Eu a senti do meu lado... Tenho plena convicção de que ela falou algo em meu ouvido! – Leandro estava excitado pela bem-aventurança.

Carlos chegou e, vendo a casa em silêncio, foi entrando nos cômodos até que os encontrou no quarto das filhas. Leandro, sob forte emoção, abraçou Carlos, que retribuiu com alegria.

— Senhor Carlos, sua filha Sabrina veio nos visitar!

Carlos olhou para a esposa esperando por uma resposta.

— É isso mesmo, meu amor. Quando entramos neste quarto para acomodar as coisas de Leandro e Júnior, sentimos o perfume de nossa filha.

— Senhor Carlos, ela vive... Ela vive, como a dona Evangelina sempre me falou, mas eu nunca botei fé!

Carlos se emocionou. Seus olhos ficaram marejados de lágrimas, mas procurou disfarçar.

— Preciso ver dona Evangelina! – gritou Leandro, feliz.

— Mas hoje? Acho que não devemos. Dona Evangelina é uma pessoa muito ocupada com sua caridade. Amanhã. Amanhã ligaremos para ela e marcaremos um horário. O que acha?

— Mas só amanhã? Tenho urgência!

Carlos, muito calmo e centrado, ponderou:

— Acho que Leonor tem razão. Amanhã marcaremos uma hora à noite e iremos todos.

Leandro se deixou cair na cama e respondeu:

— Tudo bem... Acho que estão certos. Mas a senhora promete que ligará para ela ainda hoje marcando uma hora?

— Pode deixar, meu querido, é pra já.

Leonor foi ao telefone, e Carlos, olhando para o netinho dentro do berço, disse a Leandro:

— Estou feliz por vocês estarem aqui conosco.

— Com o perdão da palavra, sua esposa não é nada fácil. Primeiro veio com umas conversas de que eu era um encostado, vagabundo mesmo.

— Mas ela disse isso com todas as letras?

— Não, senhor Carlos, estou brincando, mas foi dura comigo. Se não fosse ela, eu ainda estaria lá na chácara, com pensamentos pesados e sem estímulo algum. Dona Leonor está certa, tenho que retomar a minha vida, trabalhar, afinal de contas, sou um homem de família agora!

— Então minha Leonor tinha razão?

— Com certeza. Ainda mais depois dessa bênção de Deus por providenciar a visita da mulher que mais amo em minha vida.

— Em sua existência – corrigiu Carlos.

— Até o senhor está na crença da senhora Evangelina?

— Sim, aprendi muito. Se não fosse por ela, talvez eu não tivesse tido forças para continuar. Não que eu gostasse mais de Sabrina, mas eu e ela tínhamos uma afinidade mútua. Nos dávamos muito bem. Não querendo ser piegas, mas já sendo, Sabrina era especial, humilde, caridosa e muito trabalhadora. Para ela não havia tempo ruim. Estava sempre disposta, e o que eu mais admirava era sua lealdade. Sempre foi um grande exemplo de mulher.

Leandro abaixou a cabeça sentindo por suas faltas.

— Não se culpe nem se torture mais. Aconteceu como tinha de acontecer, era hora de nossa Sabrina partir e continuar seus aprendizados, enquanto nós ainda temos muito a cumprir. Só que agora com uma grande oportunidade.

— Oportunidade? – questionou Leandro.

— Sim... Sabrina literalmente esteve aqui entre nós. Isso pode mudar muito seu caminho. Tenho a nítida certeza de que ela veio por mim e por sua mãe, mas você é a peça mais importante de seu quebra-cabeça. É para você que ela se doará. Ela quer que cumpra com seus deveres até chegar o momento de estarem juntos como deve ser. Tirar sua vida não o fará encontrá-la, o afastará ainda mais, porque estará transgredindo as leis de Deus. O tempo dela se acabou, ela não escolheu isso. Mas você tem escolha. Consegue me entender?

Leandro já estava emocionado. Ouvindo Carlos falar, sentiu que foi covarde e egoísta.

— Preciso de ajuda, senhor Carlos.

Carlos tocou sua mão e, confiante na providência divina, respondeu com carinho:

— Isso já é um grande passo. Não sou especialista para lhe dar conselhos adequados, mas amanhã certamente você será orientado. O primeiro passo você já deu.

Capítulo trinta e seis

Leandro retoma sua vida

Marisa e Eduardo já não estavam se entendendo como deveriam. Eduardo sabia que havia acontecido algo entre ela e Leila, como Leonor havia insinuado, mas Marisa se recusava a responder aos questionamentos do marido, e ainda por cima o evitava. Eduardo, então, mudou-se para o outro quarto. Patrícia sentia-se triste, mas foi sua mãe quem escolhera o próprio caminho.

Era cedo quando Patrícia encontrou o pai sentado à mesa do café da manhã.

— Bom dia, pai – cumprimentou Patrícia, pousando um beijo no rosto do pai.

— Bom dia, minha querida. Passou bem a noite?

— Siml, e o senhor?

— Gostaria de responder o mesmo, mas não tive uma noite de descanso.

— Eu sei por quê. Mas não adianta ficar assim, pai.

— Como não? Tem muitas coisas para eu saber. O que é um casamento se não cumplicidade e compartilhamento?

Patrícia silenciou por uns instantes.

— Me diga, minha filha, o que sabe?

— Sobre o quê, pai?

— Eu que fiz a pergunta, espero por uma resposta.

— Pai, tudo tem seu tempo. Não seria eu a pessoa indicada a falar sobre coisas que não me dizem respeito, mesmo porque só atacar não resolverá o problema; ao contrário, criaremos mais problemas ainda.

— Mas desde a morte de Sabrina vêm acontecendo muitos mistérios. O que sou nesta casa? Apenas um trabalhador a sustentar e manter uma família de fachada?

— Eu sinto muito, meu pai. Sei que você e mamãe estão mantendo um falso casamento. Por que não procura serenar? Nada fica sem respostas, o senhor terá seu momento de revelações.

— Por que está dizendo isso?

— Porque, pai, se eu disser ao senhor que não aconteceu nada, estarei mentindo, mas neste momento prefiro a omissão, tudo a seu tempo. Tudo será esclarecido no momento certo.

— Posso fazer uma única pergunta? Mas você tem que ser sincera.

Patrícia não respondeu, apenas esperou que o pai perguntasse.

— Sua mãe tem a ver com a morte de Sabrina e a prisão de Leila?

— Pai...

Eduardo a cortou:

— Tem ou não tem?

— Bem... A morte de Sabrina já era prevista, os médicos disseram que ela já tinha um problema no coração.

— E a prisão de Leila?

— Preciso responder?

— Não a estou obrigando, mas sou seu pai, ora essa!

— Por que não vai à prisão fazer uma visita a Leila?

Eduardo entendeu o que a filha quis dizer, contudo, não quis se envolver. Refletiu bem e constatou que a resposta estava em Leila.

— Bem... Já estou atrasado, vou para o escritório.

Eduardo beijou a filha e saiu. Patrícia ficou muito nervosa com aquela conversa. Sabia que sua mãe tinha suas responsabilidades, mas era sua mãe. Não demorou muito e Marisa sentou-se à mesa.

— Seu pai já foi?

— Sim... Por que está evitando papai?

— Não estou evitando ninguém, apenas nosso casamento não anda lá muito bem.

— Quando vai cair na real, mãe?

— Do que está falando?

— De suas responsabilidades. Cedo ou tarde papai vai saber de tudo.

— Não sei do que está falando.

— Pois vou te clarear a memória. Sabrina foi acusada de roubar a loja, mas sabemos que não foi ela. O rapaz que pagaram para o serviço está preso, e Leila também. Onde cabe sua culpa nessa história toda?

Marisa, que estava dando um gole no café, engasgou.

— Do que está me acusando?

— De que esse plano saiu de suas armações. De que a ideia toda partiu da senhora, como fez alguns anos atrás com Maurício. Mãe, pense bem, é melhor contar tudo. Quem sabe papai e Leandro entendem e a perdoam.

— Não preciso do perdão de ninguém porque não fiz nada. Não tenho culpa por Leila querer o que não pertencia a ela.

— Então, eu pergunto: o que Leila queria em troca?

— Não disse isso.

— Mas, para um bom entendedor, meia palavra basta. Leila a ajudou com todo esse plano para ter Leandro, não foi?

Marisa arregalou os olhos para a filha.

— Se pensa que vou me atirar nessa história toda, está muito enganada, não preciso do seu pai nem de amor. O que me importa apenas é seu irmão. Ele, sim, é o amor de minha vida. Não suporto mais a ausência dele.

— Aguente as consequências, então, pois não direi mais nada.

— Que consequências? Não devo nada.

— Mãe, a lei de Deus é para todos: ação e reação. Nada fica impune – e Patrícia, sem paciência, levantou e saiu.

Marisa empurrou a xícara à sua frente com raiva e com muito medo também. Sabia que Patrícia era uma ameaça para ela.

— Que garota petulante!

Eduardo chegou ao escritório e, ao abrir a porta, deparou com o inesperado.

— Meu filho!

Leandro se aproximou e deu um forte e longo abraço no pai.

— Puxa vida, esperava por tudo nesses últimos tempos, mas você?

Leandro afrouxou o abraço e disse, emocionado:

— Perdoe-me por tudo o que causei.

— O que é isso, meu filho? Você é uma das coisas mais importantes para mim.

O que o fez voltar?

— É uma longa história, mas quero fazer um pedido.

— Pois faça...

— Posso voltar ao meu cargo?

Eduardo deixou que as lágrimas invadissem seu rosto; sentou-se rápido em sua confortável cadeira e apontou para a outra, para que o filho se acomodasse. Depois de acomodados, Eduardo se pronunciou, enxugando as lágrimas que insistiam em brotar de seus olhos:

— Mas é claro... Você será sempre bem-vindo.

— Eu agradeço muito.

— Não tem nada que agradecer, isso tudo é seu também.

— Tenho que agradecer, sim... Compreendo sua felicidade, mas fui um tanto quanto irresponsável. Hoje caí na razão, tenho um filho para criar e preciso colaborar com meus préstimos.

— Tudo bem, meu filho, se prefere, eu o perdoo, sim. Sou seu pai e, enquanto puder, estarei aqui para o que der e vier. Entendo tudo o que passou e tem passado. Já foi ver sua mãe?

— Ainda não, preciso me ocupar de alguma maneira, e o trabalho já é um começo. Só assim terei forças para recomeçar e enfrentar algumas pendências.

— Tudo bem, mas você ficará onde?

— Estou na casa do senhor Carlos e da dona Leonor, junto com o meu filho.

— Não acredito que vai viver em uma casa modesta enquanto tem todo o conforto para você e meu neto!

— Pai, não vim aqui para discutir, apenas vim pedir de volta meu trabalho. Preciso de um tempo. Muitos acontecimentos vieram ao meu encontro, estou tentando digerir aos poucos as informações sobre as quais ainda sou leigo.

— Do que está falando, meu filho?

— Da vida, da morte, de onde viemos, para onde vamos.

— Mas que assunto mais sem pé nem cabeça!

— Para o senhor pode até ser, mas não para mim, que tenho uma nova oportunidade.

Eduardo refletiu e achou melhor não se aprofundar no assunto, já que ele também queria desvendar suas verdades.

Naquele dia mesmo Leandro retomou seu cargo, e seu pai ficou muito feliz. Logo depois do almoço, Eduardo refletiu muito sobre o que havia conversado com a filha. Num repente, pegou sua pasta e saiu. Leandro almoçou por ali mesmo. Estava longe em seus pensamentos esperando que o garçom trouxesse seu pedido quando foi surpreendido pela presença de Cléo.

— Posso me sentar?

Leandro olhou para a amiga e abriu um lindo sorriso.

— Claro que sim... Estava precisando mesmo de companhia.

Cléo se acomodou, e Leandro chamou o garçom:

— Por favor, Leandro, se for para eu fazer um pedido, agradeço, pois já almocei.

Leandro olhou para as horas no relógio de pulso.

— Também... Já passa das duas horas! Acho que me empolguei no trabalho.

— Puxa vida, fiquei tão feliz quando soube que voltou, e mais ainda que voltou a trabalhar com seu pai.

— Já estava na hora. Quer dizer, já passou da hora. Devo retomar minha vida, pois tenho o Júnior, que precisa muito de mim.

— Fico feliz por você.

— Como soube que voltei?

— Por dona Evangelina. Dona Leonor ligou para ela dizendo que você quer ter uma conversa com ela.

— É verdade. Hoje à noite, após o jantar, irei até lá.

— Por que essa vontade tão repentina? Desculpe se estou sendo intrometida – emendou Cléo.

— De maneira alguma. Você é praticamente da família. Há quantos anos nos conhecemos?

— Bem... Preciso mesmo responder a essa pergunta? Já faz tantos anos, perdi as contas. E, depois, você chegará à conclusão de que já estou muito velha – disse brincando a amiga.

— De jeito nenhum, você é jovem e muito bonita. Posso fazer uma pergunta?

— Claro!

— Por que nunca namorou, ou até mesmo se casou? É uma moça tão bonita!

Cléo na hora ficou com o rosto ruborizado, mas Leandro havia feito a pergunta de propósito.

— Bem... Sei lá... Acho que não apareceu o homem certo.

— E existe homem certo para amar?

— Ah, Leandro, não sei, você faz cada pergunta!

— Oras... Estou apenas conversando com você. Deve ter aparecido alguém especial na sua vida.

Cléo se calou por alguns instantes.

— Tudo bem, se não quer abrir seu coração, não faz mal. Talvez realmente eu tenha deixado a desejar em relação a confiança, e não só com você, mas com outras pessoas também.

A vontade de Cléo era abrir seu coração e dizer o quanto o amava. Quando criou coragem, foi interrompida pelo garçom, que trouxe o prato de Leandro.

— Tem certeza de que não quer almoçar? Tem comida para dois.

— Não, obrigado.

O silêncio se fez e Leandro, com um apetite que há muito não tinha, nem sequer falava.

— Se quiser, posso ir com você à casa de dona Evangelina.

— Prefiro que não, essa conversa deve ser apenas entre nós dois.

Cléo ficou sem graça diante da firmeza de Leandro. Mas ele, apesar dos acontecimentos de sua vida, estava gentil e carinhoso como sempre foi. Sentindo que Cléo ficou desapontada, posou sua mão sobre a dela e concluiu:

— Me perdoe, não é que eu não queira sua companhia, mas hoje muitos fatos serão revelados, preciso ficar a sós com dona Evangelina, até para eu mesmo saber como será minha vida daqui para a frente.

— Nossa, é tão sério assim?

— Não diria sério, mas, depois dessa conversa, terei muitas resoluções a tomar. Cléo, entenda, perdi a mulher que mais amei em toda a minha vida. Quer dizer, a única, mas senti aqui dentro do meu peito que algo deve mudar, por isso preciso dessa conversa franca com dona Evangelina, ou melhor, preciso de grandes decisões e mudanças. Cheguei à conclusão de que os fatos não mudarão, mas eu posso fazer minha vida, e outras à minha volta, muito melhores. Espero que você me compreenda. Uma coisa eu garanto: as mudanças serão para melhor. Deus é generoso e deve ter um plano para mim.

Cléo olhou para ele com admiração. Não sabia o que era, mas algo havia mudado naquele rapaz belo, de lindos olhos azuis. Leandro, ainda com a mão sobre a de Cléo, sem cerimônia a puxou e posou um beijo.

— Eu te quero muito bem e sempre vou querer. Só lhe peço um tempo.

Cléo sentiu seu coração disparar. Parecia que tudo se iluminara naquele momento, naquelas palavras proferidas por Leandro. Poderiam não valer nada para quem ouvisse, mas para ela uma esperança se fez em sua alma.

Depois de Leandro terminar sua refeição, voltou para o escritório e Cléo foi para o shopping. Precisava pensar em tudo que seu amor dissera sem interferência de ninguém.

Capítulo trinta e sete

A conversa com Leila

Eduardo chegou ao presídio e entrou em uma sala para esperar pela detenta. Não era dia de visita, mas, por se tratar de uma pessoa envolvida diretamente no caso, deixaram-no vê-la. Ele esperou impacientemente por longos quinze minutos quando Leila entrou. A policial retirou as algemas. Leila, sem estranhar, sentou-se em frente a Eduardo.

— Como vai, Leila?

— Como o senhor acha que estou?

Eduardo ficou penalizado, mas não se intimidou.

— Leila, vou direto ao assunto. Estou aqui justamente para saber tudo o que houve depois de a sua irmã ser acusada.

— Tem certeza de que quer saber?

— Sim, senão não estaria aqui.

Leila contou tudo desde quando começou a se interessar por seu filho. No final, lágrimas de depeção desciam dos olhos de Eduardo.

— Eu sabia que Marisa estava envolvida, ela nunca deu espaço para Leandro, nem mesmo para Patrícia.

— Maurício só foi preso porque sua mulher colocou as drogas no carro dele e chamou a polícia. Maurício usou um baseado ou outro na adolescência, mas quem nunca experimentou? Uma coisa é certa, ele nunca foi traficante, tampouco viciado, foi apenas curiosidade. Todos na época experimentaram, mas isso não quer dizer que eram garotos rebeldes e de má índole. Tanto é que todos seguiram seu caminho com grandes formações morais. Todos possuem um diploma. Todos concluíram faculdade. São pessoas do bem... Maurício até advogado é. Leandro se formou em administração, Patrícia está concluindo a faculdade...

Eduardo, mesmo após ter ouvido tudo o que Leila relatou com detalhes, tinha uma esperança em seu coração de que sua mulher não estivesse envolvida. Então, levantou-se, passou as mãos pelos cabelos grisalhos e concluiu:

— E você também fez faculdade?

— Quem me dera. Me arrependo até o último fio de cabelo. Mas não sou de lamentar pelo leite derramado. Quando sair daqui, complementarei os estudos, vou me formar!

— O que pensa em fazer?

— Ainda não sei, mas estou propensa a teologia, já que aqui o que mais fazemos é ler livros de várias religiões. Ou talvez psicologia. Quem sabe? São apenas planos.

— Leila, me prometa que fará isso.

— Não preciso prometer ao senhor ou a ninguém. Se existe inferno, é aqui. Nunca mais quero voltar para cá. Sabe, senhor Eduardo, isso tudo me fez refletir que só colhi o que plantei. A única promessa que faço é por minha irmã. Por ela, sim, farei tudo o que estiver ao meu alcance para pesar um pouco menos em meu remorso.

— Leila, há quanto tempo está aqui?

— Dois anos e meio.

— Confie em mim. Você vai conseguir cumprir a promessa que fez a si mesma em relação à sua irmã.

— Do que o senhor está falando?

Eduardo levantou e, antes de fechar a porta atrás de si, concluiu:

— Você já ficou aqui tempo demais, garota. Confie em Deus.

Eduardo saiu e Leila não entendeu nada. A policial veio, colocou as algemas de volta e a levou para a cela.

Eduardo foi direto para o escritório de Maurício. Quando foi anunciado pela secretária, Maurício não acreditou, mas o recebeu cordialmente.

— Sente-se, senhor Eduardo.

Eduardo, sem a menor cerimônia, se acomodou e foi direto ao assunto:

— Aceita uma causa?

— Depende, do que se trata?

— Leila, irmã de Sabrina.

— Preciso apurar os fatos, não é assim.

— Por favor, eu imploro. Já soube de tudo, e preciso de seus serviços.

Maurício silenciou por longos instantes, e Eduardo insistiu:

— Por favor, ela merece sair daquele lugar. Já sei de tudo, inclusive do seu caso. O que Marisa fez a você não foi, digamos, um ato de uma pessoa normal. Marisa sempre quis proteger demais os filhos. Aquilo não foi correto, e preciso tentar pelo menos consertar certos acontecimentos.

— Leandro já está sabendo de toda essa sua conversa com Leila?

— Ainda não, e peço sua discrição. Não que ele não possa saber, mas acho que tudo tem uma hora certa. A única coisa que peço são minhas sinceras desculpas e que tente tirar Leila daquele lugar horrível.

— Bem, senhor Eduardo, posso me inteirar do processo e depois dar uma resposta para o senhor.

— E se eu retirar a queixa? Não facilitará mais?

— É óbvio que sim.

— Então, veja isso logo para mim, é o mínimo que poderei fazer por essa moça.

— Mas ela também procurou por isso, ela é ré confessa.

— Eu sei e entendo, mas quem não merece uma segunda chance?

Maurício abaixou a cabeça. Eduardo levantou para ir embora, mas antes mesmo de fechar a porta disse:

— Confio em você, sei que dará o seu melhor.

Capítulo trinta e oito
A conversa com Evangelina

À noite, depois do jantar, Leandro foi à casa de Evangelina. Carlos e Leonor quiseram acompanhá-lo, mas ele pediu que ficassem, pois aquela conversa era para obter respostas às suas dúvidas, e preferia estar sozinho. Carlos e Leonor entenderam de pronto. Esse era um grande sinal de que Leandro estava disposto a compreender o que havia por trás de tantos fatos, dos quais por muitas vezes nos damos conta quando passamos pela dor das provações impostas por nós mesmos.

— Tem razão, Leandro, acho que deve ter sua privacidade. Fique tranquilo, entendemos – disse Carlos gentilmente.

— Então vá, meu filho...

— Obrigado, dona Leonor, por me compreender.

Leandro chegou no horário marcado, e Evangelina gentilmente o convidou a entrar e ficar à vontade.

— Fiquei feliz por ter retomado seu emprego.

— Obrigado. Para falar a verdade, eu também estou me sentindo muito bem por estar fazendo o que gosto. E, depois, como a dona Leonor disse sem papas na língua, eu não poderia mais viver à custa do meu pai.

O diário de Sabrina **243**

— Está feliz com essa volta?

— Sim... Sinceramente, parece que algo vem mudando ao meu redor. Tenho mais prazer em cuidar do meu filho, e sempre que posso brinco muito com ele. Júnior já fala bem e entende tudo. Me sinto feliz, mas o que mais me deixou intrigado foi o que aconteceu ontem na casa da dona Leonor, quando entrei no quarto que foi de Sabrina.

— É mesmo? Então me conte, estou curiosa.

— Eu e dona Leonor entramos para acomodar as coisas do Júnior e as minhas. Então, senti fortemente o perfume da Sabrina. A sensação foi de que ela estava lá. E digo mais, parece-me que ela se aproximou de mim, foi uma emoção imensa, até agora, quando me recordo, fico arrepiado.

— Acredita em vida pós-morte?

— Não sei, nunca parei para pensar nesse assunto, pois envolve religião, e nunca fui adepto de nenhuma. Mas depois de ontem algo mudou aqui dentro do meu peito. Tenho certeza de que Sabrina estava lá.

— E estava mesmo.

— A senhora diz isso com tanta tranquilidade...

— Com toda certeza. Não existe morte, existe vida entre mundos. Ora habitamos um corpo material, ora estamos na pátria espiritual. Somos espíritos sempre. Nada muda o que somos e o que levamos conosco. Por isso, orar e vigiar serve para todas as religiões ou doutrinas. Encarnados possuímos uma alma, desencarnados voltamos a ser espíritos, que é a essência de cada um de nós. Podemos mudar, sim, nosso modo de agir, de evoluir, até mesmo largar vícios que durante a vida corpórea alimentamos. Mas nossa essência é o que plantamos de bom e de ruim. Sabrina já sabe que você tentou se suicidar.

Leandro olhou para Evangelina assustado.

— É isso mesmo. Sabrina, entre muitos trabalhos, chegou até o vale dos suicidas por sua causa.

— Por minha causa? Como assim?

— Alexandre é o instrutor dela. Ele está nos trabalhos e ensinamentos a sua Sabrina. Ela progrediu muito. Quando tentou o suicídio, Alexandre estava lá junto comigo, foi graças a ele que conseguimos salvá-lo.

Leandro nem respirava. Estava muito interessado nos relatos que a sábia senhora desenvolvia com muita tranquilidade.

— Meu Deus, como isso pôde acontecer? Quer dizer que Sabrina realmente esteve lá na casa dela?

— Na antiga casa. Sabrina agora pertence ao mundo dos espíritos. Quando lhes é permitido, eles vêm nos visitar.

Leandro deixou que as lágrimas descessem e molhassem seu belo rosto.

— Puxa vida, a senhora não sabe o que senti ontem. Realmente não há farsa nem é coisa de nossa imaginação, eu a senti como sentia quando estava aqui, no meio de nós.

— Eu posso imaginar sua alegria, mas lembre sempre: isso foi um privilégio, nem todos têm essa permissão.

— Como assim?

— Somos envoltos de espíritos desencarnados, mas nem todos são espíritos de luz. Muitos deles, que nos rodeiam, são espíritos ignorantes e viciosos, que nos envolvem e sugerem que cometamos atos insanos. Muitas vezes somos induzidos a fazer o que eles querem. Por isso, digo com grande lamento: você tem que ser forte e continuar sua vida, pois é isso o que Sabrina deseja ardentemente. Suas conquistas no plano espiritual são para salvá-lo. O suicídio é um dos piores atos que Deus desaprova, é sinal de covardia e egoísmo, pois se acha que o sofrimento finda. Mas, pelo contrário, ele só aumenta, já que se passa por terríveis dores, frio, fome, sede e se é vampirizado por aqueles que há muito habitam o vale.

— Vale? O que vem a ser esse vale?

— Chamamos de vale dos suicidas. É um lugar pavoroso e de baixa vibração. Quem se mata pensando que acabará com seu sofrimento e encontrará as bênçãos dos anjos está completamente enganado. Faço uma pergunta a você para que entenda. Alguns não suportam a perda de pessoas queridas e se matam, na esperança de encontrá-las. Eu te pergunto: elas atingem seus objetivos? Os resultados são diferentes do que esperam. Em vez de se unirem ao objeto de sua afeição, deste se afastam por mais tempo ainda, porque Deus não recompensa um ato de covardia e insulto que lhe é feito com dúvida quanto à Sua providência. Pagarão pelo instante de loucura com pesares ainda maiores que aqueles que pensam em abreviar, e não terão a satisfação que esperavam para compensá-los.

Leandro chorava copiosamente. Parecia que lavava a alma. Evangelina o deixou por alguns instantes para refletir e arrumou a mesa com capricho para um chá e alguns biscoitinhos.

— Meu querido, vá lavar seu rosto no banheiro e volte para que possamos terminar nossa conversa com chá e biscoitos.

Leandro atendeu ao pedido de Evangelina e voltou mais refeito. Sentou-se na cadeira que a gentil senhora indicou para se acomodar.

— Conseguiu me entender, meu querido rapaz?

— Sim, senhora. Como pude dar tanto trabalho e perturbação à mulher que sempre amei?

— Está lendo o diário?

— Sim, estou. Sabrina deixou minuciosamente escrito como eu deveria agir e me comportar.

— E o que está achando?

— Em muitas coisas concordo com ela, principalmente depois de me inteirar sobre a vida após a vida. Tenho absoluta certeza de que ela vive em algum lugar e que terei de esperar para encontrá-la.

— Isso mesmo, meu jovem, estou gostando da sua maturidade. Sabrina quer que você refaça sua vida. Afinal, é um jovem muito bonito e atraente.

— Ela me falou sobre isso. Para minha surpresa, me contou que Cléo me ama.

— Cléo sempre o amou, Leandro. Eu a conheço desde quando Vitória a adotou.

— Mas eu nunca poderia imaginar.

— Você não tinha tempo para reparar nela, seu amor por Sabrina é muito grande. Cléo é uma bela garota. Nunca pensou na possibilidade de refazer sua vida ao lado dela?

— Até Sabrina ter escrito isso, não. Eu não a amo, mas confesso que hoje mesmo, ao encontrá-la, reparei em seus predicados, é uma bela moça. Mas não seria justo com Sabrina, meu amor pertence a ela.

— E quem disse a você que isso mudará? Muitos casais fazem a união em prol daqueles que Deus soberano nos envia para cumprir sua missão. Nem sempre uma mulher e um homem são almas gêmeas, mas se unem em busca do aperfeiçoamento daqueles que são enviados. Nós somos apenas um instrumento para o auxílio dos que nos rodeiam.

Leandro ficou pasmo com as explicações de Evangelina.

— Quer dizer que muitos casais não se amam como deveriam para se unir?

— Em muitos casos, não. Isso não quer dizer que não se amem, mas por muitas vezes não é aquele amor em que nos sentimos ser extraídos da alma, mas são espíritos afins. Muitas uniões se fazem para que possamos de alguma maneira auxiliar novos encarnados recém-chegados. Somos a base para aqueles espíritos que precisam de boa educação, moral e bons princípios. O importante é se respeitarem e sentirem que há grandes laços de generosidade e compreensão. Outras pessoas não chegam nem a se casar, mas formam uma família.

— Puxa vida, quantos mistérios Deus nos impõe.

— Ele não nos impõe nada. Nós mesmos é que combinamos os tratados antes de encarnar.

Leandro ficou a refletir, pois era muita informação. Seu rosto mudara visivelmente, parecia outro homem, estava novamente com aquela luz que fazia dele um lindo rapaz.

— Sabrina escreveu desde o momento em que soube da gravidez. Como pude ser tão estúpido?

— Por que se torturar? Muitas vezes podemos dar uma mãozinha ao nosso destino, porém, tudo já estava previsto. Sabrina já tinha uma enfermidade, e isso não poderíamos mudar. Ela tinha de viver no mundo dos espíritos.

— Puxa, estou me sentindo confuso e ao mesmo tempo feliz por saber que minha Sabrina vive!

— Fico contente em saber que cooperei para suas dúvidas.

— Mais que isso, vou continuar lendo o diário. Parece bobagem, mas, depois de ontem, depois de ler o diário, me senti mais fortalecido. Até mesmo com Júnior, tudo mudou aqui dentro do meu peito. Para ser franco, até consigo amá-lo mais.

A gentil senhora segurou em suas mãos e disse, carinhosa:

— Leandro, agora tudo depende de você para que viva melhor. Só há dois caminhos: o da verdade e dos bons princípios e o dos erros e do sofrimento. Aproveite essa oportunidade e faça o melhor possível com os seus caminhos. Confie que existe uma força suprema e um irmão chamado Jesus.

Leandro beijou as mãos da senhora, agradecendo por tão bom aproveitamento de suas palavras acolhedoras e, então, foi embora em paz.

Capítulo trinta e nove

Os acertos de Leandro

Eduardo chegou em casa depois das nove horas da noite. Marisa, sentada na ampla sala, estava esperando por ele no escuro. Assim que entrou, acendeu a luz.

— Puxa, Eduardo como demorou!

— Estava ocupado.

— Ocupado? Com o quê? Sempre chega em casa cedo!

— Marisa, estou cansado, quero um pouco de paz.

Ele tirou o paletó e se dirigiu à escada que dava para o andar de cima da casa.

— Precisamos conversar – disse Marisa de maneira arrogante.

Eduardo parou no meio do caminho e respondeu calmamente:

— Quer conversar? Quantas vezes quis falar com você e nunca era atendido? Nunca queria falar sobre nada, aliás, acho que não há nada sobre o que possamos conversar.

— Como assim?

Eduardo voltou, jogou o paletó sobre o sofá e sentou-se em uma poltrona em frente à mulher.

— Marisa, sinceramente, você acha que ainda temos algo em comum?

Marisa olhou para ele assustada.

— O que está querendo dizer?

— Isso mesmo que entendeu. Nosso casamento já acabou faz tempo. A única coisa que importa para você é Leandro e se meter na vida dele.

Marisa levantou e começou a gritar, histérica:

— Para que servem as mães?

— Para educar e encaminhar os filhos, nada mais. Somos todos livres. Você tanto quis manipular Leandro e Patrícia e olha no que deu. Primeiro foi Patrícia: afastou-a de Maurício, que sabemos muito bem que a ama. Agora, Leandro. Até quando você acha que pode ficar no comando? Eles cresceram, são livres, podem e devem fazer aquilo que escolherem para seus caminhos.

Marisa ficou tão irritada que pegou uma peça valiosa que estava sobre a mesa de centro e atirou longe. Gritava sem parar. Seus gritos pareciam de terror e ódio. Eduardo a abraçou, tentando contê-la.

— Pare, Marisa... Pare, Marisa...

As luzes da casa foram sendo acesas, e os empregados, assustados, adentraram a sala.

— O que houve, senhor Eduardo? – perguntou Deolinda. Romualdo veio em seguida.

— Por favor, Deolinda, tem algum remédio em algum lugar aqui em casa para acalmar Marisa?

— Tem, sim, senhor. Há dias que dona Marisa anda tomando remédios. Sei onde está, vou buscá-lo.

— Por favor, vá e volte logo.

Romualdo ajudou Eduardo a acomodar Marisa no sofá. Ela, por sua vez, estava desfigurada. Parecia estar tomada por más influências. Deolinda voltou com o remédio e um copo de água. Eduardo a fez tomar e esperaram por longos minutos para que se acalmasse. Marisa demorou a serenar, a espera foi longa. Deolinda e Romualdo não saíram de perto até que se restabelecesse por completo.

Marisa estava atormentada pela falta do filho, nada mais importava a não ser ele. Já havia alguns meses que andava estranha, cultivando pensamentos negativos, e por conta própria começou a tomar calmante, que a afetava mais e mais.

— Onde encontrou esses remédios, Deolinda? Ela não estava tomando apenas tranquilizantes naturais?

— Na cabeceira da cama de dona Marisa.

— Mas são de tarja preta. Ela passou em algum médico?

— Não sei, não, senhor. A única coisa que sei é que vive tomando esses comprimidos e fica mais tempo deitada em seu quarto do que qualquer outra coisa.

— Ela tem se alimentado?

— Não, senhor. A única coisa que ela faz é chamar pelo Leandro dia e noite. O senhor me desculpe, mas às vezes até tenho medo de ficar perto dela. Fica tão violenta!

Eduardo andava de um lado para outro passando as mãos nos cabelos, que começavam a mostrar algumas mechas brancas. Esperou por algum tempo, estava muito preocupado. Marisa caiu em sono profundo. Eduardo, com a ajuda de Romualdo, a levou para o quarto e a deitou sobre a cama. Seu rosto estava pálido e com aspecto de horror, Marisa não estava bem. Eduardo a cobriu e voltou para a sala. Deixou-se cair sobre o sofá e ficou a pensar sobre o que poderia fazer para ajudar a esposa, que estava indo de mal a pior. Eduardo já não a amava como antes, mas ela era a mãe de seus filhos, então, sabia que tinha obrigação de ajudá-la. Sentia em seu interior que ela não estava normal.

Na manhã seguinte, Eduardo tomou seu café e, antes de ir para o escritório, passou para ver Marisa, que continuava a dormir. Quando chegou ao escritório, Leandro já estava lá.

— Bom dia, pai!

— Bom dia, filho... – respondeu Eduardo sem entusiasmo.

Leandro sentiu que o pai não estava nada bem e perguntou, preocupado:

— O que houve, pai?

— Não dormi direito.

— Já sei, mamãe... – respondeu o filho sem se admirar.

— Por favor, meu filho, não fale de sua mãe com essa cara.

— Mas o que houve? Ela está doente?

— Sim...

— O que ela tem?

— O nome da doença dela é Leandro.

— Ah, pai...

— É verdade, meu filho, você precisa fazer algo.

— Eu?

— Sim... Você... Sei que talvez não seja sua vontade, senão estaria em sua casa, e não na casa de pessoas estranhas.

— Senhor Carlos e dona Leonor não são estranhos, são avós de meu filho.

— E sua mãe e eu o que somos?

Leandro abaixou a cabeça e ficou a pensar.

— Júnior já está com quase três anos e até hoje não mantemos contato. Ele é meu neto também!

— Desculpe, pai, o senhor tem razão. Esse fim de semana o levarei para visitá-los.

— Está vendo como fala? "Visitá-los..."

— Puxa, pai... Sei que há tantos motivos a interferir, mas estou tentando voltar à minha vida. Sei que fiz besteiras, que os deixei preocupados, mas sou humano, oras! Igual a todos...

— Eu que peço desculpa, sei que sua mãe é uma pessoa difícil, mas, por caridade, vá vê-la.

— Nossa, pai, as coisas estão tão graves assim?

— Sua mãe anda tomando remédios a torto e a direito, e com certeza não foi o médico que receitou. Ontem mesmo teve um surto terrível.

— Não fica assim, pai, hoje mesmo vou até lá.

— Promete?

— Ah, pai... Preciso prometer? Até parece que não me conhece.

— Por muitas vezes pensei que fosse perdê-lo.

Leandro ficou emocionado.

— Me desculpe mais uma vez, pai. Sei que nos últimos três anos não fui um bom filho, mas estou tentando mudar minha vida, meu caminho. Por favor, não fique assim, abatido. Hoje jantarei com vocês, o que acha?

Eduardo abriu um sorriso de satisfação.

— É mesmo, meu filho?

— Claro que sim.

O dia transcorreu normalmente. Leandro estava mais confortável e calmo. Sempre sentia o perfume de sua amada pairando no ar como uma brisa fresca e perfumada.

Cléo ia todos os dias à casa de Leonor para ver Júnior. A cada dia o pequeno se apegava mais a ela. Leonor o arrumou com esmero e, acompanhada de Cléo, foi ao shopping almoçar. Ambas achavam que o garoto precisava ter mais contato com as pessoas, com a vida.

À noitinha, Leandro chegou à casa de Leonor e encontrou Cléo. Feliz, ele abriu os braços para que o filho amado se aninhasse neles. Leandro rapidamente as cumprimentou e se jogou no chão para brincar com o filho. Aos poucos ele voltava a ser o homem alto, de cabelos pretos e olhos azuis de antes, voltava a ser um belo rapaz.

Leonor e Cléo estavam felizes pela mudança drástica do jovem. Depois de os dois, pai e filho, se cansarem, Leandro sentou-se e Leonor contou do passeio que fizeram com Júnior.

— Não tenho palavras para agradecer por tudo o que fazem ao meu filho.

Júnior correu para os braços de Cléo, e Leandro mais uma vez lembrou-se das palavras escrita por sua amada. Pensou consigo mesmo: "Será mesmo que é esse o caminho? Júnior se afeiçoou tanto a Cléo...".

— Parece que Júnior gosta mesmo de você! – disse Leandro admirado.

Cléo, sem graça, não soube o que dizer, ficou sem palavras.

— Não fique sem graça, Cléo, afinal de contas, você é como se fosse a mãe dele.

— E eu o que sou? – retrucou Leonor enciumada.

— A senhora já tem um título, é avó dele...

Cléo, quando ouviu as palavras proferidas por seu amado, ficou com o coração disparado. Alexandre e Sabrina, em um canto, assistiam a tudo com emoção.

— Pare com isso, Leandro... Assim você me deixa sem graça!

— Você sabe que é verdade! Não havia pensado nessa possibilidade? – disse Leonor generosamente, já que sabia que Cléo nutria um grande amor por Leandro.

— Está vendo? Não sou só eu que acho, dona Leonor também!

— Gente, vamos parar com isso. Eu apenas faço o que posso para Júnior, é de coração. Eu o amo!

Leandro ficou tocado pelo amor que Cléo dava a Júnior, mesmo ele sendo filho de Sabrina. Mais uma vez Leandro sentiu o forte perfume e a presença de Sabrina. Seus olhos encheram-se de lágrimas, mas ele não demonstrou. Sabia que Sabrina queria algo mais dele. Mas será que estaria pronto para esse passo? Gostava de Cléo, mas não a amava.

Sem esperar, vieram em seus pensamentos as palavras de Evangelina, quando falou sobre amores afins. Leandro sempre gostou muito de Cléo. Como não gostar? Eram amigos desde os doze anos.

— Como se sente em ver Leandro pensando na possibilidade de ficar com Cléo? – perguntou Alexandre a Sabrina.

— Eu o amo demais para ser egoísta. Cléo é a mulher perfeita para o Leandro e a mãe substituta perfeita para o meu filho.

— Na verdade, você está querendo uma governanta para eles.

— Que mal há em querer os dois? Afinal, não sou perfeita! Ela os ama e cuidará deles como se fosse eu.

— Ah... Agora entendi...

— Entendeu o quê, meu caro? Não fui eu que deixei escrito o que desejava? Pois então! Cléo é a mulher perfeita para eles.

— Mas não está com nem um pouquinho de ciúme?

— Por que quando quer você é tão desagradável?

Alexandre riu alto.

— Meus sentimentos por Leandro nunca mudarão, mas prefiro vê-lo com Cléo do que naquele inferno que é o vale!

— Só por isso?

— Alexandre... Já o mandaram pentear macacos? Se ainda não o mandaram, estou mandando: vá pentear macacos!

Alexandre provocava Sabrina para ver até onde realmente iam seus sentimentos. E não poderiam ser melhores. Sabrina realmente amava Leandro e o filho, fruto de um grande amor, que jamais, em tempo algum, acabaria.

— Bem, por aqui está caminhando tudo bem, temos que ir.

— Posso dar um abraço em Leandro?

— Sinto muito, Sabrina, mas não. Pode abraçar seu filho, sua mãe e Cléo, mas Leandro é melhor não.

— Mas por quê? Sempre fiz isso!

— Ele já percebeu que está aqui. Não devemos aflorar ainda mais suas emoções. Sabrina, se o ama mesmo, vá se desligando desses sentimentos materiais que já não fazem parte de sua evolução. Se cada vez que vier vê-lo resolver tocá-lo, ele não vai se decidir nunca. Foi sua escolha, deixe que ele faça a dele agora.

Sabrina não respondeu, apenas balançou a cabeça positivamente, concordando. Ela sutilmente se aproximou do filho e da mãe e os abraçou com muito amor, saudosa. Na vez de Cléo, abraçou-a e disse em seu ouvido com dignidade: "Tenha paciência e Leandro vai ser seu, confie".

Alexandre e Sabrina foram embora e Cléo teve uma sensação agradável de conforto e esperança.

Capítulo quarenta

Uma conversa com Marisa

Leandro avisou Leonor que não jantaria em casa naquela noite.
— Por quê, meu filho? Fiz aquele bife à rolê de que tanto gosta!
— Vou à casa dos meus pais, as coisas não estão muito bem.
— Aconteceu alguma coisa? – perguntou Cléo, preocupada.
— Sim... Minha mãe não se encontra nada bem. É meu dever, apesar de eu saber somente agora o quanto ela nos manipulou, fazendo sempre o queria para seu próprio benefício e bem-estar. Sempre foi intransigente comigo e com minha irmã, mas é meu dever auxiliá-la.
— Tem toda a razão, Leandro. Vou com você – respondeu Cléo, solícita.
— Cléo, não me leve a mal, mas preciso enfrentar isso sozinho. Pode ser até que sua presença a deixe mais agressiva.
— Nossa, mas ela está agressiva?
— Sim, dona Leonor. Pelo menos foi o que meu pai me relatou. A melhor coisa é eu cuidar disso. Chegou a hora de voltar aos antigos problemas. Não adianta nada eu querer ir em frente deixando uma provação para trás.

Leonor e Cléo olharam para Leandro com admiração. Ele realmente estava amadurecendo, enfrentando os problemas de frente.

— Tudo bem, meu filho, acho que tem razão. Sua mãe precisa de seu apoio – respondeu Leonor penalizada.

Leandro abraçou o filho, tentou explicar sua ausência e foi tomar banho para ir até a casa dos pais.

Logo que chegou, Deolinda veio recebê-lo e o abraçou com alegria.

— Nossa, quanto tempo!

— Pois é, Deolinda, às vezes precisamos tomar uns puxões de orelha para aprender.

— Entre, entre! Vou chamar seus pais.

Leandro entrou na casa observando tudo. Já não parecia pertencer a ele. Depois de alguns breves instantes olhando para as coisas ao seu redor, sentou-se no sofá. Tudo naquela casa, que um dia chamou de lar, lhe parecia estranho.

Eduardo veio recebê-lo com alegria. Abraçou-o com a sensação de grande perda. Em seguida, sua mãe desceu as escadarias e, mais que depressa, correu a abraçá-lo. Ficou agarrada a ele por longos minutos. Leandro deixou que ela extravasasse suas emoções. Marisa chorava de dor e tristeza, parecia sentir que ele não era mais o seu pequeno "menininho", aquele garotinho que fazia todas as vontades dela. Leandro também se emocionou, sentia um grande amor pela mãe. Depois de longos minutos, ele afrouxou o abraço e segurou as mãos de sua genitora.

— O que anda aprontando, hein?

Marisa disfarçou e respondeu:

— Sabe o que temos para o jantar?

Leandro sorriu imaginando o que poderia ser, já que sua mãe o conhecia muito bem.

— Bife à rolê, com bastante molho, e aquela massa especial!

Leandro riu por lembrar que Leonor havia feito o mesmo prato. Não teve como não pensar em agradecer a Deus generoso pelas pessoas que o amavam. Cada uma à sua maneira.

— Nossa, estava morrendo de vontade desse prato! – respondeu o rapaz, agradecido pela bondade que o cercava, apesar das adversidades da vida.

— Então venha, a mesa já está posta!

Leandro segurou firme as mãos de sua mãe e respondeu:

— Precisamos conversar um pouco antes de nos esbaldarmos com esse jantar.

Marisa olhou para ele com receio. Conhecia o filho que amava tanto como a si mesma. Gelou, ficou sem ação, mas Leandro, muito mais amadurecido, puxou-a para juntos sentarem-se no sofá. Marisa não o impediu, mesmo com muito medo do que enxergava através daqueles grandes olhos azuis.

— O que foi agora, meu filho? Faz anos que não aparece, e quando aparece quer conversar, temos a noite toda para isso...

— Eu sei, mãe, teremos a noite toda, e quem sabe a vida toda. Mas no momento precisamos ter essa conversa.

Marisa gelou, achando que o filho já sabia de tudo o que havia aprontado com Sabrina. Eduardo, sim, já sabia de tudo, mas esperou seu tempo, apenas ficou em um canto, sentado de frente para eles, observando aonde seu filho queria chegar.

— Mãe, a senhora tem ido ao médico?

— Ao médico? Que bobagem, não preciso disso!

— Não é nenhuma bobagem. Como toma remédios que não foram prescritos pelo médico?

Marisa logo se irritou e levantou histérica, sem notar que perdia o controle de si mesma a qualquer contrariedade.

— Sabia... Quem lhe contou, seu pai?

Leandro notou que seu pai não estava exagerando. Com toda a paciência do mundo, levantou e abraçou-a com força. Marisa começou a chorar compulsivamente. Leandro apenas esperou, sentiu que sua mãe não estava nada bem, mas ele tinha de ser verdadeiro. Marisa, agarrada ao filho, gritava desesperadamente:

— Eu te amo... Eu te amo... Eu te amo... Por que uma mãe não pode amar um filho?

Leandro, ainda preso à mãe que o apertava fortemente, respondeu:

— É um dever as mães amarem seus filhos, cuidarem de sua educação, darem bons exemplos, mas as mães não têm o direito de sufocá-los.

Marisa afrouxou o abraço para olhar nos olhos do filho, que eram límpidos e penetrantes.

— Por que não me ama mais? Por que se afastou de mim?

— Para eu poder me encontrar. Cheguei à beira do abismo para entender muitas coisas. Mãe, eu precisava de um tempo. Peço-lhe todas as desculpas do mundo por tentar me suicidar achando que encontraria a paz. Mas isso seria impossível, pois a paz está dentro de cada um de nós. Nós todos temos a obrigação de encontrar o equilíbrio e, com isso, acertar nossos erros. Por muitas vezes pensei em tirar minha vida, e até hoje tenho que vigiar meus pensamentos, tenho que ser forte vinte e quatro horas por dia para tentar entender por que Deus fez seus planos e levou Sabrina de mim. Muitas vezes, mãe, tiro forças da minha alma para não pensar em deixar esse plano. Penso em Júnior, que depende de mim diretamente, ainda é uma criança indefesa. Cabe a mim educá-lo e procurar ensiná-lo o caminho do bem, da verdade, para que um dia ele siga seu caminho na senda do bem, para o bem. Deus confiou a mim servir como instrumento para que ele nascesse, mas um dia Júnior vai fazer suas opções de vida, e não vou impedi-lo de satisfazer suas vontades, desde que seja para sua evolução. Como acha que me sinto sem a mãe dele ao nosso lado? Mas terei que conviver com isso todos os dias da minha vida, todos nós precisamos achar uma porta, uma oportunidade de mostrar para que viemos. Mãe, não é dessa maneira, se entupindo de remédios, que a senhora vai achar a solução, só vai piorar e cultivar mais mágoas e más influências.

— Mas você toma remédios... Que mal há em tomar remédios e apagar por algumas horas?

— Tem razão, tomo remédios, mas não faço isso para me esconder dos problemas. Eu fiz pior, tomei todos eles de uma vez só para sair de cena. E o que eu ganhei? Nada... Só o sofrimento de todos à minha volta e o meu próprio. Tomo meus remédios, mas com controle, prescritos pelo meu médico. Passei por muita depressão até chegar a um ato incrédulo. E não é isso que Deus quer de nós; Ele nos ama e quer o nosso melhor.

— Então por que Ele me tirou você, se quer nosso melhor?

— Ele não me tirou da senhora. Tanto eu como a senhora temos nossa parcela de culpa. Eu fui o mais errado, pois sempre deixei que fizesse tudo por mim, achando, em minha ignorância, que a estava fazendo feliz.

— Mas estava, meu filho, eu juro que estava!

— Não, mãe, não estava. Temos nossas escolhas, somos livres para ir e vir. Eu, fazendo todas as suas vontades, a deixei vulnerável e sem expectativas.

A senhora vivia em minha função, e eu alimentava isso cada dia mais. A senhora já fez suas escolhas, e poderá mudá-las se não estiver feliz com elas. Nada pode ser feito com contrariedade. Isso nos torna amargos, omissos, sem opinião, suscetíveis a muitas enfermidades, e o pior, acabamos atraindo espíritos ignorantes, sem luz. Por exemplo, a senhora e o papai se casaram de livre e espontânea vontade, ninguém os obrigou. E a vida é assim em todos os sentidos. Eu, por exemplo, sempre soube que a senhora não aprovava meu amor e meu namoro com Sabrina, mas fiz minha escolha.

Marisa ficou derrotada com toda aquela conversa. Sem sombra de dúvida, seu filho mudara visivelmente. Amargurada, ela respondeu:

— E entre mim e Sabrina você preferiu ela, não é isso?

— Não, mãe... Amo a senhora como minha mãe, e devo todo o respeito e agradecimento por tudo o que me ensinou e me ofereceu. Com Sabrina é outro tipo de sentimento, ela é o amor da minha vida. Coisa de pele, de cheiro, de prazer. Eu tinha prazer em sua companhia. Há vários tipos de amor. A senhora sempre será muito importante para mim. A senhora, dona Marisa, é minha mãe e ninguém em tempo algum tirará o que sinto por ti.

Eduardo ficou de boca aberta ao ouvir todas aquelas palavras sábias. Sabia que o filho havia amadurecido, mas não a esse ponto. Seu coração estava em plena felicidade. Marisa chorava copiosamente cada vez que o filho pronunciava o nome de Sabrina. Considerava-a uma rival. Por que depois de morta ainda estava ali tão presente? Contudo, sentiu alívio pelo fato de o filho não saber o que foi capaz de fazer para afastá-lo de sua amada.

— O que está achando de Leandro? – perguntou Alexandre em um canto daquela imensa sala.

Sabrina, com lágrimas nos olhos, sentia-se muito feliz.

— Nem sei o que dizer... Leandro deu uma aula até para mim! Como o amo, meu Deus... Sei que não devo contestar tudo o que venho aprendendo, muito menos os desígnios de Deus, mas por muitas vezes penso em por que ele nos afastou se nos amamos tanto!

— Para tudo há uma explicação, dona Sabrina. Nosso foco nesse caso é o "ato do suicídio". Com o tempo, muito assuntos serão esclarecidos. O véu obscuro vai se dissipando aos poucos. Leandro realmente tem aproveitado seus ensinamentos, mas não podemos nos esquecer de que a vida prematura está em sua essência.

— Quer dizer que ele ainda não se livrou dessa ideia?

— Digamos que está a caminho, mas lembre-se de que ele ainda não sabe que a mãe, a quem acaba de dizer que tanto ama, teve sua parcela de culpa nos acontecimentos.

— Mas ele não precisa saber. Apenas deve casar-se com Cléo e continuar seu caminho.

— Ação e reação, minha cara amiga. Nada fica impune.

— Mas para que ele precisa saber disso? Ela já sofreu tanto, não vê quanto ama o filho?

— Isso não é amor, é posse.

Sabrina olhou para Alexandre confusa.

— É isso mesmo. Amor é o que vocês sentem um pelo outro. Por amor você está abrindo mão de Leandro, está o dando de bandeja para Cléo, mesmo sabendo que existe a lei dos prazeres carnais...

— Eu desejo, de toda minha existência, sua felicidade. E Cléo o ama, foi minha melhor amiga. A ela confio Leandro e Júnior, sei que os fará felizes na medida do possível. Sabemos que não há nada perfeito, mesmo se estivéssemos juntos. Não é você mesmo que diz que encarnamos para o progresso da evolução humana?

— Sim... Você está me surpreendendo. Acho até que tem razão em se penalizar por Marisa. Veja bem... Olhe ali no canto da sala, onde a luz não alcança.

— Sim... O que há? – perguntou Sabrina curiosa.

— Olhe bem...

Sabrina firmou seu olhar e pôde ver alguns espíritos grotescos a ruminar palavras estranhas e sem nexo.

— Meu Deus, quem são eles? E o que querem?

— É o que Marisa vem atraindo com suas atitudes. Sabrina, ela aprendeu muito, mas há muitos ensinamentos para absorver ainda. Esses espíritos são sem luz, ignorantes e viciosos. Eles tendem a influenciar os encarnados. Instalaram-se aqui, fazendo desse lar seu ambiente.

— Mas por quê?

— Porque Marisa ainda não consegue enxergar suas atitudes de posse, de arrogância, de prepotência. E agora, para piorar, toma remédios que a deixam sem reflexo, lenta em seus raciocínios. Se não intervirmos, ela poderá até enlouquecer.

Sabrina era boa de coração e não pôde conter as lágrimas que desciam de seu rosto angelical.

— Então faça alguma coisa!

— Não é bem assim que funcionam as coisas. Marisa primeiro precisa ter entendimento, assumir seus erros de coração, para depois, sim, nós entrarmos nessa briga.

— E como poderemos ajudá-la?

— Por intermédio de Leandro e Júnior.

— Júnior? Ele ainda é uma criança. Em que poderá ajudar?

— Marisa precisa ter contato com o neto. Mas, para isso, precisamos preparar e protegê-lo de maneira vibratória, para que a avó não faça o mesmo que fez ao filho. Leandro deve, sim, trazer o filho para cá, junto dos avós. Mas antes temos que prepará-los.

— Como assim?

— Leandro já está começando a entender a vida pelo diário que você deixou escrito, ele está se baseando nos fundamentos que você inconscientemente escreveu, e no auxílio de Evangelina. Você, minha cara Sabrina, já tinha em sua essência espiritual o certo e o errado, a bondade e a verdade sobre como proceder para galgar a escada evolutiva do espírito. Você reencarnou com esse raciocínio de todo o aprendizado que lhe foi confiado. E foi de suma importância para todos nós, pois é o que está alimentando a alma encarnada de Leandro. Ele pensa pouco em ir encontrá-las, só que agora sabe quais seriam suas desavenças com o Criador e o plano espiritual. E, com o auxílio de Evangelina, vamos prepará-lo para não ceder jamais aos caprichos de sua mãe. A companhia de Leandro e Júnior trará aos pais dele a oportunidade de se entenderem, e quem sabe salvar Marisa da loucura.

Sabrina olhou para Alexandre pasma.

— Quer dizer que Marisa poderá enlouquecer?

— Sim... Pois isso que sente pelo filho ultrapassa o amor de uma genitora. A bem da verdade, Marisa é sua rival.

— Mas nunca fiz nada a ela!

— Falo de outras vidas.

Antes mesmo de Sabrina questionar, Alexandre se adiantou:

— Sabrina, no tempo certo você saberá. Agora temos que nos focar neste momento, no que está acontecendo aqui.

— Mas estou curiosa! Você... — Alexandre cortou-a de pronto.

— Paciência, minha cara Sabrina. Vamos resolver o que temos agora.

— O que faremos com esses espíritos maléficos aqui nesta casa?

— Maléficos não, dona Sabrina, ignorantes...

— Você sempre dá um jeito de chamar minha atenção!

— Não seja ingrata, estou aqui para lhe ensinar o correto. Nós também, em algum lugar do passado, fomos ignorantes, e eu sou prova disso.

Alexandre se aproximou dos visitantes e disse firmemente.

— Vim para ajudá-los.

Um deles, completamente desfigurado, respondeu com a voz rouca e péssima dicção:

— Não precisamos... De... Sua ajuda... Sabemos... Muito bem... Entrar e sair daqui.

— Mas garanto que tenho um bom lugar para que possam se sentir melhor. Inclusive deixarão esse mal-estar, essa sede, essas dores no esquecimento.

Os espíritos que estavam ali muito enraivecidos saíram em disparada, resmungando alto. Alexandre retornou ao lado de Sabrina, que esperava com expectativa alguma resolução.

— E aí, por que saíram correndo?

— Livre-arbítrio, minha cara...

Sabrina deixou os ombros caírem, desanimada.

— Não precisa ficar assim. Aos poucos é que conseguimos vencer as batalhas.

Alexandre e Sabrina voltaram a focar a família.

— Bem, meu filho... Podemos continuar depois essa conversa? Sei que estão sequiosos para saber muitas coisas um do outro, mas a comida sobre a mesa nos espera – interveio Eduardo, já sabendo que a ingenuidade do filho ainda persistia.

Na verdade, Eduardo temia contar como tudo se deu, mas também sabia que esse dia chegaria. Marisa se acalmou e foram todos para a mesa muito bem-posta. Marisa, embora não desgrudasse do filho amado, conseguiu comer um pouco, ao contrário de Leandro, que aproveitou seu prato preferido.

Capítulo quarenta e um
A liberdade de Leila

Na manhã seguinte, Eduardo voltou a procurar Maurício, já que havia recebido de sua secretária um recado de que o advogado telefonara. Mais do que depressa se aprontou e foi ao encontro dele. Maurício marcou em uma casa de café para evitar um clima muito formal. Eduardo, assim que chegou o localizou e foi até a mesa onde ele estava.

— Como está, Maurício? - perguntou Eduardo, já esticando a mão para cumprimentá-lo. Maurício educadamente correspondeu.

— Muito bem, e o senhor?

— Estou indo. Mas, dependendo das notícias que me der, poderei pelo menos me sentir melhor.

— Então, serei responsável pelo seu bem-estar.

Eduardo ficou com os olhos brilhantes e confusos ao mesmo tempo.

— Quer dizer que...

— Isso mesmo, senhor Eduardo, levantei tudo sobre o processo de Leila e do rapaz e consegui a soltura.

— Não acredito!

— Pois pode acreditar....

— Como conseguiu?

— Leila e o rapaz eram réus primários, nada constava de irregular em suas fichas. O rapaz sempre foi trabalhador e até estudava. Disse que aceitou participar da armação porque estava precisando do dinheiro para pagar algumas mensalidades da faculdade, que estavam em atraso. Leila, por sua vez, nunca fez nada, nem ao menos estudava, mas não era má pessoa. E como já estão há quase três anos em cárcere, consegui libertá-los.

Eduardo esqueceu-se de todo o passado e abraçou Maurício chorando. Maurício, por sua vez, ficou sem saber como agir. Passados alguns segundos, Eduardo se recompôs e disse, muito feliz:

— Muito obrigado... Muito obrigado... Quanto devo por seus honorários?

— Bem, senhor Eduardo, se pensa que não vou cobrar se enganou, trabalho para isso.

— Mas nem passou pela minha cabeça tal disparate. Trabalhou, tem que receber!

Maurício disse o valor e na hora Eduardo o pagou.

— Quando serão soltos?

— Já foram, senhor Eduardo. Neste exato momento Leila deve estar chegando em casa.

— Que boa notícia!

— Bem, senhor Eduardo, preciso ir. Ainda tenho que passar no fórum.

— Fique à vontade.

Maurício se levantou e estendeu a mão para Eduardo, mas o inesperado aconteceu. Eduardo humildemente se levantou, abraçou com força o rapaz e lhe disse em seu ouvido:

— Cuide bem de minha filha. Sei que vocês se amam. Pode contar comigo para o que der e vier. Você e Patrícia têm a minha bênção.

Maurício ficou emocionado. Seus olhos se encheram de lágrimas, mas ele resistiu e, disfarçando a emoção, foi embora com a alma em plena felicidade.

Apesar de os pais dos jovens que Maurício com empenho conseguiu liberar tivessem ficado aliviados, devo lembrá-los: não é porque o tal rapaz estava com a mensalidade atrasada que ele deveria aceitar se envolver em um plano para prejudicar o próximo, principalmente em relação a bens materiais. Já disse uma vez que o dinheiro compra muitas coisas necessárias, mas não compra tudo. Pense em suas atitudes em relação ao poder do dinheiro. Ele pode fazê-lo feliz ou infeliz. Por isso, nada fica impune. O jovem, mesmo sendo um trabalhador que com sacrifícios pleiteava uma colocação estável no mercado de trabalho, não deveria se vender a troco de sofrimento alheio, podando sua liberdade e retardando suas metas.

Leila abriu o portão de sua casa, sem acreditar que estava livre, e foi entrando a passos largos. Quando adentrou a porta principal que dava para a sala, gritou pela mãe, que veio sem acreditar que era mesmo a voz de sua filha a chamando.

— Mãe! Mãe! Mãe!

Quando Leonor parou entre a sala e a cozinha, chorou de felicidade. Leila correu para abraçar a mãe. Mãe e filha ficaram agarradas por longos instantes. A emoção foi grande.

— O que houve? – questionou Leonor, sem entender nada.

— Sente-se, minha mãe, vou lhe explicar tudo – disse Leila, passando as mãos no rosto para tentar impedir que as lágrimas descessem.

— O senhor Eduardo outro dia me procurou no presídio. Achei estranho, mas...

Leila contou em detalhes tudo o que havia acontecido para sua mãe, que, muito emocionada, tremia. Leonor se ajoelhou e, com as duas mãos postas juntas, agradeceu a Deus pela bênção daquele dia. Leila, sem pensar duas vezes, se ajoelhou ao lado da mãe e a acompanhou em suas orações. Depois de três anos reclusa, Leila teve tempo suficiente para refletir sobre sua vida vazia e sem perspectivas. Ela se transformara, assim como bilhões de encarnados que aprendem com a dor. É muito mais adequado e plausível aprender pelo amor em Deus, mas isso é raro, contudo, não deixamos de tirar grandes ensinamentos sobre nós mesmos. Por que estamos aqui neste planeta? Para que viemos? E o que queremos para nós, quais os nossos objetivos? Essas são reflexões para uma grande e saudável reforma íntima.

Quando Carlos chegou, abraçou a filha muito feliz. Leila estava mudada, e o pai notou. Sentiu em sua alma um leve prazer no ar, parecia que sua outra filha estava ali para festejar mais uma grande vitória daqueles que continuavam a lutar a cada dia para conquistar uma pequena evolução. De seus olhos desceram algumas lágrimas de felicidade.

— Mamãe... Mamãe... – disse Júnior.

Todos olharam para ele assustados. Leonor pegou o neto no colo e perguntou:

— O que está falando, Júnior?

— Mamãe... Mamãe... Continuou Júnior, apontando para determinado ponto da sala. Leila pegou seu sobrinho dos braços da mãe e, chorando copiosamente, abraçou-o com ternura. Com a voz sumida, constatou o que seu sobrinho dizia:

— É a mamãe? É a mamãe, sim... Meu querido... Tia Leila pode sentir a presença dela.

Num repente, o perfume de Sabrina se espalhou por todo o cômodo. Todos daquela humilde casa choraram pela benéfica visita. Sabrina, também muito emocionada, abraçou irmã e filho ao mesmo tempo.

— Que nosso mestre Jesus possa abençoar todos vocês. Que a bondade do senhor Eduardo e o trabalho benéfico do Maurício possam ser recompensados para o fortalecimento deles e de cada um de vocês... Amo-te, meu filho, amo-te, minha irmã. Força, tudo já passou, que você continue reconhecendo a bondade das pessoas e de nosso Criador.

Leila se deixou cair sobre o simples e velho sofá e disse, mais que emocionada:

— Ela está aqui... Meu Deus, ela está aqui!

O silêncio se fez por longos minutos. Todos, emocionados, agradeciam pela bondade de Deus. Leandro entrou e quando viu Leila abriu um lindo sorriso.

— Leila!

Leila, ainda chorando muito, com Júnior no colo, correu para abraçar Leandro.

— É Sabrina... É Sabrina... Júnior a viu e eu a senti... Ela está aqui!

Leandro, com Leila e seu filho nos braços, respondeu tranquilo:

— Júnior sempre a vê...

Leonor e Carlos olharam para Leandro esperando por uma resposta. Ainda abraçado a Leila e seu filho, ele continuou:

— Várias vezes Júnior aponta e diz que é a mãe. Eu sou prova disso. Não posso vê-la, mas posso senti-la. E digo com toda a certeza que ela está aqui agora.

— Vamos, Sabrina...

Sabrina nada respondeu, apenas acompanhou, muito emocionada, seu instrutor.

— Ela se foi...

— Como sabe? – perguntou Carlos.

— Eu sinto quando ela chega e quando parte. E Júnior a vê. Dona Evangelina disse que esses fenômenos acontecem às crianças até os sete anos. Se passar dessa idade, é porque terão o dom de visualizar espíritos em geral.

Todos ainda conversaram sobre tudo o que havia ocorrido naquela noite abençoada. Aos poucos a palestra fez com que cada um daquela família voltasse a seu estado normal.

— Agora me conte, como se deu essa inesperada volta? – perguntou Leandro a Leila.

A moça, por sua vez, tentou não se aprofundar no assunto.

— Maurício, seu futuro cunhado, conseguiu minha liberdade.

— Mas assim, sem mais nem menos?

Leila tentou disfarçar.

— Como, sem mais nem menos? Ô, meu... fiquei presa por quase três anos, acha pouco? Sei que não fui nenhum anjo de candura, mas...

Leandro a cortou:

— Calma... Calma... Não foi isso que eu quis dizer. Estou feliz por estar de volta. Só queria saber como se deu todo esse processo! Se fui inconveniente, me perdoe, não foi minha intenção...

— Minha filha, claro que não foi essa a intenção de Leandro – interveio Carlos.

Leandro levantou de onde estava com o filho, sentou-se perto de Leila e a abraçou. Leila, como não perdia a pose, não deixou passar a oportunidade de brincar com Leandro, aliviando aquela conversa toda:

— Ei... É melhor não me abraçar muitas vezes, afinal, fiz o que fiz porque competia com minha irmã por você.

— Pelo amor de Deus, minha filha, não está falando sério, né? – Leonor ficou atônita.

Leila e Leandro soltaram uma risada alta, olhando para os dois, Carlos e Leonor, na maior cara de pau.

— Do que estão rindo?

— Fica fria, mãe, estou brincando...

Leila, segurando a mão de Leandro, disse seriamente:

— Leandro foi me visitar algumas vezes.

— Mas ele nunca disse nada para nós! – ficou admirada Leonor.

— Mãe, quem quer faz, não precisa anunciar! Leandro sentiu que tínhamos que conversar sobre tudo o que houve. Graças a ele aliviei meu coração.

— Foi isso mesmo, dona Leonor, depois que voltei a trabalhar, refleti, e fui algumas vezes ver Leila. Conversamos muito e entramos em um entendimento, somos apenas cunhados.

— Ah... Ainda bem, pensei que essa maluca fosse cair no mesmo erro.

— Bem... Pensando bem, posso entrar na fila agora, né? Afinal, é viúvo!

— Ah, Leila, vou terminar o jantar. Você não tem jeito mesmo. Que brincadeira mais sem graça!

Até Carlos que era o mais sério e duro com a filha deu risada de sua esposa.

Naquela noite abençoada pela volta de Leila, todos se encontravam na mais pura harmonia. Parecia que aos poucos o ciclo de vida de cada um voltava ao normal. Leonor arrumou o quartinho dos fundos com muito capricho para a filha que se encontrava liberta, já que o antigo quarto que era de Sabrina e Leila ficou para Leandro e Júnior.

Capítulo quarenta e dois
A hora da verdade

Marisa, depois da visita do filho, piorava a cada dia, até que em uma noite, inesperadamente, Leandro apareceu com Júnior na casa dos pais. Foi muito bem recebido por seu pai e pelos empregados Deolinda e Romualdo. Eles se encantaram com a criança que já se comunicava muito bem.

— Entre, meu filho... Que alegria sinto por ter vindo e ter trazido Júnior!

— Seu neto, pai.

Eduardo, emocionado, se aproximou do garotinho e o abraçou carinhosamente.

— Esse senhor, meu filho, é o seu avô.

Júnior olhou de soslaio para o pai sem compreender muito o que queria dizer.

— Mas meu avô é Carlos, e vó Leonor!

— Mas esse senhor também é seu avô. Hoje papai vai tentar explicar tudo.

Eduardo, com o garotinho no colo, interveio feliz:

— Vamos nos sentar.

Leandro sentou-se ao lado do pai, que permanecia com o neto em seus braços. O jovem, por sua vez, explicou tudo ao filho, e o porquê da ausência de tantos anos. Júnior, em sua infinita sabedoria, não demorou a entender. Parecia conhecer toda aquela história. Sem reservas, perguntou:

— E onde está minha outra avó?

— Está deitada, mas o vovô vai avisá-la de que você está aqui.

Eduardo se voltou para Deolinda e pediu gentilmente:

— Coloca mais água no feijão. Vão ficar para nos acompanhar no jantar, não é, meu filho?

— Claro que sim, pai... Vá chamar a mamãe, estou certo de que ela ficará feliz!

Eduardo parou no meio do caminho e respondeu:

— Não sei não, meu filho... Sua mãe não anda bem de saúde.

— Como assim?

— Desde a última vez em que esteve aqui ela piorou muito.

— Mas por quê? Já sei, não foi ao médico...

— Sim, foi, eu a levei. Não podia vê-la se entupindo de remédios sem prescrição.

— E aí, não houve êxito?

— Mais ou menos. Os remédios agora estão certos, próprios para seus males.

— Então, não entendo.

Eduardo voltou, sentou-se ao lado do filho e disse, pesaroso:

— Os remédios estão corretos, e ela tem tomado religiosamente, no horário certo. Mas há acontecimentos para os quais não há remédio que faça sanar os males.

— Espere, pai, antes de ir chamá-la, me conte o que está havendo.

Eduardo passou a mão pelos cabelos.

— Eu sinto que precisamos conversar, temos essa necessidade, mas não aqui e agora. Podemos deixar para quando estivermos sozinhos. Sei que agora não é o momento.

Leandro olhou para o pai preocupado.

— Tudo bem. Quem sabe amanhã?

— Isso... Amanhã conversaremos sobre a saúde dela, você precisa saber de tudo.

— Como assim, pai? O que está me escondendo?

— Amanhã, meu filho... Amanhã...

Leandro respeitou o pai. Assim que Marisa desceu, Leandro tomou um susto. Sua mãe já não lembrava aquela mulher altiva, exuberante e perfeitamente elegante. Leandro se assustou, mas não disse nada, apenas se aproximou e a abraçou forte. Depois dos cumprimentos ao filho amado, correu para o neto.

— Meu neto, quanto tempo!

Marisa o abraçou forte, como quem temia perder ao longo do caminho a oportunidade de mudar seu curso de vida. O garoto, nos braços da avó, que o apertava, sentiu um mal-estar, mas não sabia como explicar, por sua falta de entendimento. Eduardo, observando o temor do neto, interveio.

— Calma, Marisa, você terá tempo suficiente para conviver com seu neto!

Júnior, por sua vez, a repeliu e procurou o olhar do pai no mesmo instante.

— O que foi, meu filho? Essa é sua outra avó. Já conversamos sobre isso.

Júnior correu para o pai, temeroso.

— Ei... Calma, é sua avó, ela não fará mal para você!

Júnior se escondeu atrás do pai.

— Não disse que seria difícil a convivência? Ele nos estranha! – respondeu Marisa, um pouco alterada.

Leandro tentou contemporizar:

— Calma, mãe, é assim mesmo. Júnior não se lembra da senhora, afinal de contas, ainda era um bebê quando esteve com ele. E foi por poucos momentos.

Marisa sentou-se agitada, esfregando as mãos sem controle. Leandro entregou o filho ao pai e se aproximou da mãe.

— Calma, minha mãe, logo Júnior se acostumará.

— Vocês são culpados disso, nunca me deixaram vê-lo!

— Eu sei, mãe, e me culpo por isso. Mas Júnior ainda é uma criança, aos poucos sei que serão grandes amigos.

Marisa, diante do filho amado, sempre se acalmava. Leandro parecia o remédio de sua vida. Apertou-o em seus braços e assim ficou por longos instantes. O filho, por sua vez, agasalhou-a como fazemos com uma criança assustada.

Deolinda arrumou a mesa com capricho, como era de costume, e serviu o jantar. Júnior não comeu muito. Seu olhar para a avó já a estava incomodando, parecia que via algo estranho ao seu redor.

— Você nunca gostou da minha mãe! – Júnior soltou de supetão, irritado.

— O que é isso, meu filho? – repreendeu Leandro.

— É verdade, ela nunca gostou da mamãe!

— Como pode dizer uma coisa dessas, meu neto? Você mesmo nem a conheceu!

— Claro que sim... Ela vem me visitar sempre que pode.

Marisa, assustada, olhou para Leandro com olhar reprovador.

— Quem anda colocando essas asneiras na cabeça dessa criança? Sua mãe morreu, garoto... Sua mãe está morta! – retrucou Marisa, agitadíssima.

— Marisa! Como pode dizer isso para uma criança? – respondeu Eduardo, apreensivo.

— Por que você não gosta da minha mãe? – questionou Júnior calmamente, o que irritou Marisa ainda mais.

— Este menino está mal-educado! Sabia que ser criado por aquela gente ia dar nisso. O lugar dele é aqui. Aqui, sim, ele será educado como se deve!

Marisa gritou muito, levantou da mesa e se aproximou do garotinho, que permanecia tranquilo.

— Escuta aqui, garoto, você não sabe nada da vida ainda. Não gosto mesmo da sua mãe, nem depois de morta. Aliás, ela é mais presente agora, depois de morta, do que quando vivia!

— Mãe! O que está fazendo? Ele é apenas uma criança!

— Não, meu filho, ele é filho do demônio. Sabrina foi apenas a genitora!

Marisa saiu correndo para o quarto e se jogou na cama antes de ingerir vários comprimidos. Leandro e Eduardo ficaram atônitos com o comportamento agressivo de Marisa. Júnior continuou tranquilo, simplesmente se calou.

— Vou falar com ela...

— Não, meu filho, melhor não.

— Mas não viu como ela está se comportando?

Leandro fez menção de se levantar, mas o pai o segurou pelo braço.

— Sente-se e continue sua refeição.

Leandro voltou a se sentar, completamente descompensado.

— O que está havendo com minha mãe? O senhor não disse que ela está sendo amparada pelos médicos?

— Sim... Está... Os remédios ajudam, mas o mal dela não é só físico.

— Como assim?

— Sua mãe está precisando muito de todos nós.

— Mas o senhor viu como falou com Júnior? Ele é apenas uma criança!

— Muito esperta, diga-se de passagem.

Eduardo esperou que o neto terminasse sua refeição e chamou Deolinda para levá-lo para conhecer a casa.

— Por favor, Deolinda, leve Júnior, mostre a casa, as dependências da piscina e todo o resto, menos o quarto da avó.

— Sim, senhor... – obedeceu Deolinda de pronto.

Eduardo, assim que o neto saiu, disse para o filho, penalizado:

— Acho que podemos antecipar nossa conversa, já que se faz necessário.

Leandro não respondeu nada, apenas esperou seu pai se manifestar.

— Há muito sua mãe anda com um comportamento completamente abusivo e sem nexo.

— Do que o senhor está falando?

— Marisa há muito tempo está estranha. Fala sozinha, não diz coisa com coisa, e vive dizendo que há pessoas a persegui-la.

— Mas e os remédios? Não estão surtindo efeito?

— Sim, meu filho. Mas o problema de sua mãe, como disse uma vez, se chama Leandro. Essa obsessão dela por você está a cada dia se agravando. Encontrei-me com Vitória por acaso e tivemos uma longa conversa. Ela disse que sua mãe está doente da alma, que precisamos levá-la para um tratamento espiritual, que é a única coisa a fazer antes que seja tarde.

— Meu Deus! Preciso ajudar minha mãe!

— Vitória comentou comigo que dona Evangelina seria uma das opções.

Leandro parou por alguns instantes e refletiu.

— Acho que o senhor tem toda a razão. Dona Evangelina tem me orientado muito.

— Precisamos agir rápido, meu filho.

— Por que está dizendo isso?

— Porque sinto que sua mãe aos poucos está enlouquecendo.

— Por favor, pai, não diga uma coisa dessas!

— É a realidade, meu filho. Há mais de meses que somos estranhos nesta casa. Ela ainda não aceita Sabrina.

— Mas Sabrina está em outra dimensão. Tenho absoluta certeza de que ela não faria mal algum a mamãe!

— Eu sei, meu filho. Mas com o pouco que Vitória me passou, pude aprender que nunca estamos sós. Que vibramos o que somos, e sua mãe alimenta ainda um ódio mortal por uma pessoa que nem se encontra mais aqui.

— Do que está falando, pai?

— Que assim como podemos atrair espíritos de luz como Sabrina, podemos atrair para nós espíritos zombeteiros e ignorantes.

Leandro se lembrou de Evangelina.

— O senhor acha que mamãe está sendo assediada por espíritos ruins?

— Não sei o que responder, não entendo do assunto a fundo para dar uma resposta precisa, mas que há algo de muito ruim acontecendo, isso há. No começo achei que era só comigo, assim que chegava em casa ela ficava irritada, me dizia coisas horríveis, até mesmo palavras obscenas. Optei por me mudar para o quarto de hóspedes já há algum tempo, e só assim ela se acalmou um pouco.

— Então o senhor e a mamãe não vivem mais como marido e mulher?

— Há muito tempo que não. Para falar a verdade, retardo o máximo que posso a volta para casa.

— Que horror... Não pensei que as coisas tivessem chegado a esse ponto.

— Não quer saber os porquês de tudo isso?

Leandro olhou para o pai abismado.

— Por quê? Há mais para eu saber?

— Sim... Mas preciso que entenda sua mãe. Ela não se deu conta de que você é apenas o filho dela, e não uma propriedade.

— Como assim? Não entendo.

— O amor que sua mãe sente por você não é um sentimento normal. Há muitas coisas por trás desses acontecimentos todos.

— Então me conte, pai, preciso saber!

— Só peço uma única coisa a você, meu filho.

— Por favor, pai, fale logo!

— Promete que vai se controlar?

— O senhor está me deixando apreensivo.

— Tudo bem... Vou contar tudo.

— Quem está por trás de tudo o que houve com Sabrina é sua mãe.

— O quê? O que quer dizer?

— Sabrina já tinha um problema congênito de coração.

— Isso eu já sei, dona Evangelina disse que ela cumpriu o seu tempo e que, de uma forma ou de outra, ela desencarnaria. E daí? O que minha mãe tem a ver com isso?

— Sua mãe, com auxílio de Leila e do rapaz que trabalhava na loja, forjou, planejou tudo para que Sabrina fosse presa.

Leandro levantou, completamente contrariado.

— Isso não é possível, minha mãe não teria essa coragem!

Eduardo silenciou, o que deu a Leandro a certeza de que sua mãe seria capaz, sim, de um ato tão mesquinho e sórdido.

— Por favor, pai, diga que isso é mentira, que estão tentando dar um sentido para a partida do meu grande amor!

— Gostaria muito, meu filho, mas não posso mais omitir isso de você.

Leandro chorou copiosamente, sem conseguir acreditar naquelas palavras, já que sua mãe o amava muito.

— Não é possível, minha mãe me ama!

— Aí que está. Que amor é esse? A que ponto o ser humano pode chegar para dizer que é por amor?

Eduardo deixou que o filho extravasasse seus sentimentos sobre toda a mentira que viveu até aquele momento.

— Sinto muito, meu filho, mas esse é o fato. Sei que é doloroso e impiedoso. Por isso procurei Maurício como advogado para entrar com o pedido de soltura de Leila e do rapaz, retirando a queixa.

— Agora tudo faz sentido. Leila solta. Que ódio! Que ódio!

Eduardo agasalhou o filho em seus braços e carinhosamente concluiu:

— Leandro, meu filho, você é uma pessoa do bem, há entendimento em sua alma. Não deixe que esse ódio intervenha em seus sentimentos puros e verdadeiros por Sabrina, embora ela não esteja mais aqui conosco. E depois, é sua mãe, e ela precisa de você muito mais neste momento.

Leandro enxugou as lágrimas que desciam descontroladamente com as costas das mãos e respondeu:

— Não vou conseguir... Não vou... O que minha mãe fez foi muito cruel!

— Claro que vai, meu filho...

Leandro, atordoado, andava pela imensa sala a fim de extravasar a raiva que sua alma sentia.

— Por favor, meu filho, pense racionalmente, Sabrina já ia nos deixar mesmo.

Leandro olhou fixamente nos olhos do pai:

— Eu que peço por favor, pai. isso não justifica essa atitude da minha mãe. Ela fez por maldade, ela tramou tudo para que eu pudesse me afastar de Sabrina. E eu, como um fraco que sempre fui, acreditei nela. Como conviver com essa imaturidade minha, me diz? O senhor é que tem de ser racional. Isso não é normal para uma mãe!

Eduardo se levantou e abraçou o filho na tentativa de acalmá-lo. Alexandre se aproximou de ambos e, impostando suas mãos, deu passes fluídicos para que Leandro acatasse os ensinamentos de Evangelina. Após alguns instantes, Alexandre conseguiu seu intento.

— Tudo bem, pai... Vou tentar, preciso pensar, preciso ficar sozinho. Peça a Deolinda para trazer Júnior.

— Mas você nem terminou seu jantar!

— Perdi o apetite. Preciso ir. Preciso estar comigo mesmo.

— Tudo bem, eu o entendo. Mas, por favor, não fique contra sua mãe.

Leandro não respondeu nada, apenas esperou que Deolinda trouxesse seu filho e foi embora.

Assim que chegou, encontrou Leila à sua espera. Todos tinham ido dormir, só ela o aguardava à meia-luz. Assim que ele entrou com Júnior dormindo nos braços, levou-o para o quarto, trocou-o, cobriu-o e fez uma prece para que repousasse tranquilo.

— Ainda acordada?

— Estava esperando por você.

— Me esperando para quê?

— Preciso conversar com você. Na verdade, tenho uma confissão.

— Me poupe de sua confissão, já sei de tudo. Você e minha mãe são completamente cruéis!

— Sabe? O que sabe?

— De tudo. Meu pai me contou o motivo de você ser presa e de sua soltura. Por que foi conivente com minha mãe?

— Porque não enxergava. Porque achava que te amava. Porque queria uma vida de rainha!

A vontade de Leandro era bater em Leila, mas ele se controlou.

— Não vai dizer nada?

Depois de longo silêncio, Leandro se pronunciou:

— O que quer que eu fale ou discuta?

— Não quero nada. Apenas que me perdoe.

Leandro estava abalado com as últimas novidades. Foi à cozinha, pegou um copo de água, deu alguns goles e voltou para a sala, onde Leila continuava esperando.

— Leila, estou feliz que esteja livre e que possa tirar dessa experiência uma lição.

— Mas não disse se me perdoa.

— Como você pôde fazer isso com sua própria irmã?

— Eu sinto muito. Se eu pudesse voltar atrás, não faria. Mas nada mais posso fazer, apenas dizer que aprendi muito. Hoje sei que um belo corpo, ser descolada, chamar a atenção, nada disso vale se não tivermos em nossa alma a verdade e a lealdade. Não sabe como peço perdão a Deus todos os dias de minha vida. Não sei se ele me perdoará, mas sei quem eu posso ser de agora em diante. Amanhã mesmo vou procurar um emprego. Assim que eu conseguir, voltarei a estudar. Quero ser uma pessoa melhor, tenho necessidade de ser útil e de começar a pôr em prática a caridade, começando aqui em casa. Quero vencer e dar uma vida melhor aos meus pais.

Leandro se sensibilizou com as palavras de Leila. Em seu coração, sentiu verdade.

— Mas como perdoar um absurdo desses?

Leandro não se conformava. Naquele instante, teve o ímpeto de sair correndo e se jogar debaixo de um carro. Leila se aproximou dele na tentativa de acamá-lo. Quando pôs as mãos no braço dele, com nojo, o jovem vociferou:

— Por favor, Leila, não encoste suas mãos imundas em mim!

Leila se deixou cair no chão e, completamente tomada pelo remorso, chorou desesperadamente.

Leandro estava com ódio. Andava de um lado para outro. Num impulso, abriu a porta e saiu correndo. Leila, no mesmo instante, deixou de ser a coitada e correu atrás dele. Se não fosse por ela, Leandro estaria agora debaixo de um caminhão que passava em alta velocidade.

— Pelo amor de Deus, não! – gritou Leila, empurrando-o para o outro lado da rua. Leila rolou no chão junto de Leandro e o salvou de mais um atentado de morte. Os dois jovens gemiam de dor. O motorista freou o caminhão com todas as suas forças, indo parar alguns metros à frente. Logo desceu, assustado.

— Você ficou louco, rapaz?

Leandro não respondeu. Os machucados pelo corpo não permitiam que ele respondesse. Leila, por sua vez, também toda machucada, olhou para o motorista do caminhão e disse:

— Por favor, moço, vá embora.

— Está louca? Para depois me acusarem de tentativa de assassinato e meterem um processo em mim?

— Prometo que nada vai acontecer a você, apenas vá embora.

Leila, chorando muito, não conseguia se levantar, muito menos ajudar Leandro a levantar, que gemia no chão. O jovem motorista, penalizado, os ajudou a levantar e os acompanhou até a humilde casa. Com o barulho dos freios, Carlos e Leonor acordaram assustados e viram Leandro e Leila sendo carregados pelo motorista e por seu ajudante.

— Meu Deus, o que houve? – gritou Leonor.

— Calma, senhora, não tive culpa nenhuma. Esse rapaz se jogou na frente do caminhão que eu dirigia.

— Mas como?

— Eu não esperava! A senhora precisa entender!

— É verdade, mãe, esse moço não teve culpa alguma. Leandro entrou na frente.

— E você? Por que está toda machucada? – Carlos reforçou a pergunta.

Leandro, já voltando ao normal, respondeu com a voz cortante:

— A culpa... Foi minha... Leila me salvou de mais uma tolice...

— É isso mesmo, mãe, Leandro se jogou por livre e espontânea vontade na frente do caminhão.

— Você ficou louco, meu amigo? – perguntou o motorista completamente abalado.

— Me desculpe...

— Só isso tem a me dizer? Sabe quanto tempo batalhei para ter esse caminhão? Você precisa de um tratamento, poderia acabar com minha vida...

— Me desculpe, não foi minha intenção prejudicá-lo... – concluiu Leandro, envergonhado.

— Moço, já entendemos tudo, pode ir, nada vai lhe acontecer. Tudo o que houve é problema nosso.

— A senhora tem certeza de que não precisam de socorro? É só o que me faltava depois de tudo ter um processo por omissão de socorro.

— Pode confiar, meu rapaz, vá tranquilo, e obrigado por ter ajudado – disse Carlos, procurando aparentar tranquilidade.

O rapaz que conduzia o caminhão se foi. Depois de Leonor e Carlos cuidarem dos leves ferimentos de Leila e Leandro, veio a pergunta de Leonor, que estava uma fera:

— O quer para você, Leandro? Tem uma carreira brilhante, um pai maravilhoso, um filho que depende de você, é perfeito, inteligente!

— Calma, mulher...

— Que calma, nada! Leila, conte tudo que houve! Agora!

Leila estava até com medo da mãe. Era a primeira vez que falava naquele tom, mas Leila não omitiu a resposta pela qual a mãe tanto ansiava. Contou tudo o que aconteceu desde que Leandro chegou. Já que esperava que algum dia a bomba explodiria, achou melhor se justificar e reparar seus erros com o cunhado. Ao término, Leonor ficou furiosa:

— Você me decepcionou, Leandro, o que pensa de Sabrina saber de tudo isso? Quem pensa que é para cometer mais uma vez um erro gravíssimo como esse? Para mim, chega, é melhor você voltar para a casa dos seus pais.

— Calma, mãe, Leandro é o menos culpado nessa história toda.

— Ainda dá razão a ele, minha filha?

— A senhora está certa, vou arrumar minhas coisas e as do Júnior e vou embora.

— As do Júnior, não! Como posso confiá-lo a um pai como você?

— Mãe! Pega leve, Leandro não vai a lugar nenhum, eu sou culpada. Se não tivesse sido leviana e feito o que fiz, com certeza nada disso estaria acontecendo. Leandro precisa de nós, a mãe dele não está em condição nenhuma de orientá-lo.

Leonor aos poucos foi se acalmando e refletindo sobre as palavras da filha. Ela não expulsou Leandro de coração, pois o amava e sabia que sua única força era sua família.

— Obrigado, Leila, pela defesa, mas sou um estorvo para todos mesmo.

— Cale essa boca, rapaz, e fique aí bem quietinho. Vou fazer um chá para todos nós nos acalmarmos – retrucou Leonor, muito brava.

— É, rapaz, acho que ganhou o coração dessa mãe aí – manifestou-se Carlos, mais tranquilo.

— Nossa, mas precisa ser tão brava assim?

— O que queria, Leandro? Você já parou para pensar no que fez? – disse Leila baixinho para que sua mãe não escutasse.

— Me perdoem...

— Até quando vai pedir perdão? Até um dia não estar mais aqui?

— Tem razão, sou um idiota mesmo.

— Leandro, você ainda vai ter muitas provações durante a vida. E a cada obstáculo que aparecer vai ser covarde a esse ponto?

Leandro se ajeitou no sofá com alguns gemidos, pois havia machucado a perna, e depois de alguns instantes de silêncio respondeu:

— O senhor tem toda a razão. Preciso virar homem de uma vez por todas, mas fiquei muito magoado Você até posso entender, Leila, pois sempre foi impetuosa e metida, mas minha mãe?

— Sei que não sou nenhum exemplo, mas se revoltar contra sua mãe agora não mudará o que houve. Nada vai trazer minha irmã de volta. Temos Júnior para criar, é nele que temos de pensar. Se é que posso dizer isso a você.

— Tudo bem... Você colocou as palavras certas, nada do que houve trará Sabrina de volta. Terei que aceitar esse fato.

— Continua apaixonado por ela, não é mesmo?

— Paixão é um sentimento que vem e logo se vai. Eu nunca vou esquecer sua irmã. Ela foi meu único amor. Nada que você ou minha mãe fizessem mudaria o que sinto. Posso até entender sua imaturidade. Agora, minha mãe...

— Soube que ela não está bem. Pense friamente e tente entendê-la também.

— Como soube que minha mãe não está bem?

— Seu pai acabou de telefonar para saber se havia chegado. Ele está muito preocupado com todas essas revelações bombásticas. Por esse motivo, te esperei.

— Ele contou a você?

— Sim... Por cima, mas contou. Pense bem, Leandro. Sei que não sou a pessoa ideal para lhe dar conselhos, mas é sua mãe, ela precisa de você, como sempre precisou.

— Tudo bem, Leila, preciso ficar só. Estou cansado. Amanhã já sei o que fazer.

— Antes tome este chá para ver se coloca seu juízo no lugar – intimou Leonor como uma mãe zelosa. Leandro não se atreveu a dizer nada, apenas tomou o chá, que caiu bem, acalmando-o.

— Posso saber o que pretende?

— Minha única saída é ouvir dona Evangelina.

— Meus pais disseram que amanhã terá uma reunião espírita. Posso ir com vocês?

— Com vocês quem?

— Não sabe? Meus pais estão frequentando essas reuniões. Sinto que preciso fazer uma ligação com essa "tal" pátria espiritual. Por favor, deixe-me acompanhá-los, preciso aprender, ter entendimento.

— Eu não mando nas reuniões que dona Evangelina prepara em sua casa. É livre agora, não é? Quem sou eu para impedir alguma coisa? Se eu pudesse, a única coisa que desejaria mudar era minha vida, mas não posso.

Leandro levantou e foi para o quarto. Antes de deitar, passou a mão nos cabelos do filho amado e fez suas preces para que Deus iluminasse os caminhos a percorrer. Não demorou muito, sentiu o perfume de Sabrina.

— Por que Leandro precisava saber disso tudo? Já passou tanto tempo. Por que tentou suicídio novamente? Seja forte, estarei sempre contigo...

— Do que você tem medo, Sabrina?

— De que ele não suporte as atitudes da mãe e coloque tudo a perder.

— Pare de ser dramática, acabou de fazer uma linda prece. Está certo, ele é um covarde, mas acredito em suas orações.

— Graças a Leila ele está aqui inteirinho!

— Graças a Leila e a nós também, que ajudamos sua irmã a sentir que ele iria fazer uma besteira!

— Você está aqui, não é, Sabrina? – perguntou Leandro, emocionado.

Embora não obtivesse resposta, sabia que sua amada estava por perto para cuidar dele.

— Sim, meu amor, estou aqui. Você precisa ler o diário. Faça isso, meu amor, ainda há uma longa e feliz estrada para você.

Sem saber que Sabrina estava a soprar no ouvido, abriu a gaveta do criado-mudo e pegou o diário. Começou a ler de onde havia parado:

Hoje nosso querido filhinho deve estar com uns três, quatro anos. Já está na hora de superar todos os fatos. Deve pensar em continuar sua vida. Ao contrário do que pensávamos, ela é curta para conquistar tantos sonhos, tantas realizações. Júnior não pode crescer sem uma mãe, e você sem um grande amor ao seu lado. Cléo te ama, seu amor é sincero e puro. Tente vê-la como uma possibilidade de recomeçar um ciclo, uma nova etapa em sua vida. Viva intensamente todos os momentos. Sei que em seu coração generoso caberão muitos amores ainda. Não desperdice sua juventude, coloque em prática seus ensinamentos. Ninguém deve viver solitário. Em nosso coração sempre terá um cantinho para novas expectativas, para um amor sereno a completar nossos caminhos. A caminhada não é longa, mas tem grandes desafios, e se temos ao nosso lado alguém que nos entende e compartilha dos mesmos ideais tudo fica mais sutil, mais completo. Todos, sem exceção, precisam de amor para motivar os planos. Sei que sempre será um homem de bem. E, para isso, merece dar oportunidade para alguém que compartilhe todo esse bem que existe em ti. Pense, reflita: como é bom ser amado verdadeiramente. Esse alguém é nossa Cléo.

Leandro fechou o diário e ficou a refletir sobre tudo que Sabrina havia deixado antes de partir, até que entrou em um sono profundo, mas agitado pelos acontecimentos daquela noite.

Capítulo quarenta e três

uma chance para Cléo

Na manhã seguinte, na casa de Leonor, estavam todos em volta da mesa quando Cléo bateu na porta e entrou:

— Bom dia!

Júnior na mesma hora pulou do colo da avó e correu para os braços da moça.

— Meu amor! Como está o garoto mais lindo da tia?

Júnior passou seus pequenos bracinhos em volta do pescoço dela e logo pediu:

— Vamos ao parque hoje, tia Cléo?

— Ah, Júnior, precisamos pedir autorização para o seu pai.

— Podemos ir, papai?

Todos estavam em silêncio quando Cléo percebeu que havia algumas escoriações no rosto de Leila.

— O que está havendo aqui?

— Sente-se, Cléo, e tome café conosco, a história é longa.

Leonor relatou os acontecimentos da noite anterior e, quando terminou, Cléo olhou para Leandro esperando por uma explicação.

— Vão todos agora falar sobre esse assunto?

— Esse assunto? Isso é muito grave! O que pensa estar fazendo? O que quer mais da vida além do que já possui?

Leandro ria por dentro, pois havia acordado com as palavras de Sabrina, e isso não poderia ser apenas um acaso. Com um largo sorriso a enfeitar mais o que se achava que não ficaria ainda mais belo, respondeu:

— Sua tia Cléo está te acostumando mal. E se um dia ela tiver que seguir seu caminho? Você terá que conviver com essa falta.

— Que bobagem é essa? Júnior jamais ficará sem minha atenção! E não mude de assunto. Quem pensa que sou? Uma tola?

— Temos que pensar em tudo. E se um dia se casar? Não terá que seguir sua vida?

Cléo, sem se dar conta, foi intransigente, pois estava muito brava:

— Mesmo que isso um dia aconteça, Júnior fará parte dos meus planos.

Leonor apenas observava o que não tinha mais como omitir.

— Tenho uma solução para esse dilema.

— Espere, dona Leonor, quero uma explicação de Leandro agora!

Todos olharam para Cléo, que estava séria, quase explodindo de raiva.

— Já passou, estou bem – retrucou Leandro.

— É só isso o que tem a dizer?

— O que quer que eu diga? Já fiz outra besteira, e daí? Já passou, chega desse assunto. Reconheço o que fiz, e agradeço demais pelo bem que desejam a mim. Mas agora chega, não quero ouvir mais esse assunto. Pensem de mim o que quiserem, sou um idiota, um tolo, um suicida, o que mais?

Todos se calaram por longos minutos, até que Leandro, reconhecendo suas besteiras, quebrou o péssimo clima.

— É, dona Leonor, e qual é a solução? – perguntou Leandro sem esperar pelo que estava preparado a ouvir.

— Case-se com Cléo e tudo estará resolvido!

Todos que estavam em volta da mesa pararam e se entreolharam ao ouvir as palavras de Leonor.

— Dona Leonor! De onde tirou um absurdo desses?

— Dos seus olhos. Uma alma feminina entende a outra.

Cléo entregou Júnior de volta a Leonor e saiu correndo, batendo a porta.

Todos ficaram sem saber o que fazer. Leonor, sorrindo, disse tranquilamente, olhando dentro dos lindos olhos azuis de Leandro:

— Vai ficar aí parado com cara de pamonha ou vai atrás dela?

Leandro, desorientado, levantou, pousou o guardanapo sobre a mesa e saiu atrás de Cléo, mancando por causa das dores na perna. Mal conseguia correr para abriu o portão que Cléo bateu com força. Mas com sacrifício conseguiu chegar ao carro em que ela entrava às pressas e bateu no vidro:

— Por favor, Cléo, abra o vidro... Abra...

Cléo, em lágrimas e envergonhada, não conseguia encará-lo, sua mãos tremiam tanto que mal conseguiu colocar a chave na ignição.

— Abra, Cléo... Abra... Precisamos conversar! Você está muito nervosa, não deve ir embora assim! Se continuar teimando, não a deixarei ir com Júnior ao parque, hein... – brincou Leandro na tentava de desarmar Cléo, que se sentia muito mal. Ela delicadamente abaixou o vidro do carro e disse com a voz sumida:

— Não... Sei... Do que... Dona Leonor... Estava... Falando...

Leandro abriu um lindo sorriso:

— Não importa o que dona Leonor disse, para mim já não é mais novidade.

— Do que... está falando?

— Do amor reprimido que sente há muitos anos por mim. Posso entrar no carro?

Cléo demorou a assimilar o que dizia o amor de sua vida, não sabia o que fazer nem como agir. Leandro pacientemente continuou:

— Posso ou não entrar?

Cléo timidamente destravou a porta. Leandro deu a volta e entrou, acomodando-se.

— Cléo, tenho tantas coisas para lhe dizer. Sei que não é hora nem lugar. Sabe que tenho que ir trabalhar. Dei trabalho e cultivei alguns rancores mais uma vez, mas preciso de você. Hoje vou à casa de dona Evangelina para uma sessão espírita e gostaria muito que fosse comigo. Após os estudos, gostaria de convidá-la para ir a algum lugar comigo.

— Está falando sério?

— Por que brincaria com você? Puxa, Cléo, há quantos anos me conhece? Sabe como sou e o que sinto mais que qualquer outra pessoa. Faço questão que aceite. Precisamos conversar mesmo, já passou da hora.

Cléo enxugou as lágrimas que desciam de vergonha e emoção. Seu coração descompassado parecia que nunca ia parar de acelerar. Leandro segurou suas mãos e pela primeira vez o contato se fez de forma diferente. Havia outro clima, outro sentimento. Até Leandro sentiu seu coração palpitar de outra maneira.

— Aceita? Não quero ouvir um não como resposta.

Cléo, chorando e sorrindo, com todos os sentimentos misturados, respondeu:

— Claro que aceito. Mas se fizer outra besteira como a de ontem à noite, eu mesma te mato, viu!

Leandro abriu um lindo sorriso

— Então estamos combinados.

Leandro pousou um beijo em suas mãos, que permaneciam entrelaçadas às dele. Cléo nunca havia provado uma emoção tão grande, sentir o toque macio de seus lábios em suas mãos a fez ir às nuvens.

— Está bem. À noite passo para te pegar. Aliás, está incumbida de me ajudar a procurar um apartamento.

Cléo se despediu de Leandro, que saiu do carro para ir ao trabalho. Ela, ainda tremendo muito, respirou fundo, retocou a maquiagem e voltou para a casa de Leonor com um largo sorriso.

— E aí, como foi?

Cléo respirou fundo, e ainda com a emoção à flor da pele respondeu:

— Nossa, dona Leonor, hoje a senhora está impulsiva demais...

Carlos e Leila esperavam ansiosos por detalhes do que havia acontecido do lado de fora, quando Leandro correu atrás de Cléo.

— Conte logo, Cléo! – interveio Leila, impaciente.

— Bem... Depois dessa intimada que dona Leonor deu em Leandro, ele não poderia ser mais gentil.

— Então conte logo, menina! – pediu Leonor, impaciente.

— Ele pediu que eu o acompanhasse à casa de dona Evangelina hoje à noite.

— Só isso? – perguntou Leila, aflita.

— Não... Convidou-me para sair com ele depois da sessão... Disse que precisamos nos falar, que já está mais do que na hora.

Leonor abraçou Cléo com carinho. Carlos e Leila também se emocionaram a ponto de umedecerem os olhos com lágrimas.

— Até que enfim, meu Deus!

— O que vocês acham? - questionou Cléo.

— O que achamos? Está maluca, garota? É claro que você deve aceitar, e boas novidades virão por aí.

— Tenho tanto medo.

— Medo do que, Cléo? - perguntou Carlos.

— Sei lá... Medo...

Carlos, pousando a mão sobre a de Cléo, disse firmemente:

— Não tenha medo, todos nós estaremos torcendo por você. Há muito tempo Leonor disse que você ama Leandro verdadeiramente. É sua grande oportunidade, não a desperdice.

— Puxa, me sinto tão mal perante vocês. Afinal, Leandro poderia ser seu genro. É muito embaraçoso para mim falar sobre isso com vocês.

— Porque é boba. Se fosse eu que tivesse essa oportunidade não deixaria Leandro pensar nem mais um segundo. Eu o atacaria.

— Leila!

— Ah, mãe, estou falando a verdade. Sei muito bem meu lugar. E, depois, as coisas acontecem como têm de acontecer. Leandro amou muito minha irmã, mas com certeza aprenderá a amar Cléo. Agora está mais maduro, está tentando ser um homem de verdade.

Todos olharam para Leila admirados com tão bem colocadas palavras.

— Nossa! Eu disse alguma coisa de errado? - perguntou a jovem.

— Não, minha filha, pelo contrário, nunca a vi tão amadurecida.

— A vida nos ensina mãe...

Leila, antes de sair da mesa, virou-se para Cléo e disse com sinceridade no coração:

— Faça Leandro feliz, ele realmente precisa de uma mulher como você a seu lado.

— Obrigada, Leila. Vindo de você é um grande conforto.

— Aonde vai, minha filha, assim, cedo? - perguntou Carlos.

— Vou procurar emprego. Não posso mais perder tempo, e assim que arrumar uma colocação voltarei a estudar.

Leila saiu para se arrumar. Leonor, Cléo e Carlos ainda continuaram a conversar, mas agora era sobre Leila, que mudara muito com todo o sofrimento pelo qual passou enquanto encarcerada.

Capítulo quarenta e quatro

A decisão de Leandro

À noite, mais precisamente às oito horas, Leandro e todos os outros foram para a sessão na casa de Evangelina, inclusive Leila, que pela primeira vez sentiu que já era tempo de aprender com os amigos invisíveis a colocar em prática sua longa tarefa de ser uma pessoa melhor.

Evangelina os recebeu com alegria. Depois de apresentados a mais alguns amigos que frequentavam a casa, se acomodaram em volta da mesa para dar início aos trabalhos. Leila, como se negou a se juntar, ficou com Júnior sentado em um canto de onde pudesse apreciar os acontecimentos.

Os trabalhos transcorreram em plena harmonia. Evangelina escolheu um tema e todos participaram animadamente. Alguns questionavam, outros amparavam e os mais esclarecidos auxiliavam aqueles que ainda não compreendiam a doutrina espírita a fundo.

Ao término, Leandro pediu para conversar com Evangelina em particular. A senhora, muito gentil, o atendeu de pronto. Entraram em uma pequena sala onde por muitas vezes ela atendia os mais precisados. Assim que se acomodaram, a gentil senhora foi logo dizendo:

— Não devia ter feito o que fez...

Leandro não se intimidou e foi logo dizendo:

— Como a senhora soube? Ah... Já sei, dona Leonor...

— Não... enganou-se completamente. Esqueceu que tenho amigos espirituais? E que mais uma vez sofreram com sua conduta? Quando vai crescer, Leandro? Além das pessoas maravilhosas que te amam, tem um trabalho muito grande por trás de tudo isso. Como acha que Sabrina recebeu essa notícia? Sua vida na Terra deve continuar, mas Sabrina jamais o desamparará.

— Como ela está, dona Evangelina?

— Como acha que ela deveria estar? Preocupada. O que sentimos aqui em forma humana os espíritos também sentem. Está na hora de seguir em frente como homem digno e bom que é. Não seja egoísta a ponto de achar que todos têm de ter piedade de você. Chega de preocupar as pessoas que te amam. Já está bem inteirado do assunto para saber que o ato que sua alma almeja trará um fim triste e terrível desolação.

— Prometo que isso não se repetirá...

— Não prometa a mim, e sim para si mesmo. Você tem um emprego que muitos almejam, é perfeito, tem um filho maravilhoso e uma mulher excelente que o ama de verdade, de toda a sua alma.

— Por favor, dona Evangelina, não quero tocar mais nesse assunto. Tenho convicção de que algo em mim está mudando. Quero e preciso de todos vocês ao meu lado, principalmente... – Evangelina o cortou:

— Tem toda a minha aprovação.

— Mas ainda nem falei nada!

— Mas já tenho a resposta.

Leandro riu alto. Aquela senhora era demais para seu pouco entendimento, mas aos poucos estava se acostumando.

— A senhora nem sabe o que desejo saber!

— É sobre Cléo o assunto, não é?

Leandro abriu um largo sorriso e respondeu:

— Será que um dia chegarei a seus conhecimentos?

— É preciso muita disciplina e estudo, mas quem sabe?

— A senhora tem razão, é sobre Cléo mesmo.

— Seu tempo de sofrimento já terminou, agora precisa procurar ser feliz.

— Tem razão, mas há um porém.

— Que não a ama como amava Sabrina?

— Acho melhor deixar só a senhora falar. Sabe tudo!

Evangelina riu.

— Tenho meus contatos, digamos assim – Leandro silenciou e deixou que aquela senhora simples e humilde continuasse: – Sabe, Leandro, todos temos nosso tempo para sofrer, porém, como adeptos dos ensinamentos dos amigos da pátria espiritual, temos o dever de refletir e entender que cada um de nós tem suas provações. E você não é diferente. Já sofreu seu tempo, agora é hora de continuar sua luta diária e saber que em nosso coração cabem muitos amores, que podemos agasalhá-los a cada um sem desapontar nenhum deles. Em nossa alma encarnada sempre haverá muitos amores, é a lei dos humanos. Se me perguntar se o amor se coloca de várias formas, respondo-lhe que sim e concordo, mas amor é um sentimento que nos enobrece e nos faz crescer de alguma forma. Durante nossa estada aqui, amamos primeiro nossos pais, nossos irmãos, até que esses sentimentos vão se ampliando conforme as pessoas entram em nossa vida. Sei que o amor que sente por Sabrina nunca será esquecido no tempo, mas muitas vezes acabamos por amar outras pessoas, que no caso é Cléo. Tem como não amar ou pensar em uma pessoa que nos ama integralmente?

Leandro abaixou a cabeça e entendeu o que a senhora queria dizer:

— Tem como saber que determinada pessoa nos oferece o que há de melhor de si, sem que não nos importemos? Que aquela pessoa deseja todo bem do mundo a nós sem que nos interessemos? Eu te respondo: não... Não há como... E sabe por quê?

Leandro balançou a cabeça negativamente.

— Porque é impossível não receber as vibrações boas de amor, compreensão, ternura, sentimentos puros e verdadeiros. Mesmo que lutemos contra tudo isso, esse sentimento estará ali, em seus pensamentos. Sentimento é uma troca terminantemente direcionada a determinada pessoa, e não podemos combatê-lo sem amor. Isso é impossível. Sei que está lendo o diário de Sabrina, e com certeza ela sabe em sua essência que você pode e deve ser feliz, construir sua vida novamente. Sabrina sempre soube do amor que Cléo sente por você. Sabrina quer o melhor para você. E o melhor é ter uma mulher de alma branca para ensinar esse sentimento tão dócil que é o amor. Terão suas desavenças? Terão. Pensamentos diversos? Respondo com toda certeza que sim. Mas isso é que é o bom da vida. Sem as adversidades não aprenderemos nada. Sabrina confia que Cléo pode fazê-lo menos infeliz, digamos assim. Cléo o ama por vocês dois, mas um dia conseguirá repartir esse sentimento em dois. Quer perguntar mais alguma coisa?

Leandro, sorrindo e com lágrimas nos olhos, respondeu com certo conforto em sua alma, desejoso por lutar pela vida e por sua felicidade:

— Sinceramente? Não. A senhora não só respondeu aos meus questionamentos, como me fez ver que minha vida aqui continua. Agradeço do fundo de minha alma por tão esclarecedores ensinamentos.

— Então vá e permita-se ser feliz, está em suas mãos.

Leandro levantou, abriu a porta e saiu com milhões de sentimentos misturados. Mas uma coisa era certa: mesmo que percamos pessoas que amamos incondicionalmente, temos o dever de continuar da melhor maneira possível.

Quando Leandro apontou na sala junto com Evangelina, todos estavam na maior expectativa do que ele faria com sua vida. Mas, para a surpresa de todos, eles se dirigiu a Leonor e pediu:

— Dona Leonor, sei que à noite o cuidado com Júnior é meu, mas a senhora poderia abrir uma exceção hoje?

— Claro, meu filho!

— Convidei a Cléo para sairmos hoje, e não posso mais adiar essa nossa conversa.

— Fique à vontade, Leandro, eu ajudo a mamãe a olhar Júnior – respondeu, solícita, Leila.

Leandro beijou o filho, agradeceu pela acolhida de todos na casa de Evangelina e saiu com Cléo, que estava muito nervosa. Ele escolheu um restaurante onde pudessem falar mais à vontade. Gentilmente, assim que adentrou o recinto, pediu uma mesa e, como cavalheiro, puxou a cadeira para que Cléo se acomodasse. O garçom se aproximou com o cardápio.

— Deseja comer algo? – perguntou Leandro, gentilmente.

— Não sei... Nem estou com fome.

— Mas precisamos comer alguma coisa – respondeu Leandro sentindo que Cléo estava muito nervosa e apreensiva.

— Por favor, traga uma salada completa e um vinho.

O garçom saiu para fazer o pedido. Finalmente Cléo ficou a sós com Leandro.

— Não sei se você sabe, mas Sabrina me deixou um diário.

— Sei, sim... Quer dizer... Fiquei sabendo depois de muito tempo.

Cléo estava extremamente nervosa.

— Pois é... Tenho lido sempre, aliás, está no fim. Mas quero que saiba que minha decisão não tem nada a ver com o que ela escreveu. Se eu disser para você que não mexeu comigo, é mentira. Sabrina contribuiu para que eu refletisse sobre o que eu queria realmente para minha vida. Já se passaram quase quatro anos, e acho que é um tempo bom para que eu tome algumas resoluções sobre o que quero e o que não quero mais para mim. A primeira é ser forte o bastante para não atentar contra minha vida. Hoje consigo enxergar o mal que estava cometendo em querer me livrar das provações que Deus designou para mim. A segunda é ter minhas próprias vontades sem interferência de meus pais, principalmente de minha mãe, embora eu saiba que minha missão é ajudá-la a se livrar de males do passado. Hoje posso dizer que me sinto forte para continuar. E sei bem o que desejo para minha felicidade. Não posso ocultar de você que sua amiga foi o grande amor da minha vida. Mas não quero ser um espírito em um corpo estacionado se penalizando consigo mesmo. Quero recomeçar, quero amar novamente, quero sentir o calor de uma mulher com todos os seus hormônios em ebulição a me desejar. Quero sentir que posso amar muito ainda e, quem sabe, ter uma família e mais alguns filhos.

Cléo, que até então o ouvia nervosa, deu um sorriso de lado quando Leandro disse querer ter mais filhos.

O garçom veio com o pedido e os serviu. Cléo, muito nervosa, bebeu de uma só vez a taça de vinho para se sentir um pouco mais relaxada.

— Ei, calma aí, garota.

Cléo, sem se conter, disse com todas as letras:

— Desculpe, Leandro, mas preciso, aliás, coloque mais um pouco, por favor.

— Tudo bem... Mas vamos com calma...

Leandro serviu-lhe mais uma taça e a fez comer um pouco da salada. O rapaz, preocupado, esperou que Cléo se acalmasse. A essa altura, ela já estava gesticulando com as mãos e começou a falar sem parar. Leandro ria da felicidade da garota. Realmente ela estava precisando beber algo forte para poder ser a Cléo que ele conhecia. O clima ficou mais tranquilo e alegre. Leandro novamente reparou no quão bonita e atraente ela era, tudo indicava que Sabrina estava no caminho certo.

— Cléo, quero voltar amar outra vez, você me aceitaria como seu namorado?

Ao ouvir aquelas palavras tão desejadas, Cléo engasgou. Leandro levantou às pressas e com leves tapinhas nas costas dela fez que a garota, eufórica, voltasse ao normal. Cléo, assim que passou o primeiro impacto, deixou que algumas lágrimas descessem pelo seu rosto, tamanho amor que sentia por aquele rapaz de olhos azuis à sua frente.

— O... que disse?

— Se quer tentar ao meu lado.

Cléo esperou tanto por aquele pedido que ficou emudecida. Leandro, achando engraçado o jeito todo atrapalhado da jovem, ria sem parar. Eles estavam se entendendo e muito felizes. Passados alguns minutos, Cléo se pronunciou:

— Leandro, eu o amo de todo o meu coração, mas não precisa se sentir na obrigação de me pedir em namoro por causa da dona Leonor. Não sei o que tem naquele diário, mas você não é obrigado a nada.

— Não estou fazendo isso por dona Leonor nem por ninguém. Eu quero tentar ao seu lado, eu quero amá-la como você merece. Se dissesse que estou perdidamente apaixonado, enganaria você, mas sinto uma atração forte, e sei que isso pode se transformar em um sólido amor.

Cléo, olhando nos olhos azuis de Leandro, respondeu arriscando tudo o que acreditava em sua vida até aquele momento:

— Sim, eu aceito... Mil vezes aceito ficar ao seu lado. Sei que amo por nós dois, mas farei tudo o que estiver ao meu alcance para fazê-lo feliz!

Leandro ficou contente. Nem passou em seus pensamentos que estava traindo Sabrina, pois seu amor por ela estaria eternamente guardado em algum espaço de seu coração, como disse Evangelina. Depois de mais de três horas de conversa, risos e felicidade, Leandro pagou a conta e saiu em companhia de Cléo, que estava radiante de felicidade – se bem que o vinho cooperou para aquela descontração toda.

Assim que estacionou o carro na porta de Cléo, Leandro, sem dar tempo para a jovem, beijou-a nos lábios repetidas vezes. Cléo não sabia o que estava sentindo naquele momento. Apenas se entregou aos braços de Leandro e deixou que o prazer fizesse o resto. Depois dos arroubos de prazer, Leandro segurou as mãos da jovem e disse carinhosamente:

— Prometo que farei tudo o que estiver ao meu alcance para merecer esse amor que há muito sente por mim.

— Não precisa me prometer nada. Vamos dar tempo ao tempo. O que Deus destinar a nós assim acontecerá. Só quero que, independentemente do que Deus e as pessoas desejarem para nós dois, nunca se esqueça que meu amor por ti estará sempre em meu coração. Eu o amo mais que tudo, e sinto gratidão por Deus ser generoso comigo e mantê-lo ao meu lado. Eu, sim, prometo que farei tudo por ti, que procurarei ser a força, o ânimo de que você precisa para continuar seu caminho.

Leandro sentiu em sua alma que Cléo estava sendo verdadeira. Sem responder nada, beijou-a novamente sentindo que talvez Sabrina tivesse razão – por que não se entregar a um novo amor? Afinal, como dizem os encarnados, "o show tem que continuar". Os dois jovens que tentavam uma nova empreitada se despediram com grande emoção.

Capítulo quarenta e cinco

Alexandre conta uma história

Cléo entrou em casa com a felicidade a pulsar em sua alma generosa. Sua mãe a esperava. Quando contou as boas novas, em seu íntimo a mãe agradeceu a Deus por essa oportunidade que estava oferecendo à filha amada.

Os dias se passaram e Cléo encontrou um apartamento próximo à casa de Leonor. Não era luxuoso, mas atendeu às necessidades de Leandro, que permanecia simples. A cada dia se entendiam mais e mais. Júnior, por sua vez, amava a nova mãe. Leandro, com muito jeito, explicou ao filho que Cléo seria sua mãe do coração. Júnior entendeu, pois sempre recebia a visita de Sabrina, que o orientava sobre como deveria se comportar. A harmonia estava se fazendo, se não fosse Marisa, que ia de mal a pior, principalmente quando soube que seu filho amado estava namorando Cléo. Em sua ignorância, achou que a moça era uma traidora.

Leandro ia ver a mãe sempre e procurava levar o filho na tentativa de aproximá-lo dos avós e de trazer entendimento para ela. Muitas vezes a convidou para ir à casa de dona Evangelina, mas ela se recusava sempre. Era atormentada pelos espíritos ignorantes e zombeteiros. Foi aí que se deu uma nova oportunidade de Sabrina, orientada por Alexandre, cumprir mais uma tarefa.

Era uma linda tarde na pátria espiritual e Sabrina estava no lugar de que mais gostava, onde se conectava para reflexão sentada à beira do lago, com os pés dentro da água, que corria livremente a descer pelas cachoeiras. Alexandre se aproximou.

— Posso me sentar?

Sabrina olhou para ele com um olhar triste.

— Claro que sim...

— Aposto que está pensando em Marisa.

— Como não pensar? Ela hostiliza Cléo e vive atormentada, recusa ajuda...

— Há muitos e muitos anos, em um grande palácio, moravam três ir-mãs. Uma se chamava Lívia, outra, Madalena, e a terceira, mais nova, aten-dia pelo nome de Raquel. Elas viviam muito bem, pois eram seus pais que reinavam naquela cidade: rei Arquimedes e rainha Teresa – Sabrina olhou para Alexandre sem entender, mas ele continuou: – Havia muitas festas e recepções para os mais ricos. Certo dia, em uma das festas dadas pelo rei, apareceu um jovem rapaz acompanhado de seus pais, rei Antonio de Albu-querque, e sua belíssima esposa, Henriqueta. Eles eram nobres também, de um pequeno país vizinho. Esse rapaz era um jovem simples, mas diplomata estudado, futuro rei de sua cidade. Era o braço direito de seu pai. Quase todas as inovações para o bem-estar de seu povo partiam de suas decisões. O pai, por sua vez, achava que ele era brilhante e que seria um grande go-vernante ao sucedê-lo. Para seu povo, era de um coração nobre e justo. Na-quela noite em especial, foi conhecer sua pretendente, o que na época os pais impunham aos filhos. Marcel, assim que adentrou o grande salão onde estavam se realizando as festividades, foi anunciado, junto com seus pais, pelo empregado bem vistoso. Na época, era assim que era feito, com muita formalidade. Ao longe Lívia, com dezessete anos, e Madalena, com dezoito, logo olharam na expectativa de conhecer o famoso Marcel. Uma moça com dezoito anos naquele tempo já era considerada velha para conhecer um pretendente e se esposar. Era como lei. Na verdade, há poucos anos as mo-ças ainda se casavam cedo. Para os pais, era um grande alívio que as filhas se casassem, procriassem e cumprissem com todos os desejos do marido.

Pela primeira vez Sabrina se pronunciou:

— Ainda bem que os tempos mudaram!

Alexandre soltou um leve riso e continuou. Sabrina prestava atenção para saber aonde seu instrutor queria chegar.

— Madalena e Lívia logo correram para ver de perto o futuro rei de seu país. Conclusão: na hora das apresentações, as duas se apaixonaram perdidamente, mas Lívia era uma boa moça e sabia que aquele rapaz havia ido à festa com a intenção de conhecer Madalena, sua irmã. Lívia respeitou Madalena, pois era prioridade. Depois das apresentações, Marcel dançou com as duas irmãs. Foi gentil e cavalheiro. Já estava no auge da festa e o rapaz gentilmente convidou Madalena, sua pretendente, para sair ao jardim tomar a fresca, como se dizia na época, e Madalena aceitou. Estava encantada com o futuro rei. Assim que saíram, cordialmente o jovem convidou-a para sentar em um banco rodeado de flores. A jovem aceitou de pronto. Palestraram por longos minutos, até que ele notou a presença de uma jovem, a alguns metros de onde estavam, a olhar para o céu, com os pensamentos longe. "Quem é a jovem ali, pensativa?", perguntou Marcel. "Onde?" "Ali, parada, de vestido azul." "Ah... É minha irmã caçula... Raquel! Raquel!", chamou Madalena. Raquel saiu de seus pensamentos e avistou a irmã sentada no banco. "Venha cá, irmã! O que está fazendo sozinha aqui fora?" "Ah... Nada..." "Este é Marcel, filho do rei Antonio e da rainha Henriqueta." O rapaz gentilmente se levantou e, curvando-se, estendeu a mão. A jovem, por sua vez, fez o mesmo. O rapaz pousou um beijo em sua mão e disse: "Muito prazer...". Raquel, ao cruzar o olhar com o do rapaz, sentiu algo estranhou percorrer seu corpo, mas não se intimidou e logo respondeu: "O prazer é meu...". Marcel ficou impressionado com a beleza da jovem. Madalena foi requisitada para a troca de roupa por sua mãe, Rainha Teresa, a fim de que fosse apresentada com toda pompa aos convidados. "Marcel, não demoro, são alguns minutos apenas. Por favor, Raquel, faça companhia para meu futuro noivo", pediu Madalena. "Sim... Claro..." O silêncio se fez por alguns instantes, ate que Marcel perguntou: "Quer caminhar?". "Aceito..." "Desculpe me intrometer, mas minha curiosidade é maior." "Esteja à vontade", respondeu a moça. "Por que não está no salão entre os convidados, a se divertir?" "Bem... Embora aprecie muito músicas, prefiro apenas ouvi-las." "Nesse caso, estou atrapalhando?", indagou o rapaz. Raquel ficou sem graça: "Não... De jeito nenhum... Não se sinta assim". Os dois jovens caminhavam sem se dar conta da satisfação que suas almas sentiam. "Vejo que seus prazeres são simples. O que gosta de fazer?" "Bem... Além de apreciar boa música, gosto de ler bons livros. Os livros me levem sempre a grandes viagens." "Quer dizer que aprecia a leitura? Isso é muito bom", exclamou Marcel. "Sim, mas não só livros, gosto de me inteirar sobre os acontecimentos da minha cidade e do mundo em geral." "Vejo que estou falando com uma jovem que se preocupa com tudo o que acontece à sua volta." "É verdade, sinto uma necessidade de aprender cada vez mais. Gosto de saber sobre política e o que há por trás desse mundo." Marcel sentia seu coração palpitar por ver um garota tão jovem preocupada com os acontecimentos mundiais. "Sabe, se meus pais me autorizassem, eu viajaria pelo mundo. Sinto em meu coração que há muito a fazer pelas pessoas, e principalmente pelas crianças. Há tanta desigualdade no universo, e isso me faz mal", continuou a garota. Marcel, permanecia em silêncio, apenas absorvia as palavras da jovem. Sentia que não era uma menina comum, e sim uma idealista. Depois de ouvi-la por longos minutos, se pronunciou: "Estou impressionado!". Raquel abriu um sorriso leve. "Não é para tanto. Apenas minha alma anseia por desbravar mundos e por ser útil." Marcel esqueceu-se de Madalena por completo. Queria ficar ao lado daquela jovem a noite toda. "Vejo que a senhorita é diferente de todas as outras que conheço." "Nossa, conhece mais jovens assim?" "Pois é, faço justamente o que a senhorita almeja fazer, compartilho a ajuda a todos. Não posso dizer que iria tão longe como a senhorita, que quer desbravar e ajudar o mundo, mas dentro de minhas possibilidades procuro ser justo com meu povo. E, sendo assim, conheci muitas pessoas, e entre elas vários jovens." "Não disfarce, eu disse tantas 'jovens' mulheres...", disse a moça. Marcel deu uma risada sonora: "Está me comprometendo!". "Não se sinta culpado por eu lhe perguntar isso. Sei que deve conhecer muitas jovens que anseiam ter um futuro pretendente como você." "Posso tratá-la por 'você'?", indagou Marcel. "Claro que sim, para que tantas formalidades, afinal, vamos ser parentes!" Marcel, naqueles poucos minutos de palestra com Raquel, já não estava certo do que gostaria para si, se queria mesmo selar um compromisso com Madalena, irmã daquela jovem por quem se impressionou muito. "Posso fazer uma pergunta um tanto quanto indiscreta?" A jovem olhou em seus olhos penetrantes e respondeu: "Vejo que você se faz íntimo com rapidez!". "Posso ou não?", insistiu o rapaz. "Claro que sim... Não tenho nada a esconder." "Você já tem um noivo ou futuro pretendente?" Raquel riu alto: "Não... Acho cedo para isso, prefiro meus estudos, meus livros e me inteirar sobre os males do meu país e do mundo". "Mas nunca se apaixonou por ninguém?" Raquel parou e ficou de frente para Marcel. Olhando fixamente em seus olhos a brilhar, respondeu: "Até o momento não apareceu um rapaz especial que tocasse minha alma". Marcel, naqueles poucos instantes que desfrutou da companhia de Raquel se apaixonou, sentiu-se sem chão, seu coração descompassado esqueceu-se da razão e dos bons princípios. Sem que Raquel esperasse, pousou um beijo em seus lábios. Ela não correspondeu, mas sentiu que algo mudara naquele instante. Sem pensar duas vezes, ela o empurrou: "Está louco?". Marcel quis se retratar: "Mil desculpas, foi mais forte que eu". Quando Raquel, tomada pela emoção, ia responder, Madalena se aproximou: "Já estou pronta...". Ela não percebeu nada, pois Raquel foi discreta e muito sábia: "Nossa, irmã, como está linda!". "Obrigada... O que achou, Marcel?" "Bem... Bem... Acho que... está perfeita." "Não se incomode, irmã, os homens não prestam muita atenção no que vestimos." "Me desculpe, Madalena, está linda!" "Podemos entrar, então, nossos pais vão fazer o pronunciamento do nosso noivado!" A vontade de Marcel era acabar com aquela farsa toda, pois em poucos minutos seu coração se entregou a outra garota, e seu nome era Raquel, mas tinha de manter a honradez. Sem dizer nada, apenas olhou para Raquel e respondeu: "Vamos entrar?". "Vão indo, em poucos minutos estarei lá...", disse Raquel. "Mas não demore, irmã, senão vai perder o melhor da festa..." "Pode deixar, estou indo." Marcel entrou acompanhando Madalena. Raquel saiu correndo por entre as árvores. Quando se viu só, passou os dedos delicadamente em seus lábios e sentiu ainda o hálito de Marcel.

Capítulo quarenta e seis
Sabrina começa a entender

— Por que está contando essa história para mim?

No mesmo momento em que perguntou isso, Sabrina teve um repente, levantou, retirando os pés da água cristalina, e deu alguns passos, ficando de costas para Alexandre.

— Quem é Raquel? Meu Deus! Raquel sou eu!

Alexandre não disse nada, apenas esperou que o véu obscuro se desfizesse na memória de Sabrina. Ela, muito assustada, virou-se para seu instrutor, que permanecia sentado, com os pés mergulhados no lago, e disse:

— Eu sou Raquel, é isso?

— Sim... Você é a doce Raquel de muitos anos atrás.

— Por que está me contando sobre essa minha vida passada?

— Você quer ajudar Marisa, não quer?

Sabrina refletiu por alguns instantes.

— Sim, eu desejo muito fazer isso para que Leandro continue seu caminho.

— Então, será providencial saber o que houve.

— O que minha vida pretérita tem a ver com dona Marisa?

— Tudo, Sabrina. Marisa não a perdoou.

— Mas por quê? O que fiz de tão grave?

— Quer que eu continue ou deixo a outra parte para outro dia?

Sabrina estava assustada, mas mesmo assim preferiu enfrentar.

— Eu posso imaginar o quão traidora eu fui. É isso?

— Posso continuar?

— Sim... Deve...

Capítulo quarenta e sete

Tudo faz sentido

— **Raquel, depois de se acalmar,** entrou no grande salão, onde os pais faziam o pronunciamento oficial do noivado entre Marcel e Madalena. Sua irmã estava muito feliz, amava desesperadamente o jovem Marcel. Raquel adentrou o recinto e Lívia, vendo-a entrar, puxou-a pelo braço: "Venha, Raquel, o noivo já está colocando o anel no dedo de nossa irmã!". Raquel sentiu que sua alma se entristecia, mas, como uma boa moça, de bons princípios, não ficou, foi para seu quarto e trancou a porta atrás de si. Muito nervosa pelo beijo roubado de Marcel e se sentindo culpada, jogou-se sobre a cama e chorou compulsivamente. Os dias passaram e Raquel nunca mais quis ver Marcel. Evitava-o quando ia ao palácio para não se condenar, pouco aparecia. Aquele que a beijou não saía de seus pensamentos. E a cada dia se sentia mais traidora. Sua irmã Lívia, sentindo que algo estava errado, quis saber o que estava acontecendo. Era um dia ensolarado de domingo, e a família toda se reunia para um almoço. Rei Antonio, rainha Henriqueta e Marcel estavam presentes nesse almoço. Parecia mais uma grande festa. Lívia bateu à porta do quarto da irmã e entrou. Raquel estava lendo um livro sobre outros países. "Como sempre, lendo!" Raquel fechou o livro e o colocou sobre a mesinha: "Sabe que gosto de ler". "É, eu sei, mas os convidados já chegaram, papai está pedindo para que você se apresente." "Sinto muito, mas não vou", disse Raquel. "Por que, não?" "Porque não estou com fome; e depois, estou lendo sobre outros países, outras cidades, estou pensando em fazer uma viagem." "Está pensando em viajar?" "Sim... Sempre foi meu desejo." Lívia ficou pensativa por alguns segundos: "Estou pensando aqui comigo que nos últimos dias você tem mudado seu comportamento". "Por que tem pensado nisso?", perguntou Raquel, preocupada. "Marcel não pertence a nós", disse Lívia de supetão. Raquel ruborizou na hora. Sua irmã carinhosamente pegou em suas mãos. "Como eu, você também se apaixonou por nosso cunhado." Raquel não se intimidou, era um anjo de criatura, mas também era muito centrada em suas convicções: "De onde tirou isso?". "De seu comportamento, pensa que não vejo que o evita?" "Lívia, você o ama?" "Sim... Mas é um sentimento só meu. Não é obrigado a se manifestar. O problema não sou eu, e sim você." "Eu? Do que está falando?" Lívia tirou duas cartas que mantinha escondidas entre seus seios e os espartilhos que na época se usava: "São suas...". "Minhas?" "Sim... Marcel pediu que entregasse a você há mais de vinte dias, mas não tive coragem. Ele ama você", disse Lívia a Raquel, que ficou aflita na hora, levantou-se e foi até a imensa vidraça que dava para o jardim. "Não vai ler?" "Não..." "Mas por quê?" Raquel se voltou para a irmã e disse, muito contrariada: "Queime-as...". "Por que fugir de um sentimento tão puro e profundo?" "Porque, como você disse, ele pertence a outra, que, por uma armadilha da vida, é nossa irmã." "Mas ele não a fará feliz! Ele ama você." "Como pode ter tanta certeza, você leu as cartas?" "Não, irmã... Estão lacradas, pode ver com seus próprios olhos." "E como sabe que ele me ama?" "Ele mesmo me disse. Irmã, ele está muito aflito, disse se você não responder às cartas ele vai contar tudo para os pais dele e para os nossos pais." "Meu Deus! Ele não pode fazer isso. Madalena o ama." "Mas ele não ama Madalena, ele ama você." "E quanto a você?", perguntou Raquel. "Estou na mesma situação que nossa irmã; ele não ama nenhuma de nós duas, ele ama você." Raquel se compadeceu da irmã: "Como pode viver com esse sentimento e se anular desse jeito?". "Porque amo minhas irmãs, por isso."

Raquel abraçou a irmã e chorou muito: "Não é justo, você também o ama!". "Mas sei me colocar em meu lugar. Te amo, irmã, e o amor de Marcel pertence a você, e mais ninguém." "Por favor, pare... Pare..." "Mas é a realidade. Se deixarmos Madalena se unir a ele, será infeliz como nós somos agora. E já que é para todas nós vivermos bem, como sempre, é você quem precisa decidir." "Jamais farei isso. Marcel tem de casar com nossa irmã." "O que fará, então?" "Ainda não sei, mas tenho que fazer algo. Jamais serei uma traidora." "Pare de bobagens, se alguém aqui trai, é Marcel, mas ele quer contar a verdade. Não podemos condená-lo por isso!" "Vamos fazer uma coisa, preciso de sua ajuda", disse Raquel. "O que pretende?" "Vou descer para esse almoço, pensarei em algo para tirar essa ideia fixa de Marcel, e conto com você." "Comigo? Em que posso ajudar?" "Na hora saberá, vamos." "E o que faço com essas cartas?" "Já disse, queime-as..." "Tem certeza?" Raquel pegou as cartas e levou ao peito. Sentia uma vontade imensa de lê-las, mas sabia que, se lesse, não faria o que tinha em mente. Devolveu-as à irmã: "Por favor, Lívia, faça o que estou pedindo, ninguém pode saber da existência delas". Lívia abaixou a cabeça lamentando muito: "Está bem, farei o que me pede". As duas irmãs desceram. Quando Marcel avistou Raquel descendo as escadarias, sentiu seu coração disparar de emoção. Raquel, por sua vez, ao se aproximar dele, sentiu o mesmo. Como não havia ninguém próximo, ela disse rápido: "Após o almoço, me espere lá fora". Marcel ficou feliz, sentiu que realmente amava a jovem. Todos se reuniram à mesa e fizeram a refeição. Após a sobremesa, Arquimedes e Antonio se juntaram na sala para saborear o licor. Lívia distraiu a irmã Madalena, como havia combinado com Raquel, que saiu para o jardim. Marcel foi atrás. Quando se viram a sós, Raquel não conseguiu dizer nada. O jovem promissor a tomou em seus braços e beijou seus lábios, e Raquel correspondeu com muito amor. Depois dos arroubos de amor, Raquel tomou a palavra: "Temos que ter paciência". "Como assim? Hoje mesmo estou disposto a contar sobre o amor que sinto por ti." Raquel precisava mantê-lo sereno: "Ainda não é hora, me dê uns dias". "Como assim?" "Por favor, faça o que estou lhe pedindo", disse Raquel. Marcel refletiu por alguns instantes: "Tudo bem... Dou-lhe uma semana e nada mais". Raquel, quando viu que conseguiu seu intento, ficou mais tranquila. Marcel veio para beijá-la novamente, mas ela o parou a tempo: "Por favor, Marcel, controle-se, você ainda é noivo de minha irmã". "Mas eu a amo tanto... se soubesse o que tenho passado..." Raquel queria dizer-lhe o mesmo, mas tinha de manter sua postura: "Eu o entendo, logo tudo será solucionado". "Tudo bem, tenho de respeitar você. Espero uma semana, nem mais um dia." Marcel mal terminou a frase e Raquel saiu correndo. Antes de adentrar a sala, ajeitou-se, respirou fundo e foi para o quarto. Ninguém notou nada.

— Os dias passavam rápido demais. Raquel chamou a mãe para uma conversa. Teresa bateu à porta: "Posso entrar?". "Claro, minha mãe." Teresa, assim que adentrou o quarto da filha, viu pela fisionomia dela que não estava bem. Teresa sentou-se na cama ao lado da filha: "O que houve? Por que me chamou para conversar?". "Mãe, quero seu consentimento para viajar." "Viajar? Nunca... Seu pai jamais consentirá, pode tirar essas ilusões de sua cabeça. Já está mais do que na hora. Dê-me esses livros todos, eles fazem com que você realmente viaje em suas imaginações." "Mãe, a senhora sabe muito bem que desejo conhecer outros países, outros lugares, outras culturas", disse Raquel. "Minha resposta é não. E ponto-final." Teresa já ia se retirando quando Raquel, quase gritando, insistiu com lamentos: "Se eu não for viajar, vai acontecer uma desgraça nesta casa!". Teresa parou no meio do imenso quarto e se virou para filha: "Do que está falando? Enlouqueceu?" "Não, minha mãe, mas se não consentir, todos enlouquecerão." Teresa voltou a sentar-se ao lado da filha, sobre a cama. "O que está havendo?" Raquel, com lágrimas nos olhos, se abriu: "Lembra quando Marcel veio com seus pais conhecer sua pretendente?". "Sim... Lembro-me perfeitamente." "Pois então, eu estava no jardim, absorta em meus pensamentos, quando Madalena me chamou para conhecer seu futuro noivo." Teresa permaneceu em silêncio para ver aonde chegaria aquela conversa. Diante do silêncio da mãe, Raquel continuou: "Nos cumprimentamos e logo depois a senhora requisitou a presença de minha irmã para trocar o vestido, já que era uma noite especial para os futuros noivos. Madalena, antes de se retirar, pediu-me para fazer companhia a seu noivo, e eu, como uma boa anfitriã, assim o fiz. Marcel pediu para dar umas voltas pelo jardim, e eu aceitei sem culpa nenhuma. Conversamos sobre muitos assuntos, até que, sem que eu esperasse, ele me beijou". Teresa, fora de si, levantou-se, muito nervosa: "Ele a beijou na boca?". "Sim..." "E você o que fez? Correspondeu?" "Juro, minha mãe, que não. Na hora até fiquei aborrecida." "Diga a verdade. Aconteceu algo mais?" "Mãe! Lógico que não, fiquei tão nervosa que nem presenciei noivado nenhum. Fui para meu quarto e não saí mais." "Mas é muito atrevido esse rapaz!" "Mãe, não o julgue." "Por que o está defendendo?" "Porque tenho certeza de que fez sem pensar nas consequências." "Mas isso é muito errado, ele está noivo de sua irmã!" "Eu sei, por isso peço que convença papai a me deixar ir viajar." "Mas ele não vai consentir. Jamais a deixará sair sozinha pelo mundo." "É preciso, pois se eu não estiver aqui ele se casa com Madalena." "O que está querendo dizer? Anda se encontrando com ele às escondidas?" "Não minha mãe, só uma única vez." "Não acredito no que meus ouvidos estão escutando!" "Mas há uma explicação", respondeu Raquel. "Pois fale logo...", disse a mãe. "Ele insistia em me ver, e ameaçou contar tudo o que estava acontecendo." "Está querendo me dizer que ele está apaixonado por você?" Raquel abaixou a cabeça desconsertada. "Me diga, Raquel...", insistiu a mãe. "A senhora não me deixa terminar." "Tudo bem, pode continuar, pior tenho certeza de que não ficará." "Nos encontramos no último domingo, quando ele e os pais vieram almoçar conosco. Saí para o jardim porque sabia que ele viria atrás de mim. Pensei comigo: 'Hoje termino esse mal-entendido', mas não houve tempo, logo que se aproximou de mim, me beijou novamente." "Minha nossa senhora! E você correspondeu?" "Sim, minha mãe, não resisti. E não foi um beijo só, foram vários." Teresa estava completamente tensa, suas mãos tremiam, e de sua fronte minava água como bica. "Não preciso ouvir mais nada, me poupe dessa promiscuidade. Será que não vê que isso jamais poderia ter acontecido?" "Sinto muito, minha mãe, mas precisava confessar o que já não conseguia mais omitir." "Sabe o que vai acontecer se seu pai vier a saber desse abuso?" Raquel balançou a cabeça negativamente. "Ele fará com que esse rapaz se case com você. Uma moça com a educação que teve não pode se dar ao desfrute dessa maneira." "Mas só nos beijamos", disse a moça. "Pelo amor de Deus, Raquel, não repita uma barbaridade dessas outra vez!" "Por favor, mãe, convença papai a me deixar viajar, assim, todos os problemas serão resolvidos." "Como acha que os problemas serão resolvidos? Marcel não quer sua irmã, e sim você". Você pode ir para o outro lado do mundo, e mesmo assim sua irmã não será feliz ao lado de Marcel. Ele a fará infeliz. E, se ela souber, nem posso imaginar a desgraça que acontecerá em nossa vida!" "Que solução há, então, minha mãe? Não vejo outra saída. Se eu desaparecer, tenho certeza de que Marcel se casará com Madalena, ficará decepcionado e retomará seu compromisso." "Pelo que estou sentindo, o problema é mais grave do eu que pensava! O que falta me contar?" "Ele disse que, se eu não me decidisse em sete dias, ele mesmo contaria para todos do amor que sente por mim", disse a moça. Teresa ficou tão aflita que perdeu os sentidos. Raquel não queria fazer alarde, mas não teria jeito. Abriu a porta e, quando ia correndo buscar socorro, Lívia a salvou, pois estava por perto caso algo de grave acontecesse. "Aonde pensa que vai?" "Vou chamar o papai!" Lívia empurrou a irmã para dentro do quarto e trancou a porta, dizendo: "Ficou louca? Nós mesmas temos que resolver esse impasse". "Mas como, irmã?" Lívia pensou por alguns instantes. "Traga a jarra de água." Raquel rapidamente fez o que a irmã havia pedido. Lívia, sem pensar duas vezes, jogou um pouco de água sobre a cabeça da mãe. Aos poucos Teresa voltou ao normal. Atordoada, Teresa falou: "Estão querendo me afogar?". "Pegue uma toalha, Raquel!", disse Lívia. Raquel ajudou a irmã enxugar a mãe. Mas Teresa, quando viu Lívia junto, pensou que fosse ter uma síncope: "O que Lívia está fazendo aqui?". "Vim ajudá-la, mãe." "Isso é um complô?" "Claro que não, minha mãe, apenas estava de prontidão caso houvesse uma desgraça. E ouvi tudo, ainda bem que estava do lado de fora esperando", continuou Lívia. "Esperando ou escutando nossa conversa?" "Mãe... Lívia sabe de tudo", explicou Raquel. Teresa se levantou, se recompôs e disse firmemente: "Amanhã mesmo você vai para bem longe, Raquel! Estou vendo que daqui a pouco todos saberão desse fato lamentável". Teresa saiu para se arrumar e deixou as filhas a sós, muito nervosas.

Sabrina estava atônita com a narrativa de Alexandre.

— Amanhã continuaremos – disse ele.

Voltando de seus pensamentos, a moça respondeu:

— Não, Alexandre, preciso saber de tudo o que houve.

— São muitas informações para desvendar todas as suas provações.

— Não me importo, tenho todo o tempo do mundo agora.

— Tudo bem, então, vamos lá.

Alexandre continuou sua narrativa:

— Na manhã seguinte, quando faltava apenas um dia para o término da promessa que Raquel havia feito a Marcel, Teresa conseguiu autorização do marido para que a filha fosse viajar, mas com a condição de que Lívia fosse junto. Para Teresa, foi uma ótima ideia a do marido, já que Lívia também sabia sobre o amor de Raquel e Marcel. E assim foi feito. As duas embarcaram para outra cidade até que o casamento se realizasse. Mas houve um inesperado acontecimento.

— Um inesperado acontecimento? O que houve? – perguntou Sabrina.

— Marcel ficou completamente apático quando soube que sua amada havia viajado, e em seus pensamentos a tinha como covarde. Ficou transtornado.

— Eles não se casaram? – questionou Sabrina, muito aflita, para seu instrutor.

— Sim... Casaram-se, mas Marcel já não era o mesmo. Como Teresa já havia previsto, sua filha Madalena se tornou infeliz. Madalena amava Marcel com todas as suas forças, ficou grávida e teve um lindo filho, e por esse motivo não se conformava com o desprezo do marido. Marcel sumia por dias, bebia e vivia na casa de amigos, jogando até altas horas da madrugada. Não ligava para esposa nem para o filho. Quando chegava ao palácio, Madalena se compadecia de vê-lo embriagado. Ela cuidava dele como uma esposa extremosa, mas sua atenção mesmo não tinha. Passaram-se meses, e o rei Arquimedes pediu que a esposa escrevesse para que as filhas voltassem.

— Ai, meu Deus, Raquel não voltou, né? – perguntou Sabrina, aflita.

— Sim, Raquel e a irmã regressaram. Logo que chegaram, não encontraram o que esperavam. Madalena já não era a mesma moça jovial que deixaram. Marcel, então, só o viram depois de cinco longos dias. Era uma manhã agradável de verão, e todos em volta da mesa faziam a refeição quando entrou Marcel todo machucado, pois havia perdido no jogo. O pai dele havia cortado seu ganho, já que era gasto com meretrizes e jogos. Madalena, penalizada, correu para socorrê-lo, mas, como não mandamos em nosso coração, Raquel também correu. Na hora, nem Madalena nem ninguém, com exceção de Teresa, notou a preocupação de Raquel por quem seu coração batia apaixonadamente, pois nem a distância fez com que ela o esquecesse. Levaram-no para o quarto, cuidaram de seus ferimentos e trocaram suas roupas com todo o carinho do mundo. Na manhã seguinte, quando todos novamente estavam em volta da mesa de refeições, Marcel, todo arrumado e preparado para mais alguns dias fora, avistou Raquel, pois no dia anterior não tinha condições de reconhecer nem a si mesmo. "Ah... A covarde voltou?", disse ele, irônico. Todos ficaram paralisados, mas ele não se intimidou. A passos curtos e leves, postou-se atrás de Raquel, abaixou-se e disse em seu ouvido de maneira provocante, e todos puderam escutar também: "Não adiantou nada fugir de mim, ainda cultivo os mesmos sentimentos. Você não passa de uma covarde. Viu o que fez? Sua irmã não é feliz. Não é mesmo, Madalena? E sabe por quê? Porque nunca consegui amá-la como deveria. E sabe por quê? Porque meu coração pertence a você, sua covarde e destruidora de corações. Você nunca me amou. E sabe por quê? Porque sua alma não foi capaz de sentir o que sinto até hoje por ti". O rei, alterado por saber naquele instante os porquês das atitudes do genro, vociferou: "Basta... Basta... Quem pensa que é, meu jovem, para despejar tantas asneiras como essas?" "Eu, meu sogro, sou um desgraçado, sei que nunca mereci o amor que sua filha Madalena tem por mim, mas não sou o único culpado. Sua filhinha Raquel me fez de idiota, me deixou na ilusão de que resolveria esse impasse e essa farsa que foi meu casamento. Pergunte à sua filha Madalena quantas vezes a toquei como marido? Acho que uma ou duas vezes, quando ficou grávida, e mesmo assim porque estava embriagado. Sua filha não mereceu ser infeliz como é até hoje. Nunca consegui fazê-la feliz. Nunca fui o marido que ela esperava. Nunca cumpri meu papel de marido, de amante." "Chega... Chega... Chaga...", gritava Madalena completamente humilhada e infeliz. Sem ter condições de ouvir mais nada de seu marido, saiu da mesa correndo para o quarto. Raquel se penalizou com toda aquela situação. Embora amasse realmente Marcel, foi atrás da irmã. Madalena, por sua vez, abriu um rombo em seu coração e plantou um ódio eterno pela irmã: "Como, depois de tanto tempo, vim a saber a verdade assim, de maneira tão cruel?". Ela entrou no quarto, bateu a porta com força e se jogou sobre a cama, totalmente humilhada. Raquel bateu à porta e entrou: "Irmã, posso explicar tudo. Nunca houve em mim a intenção de roubar seu marido". Madalena estava com tanto ódio da irmã que aos gritos jogava vários objetos cortantes em sua direção: "Some... Da minha frente... Sua traidora... Tenho ódio de você... Se existe o demônio, é você... Ainda hei de ver você morrer à míngua. Desejo todo o mal do mundo para você, nem que passem anos, séculos, vou te perdoar...". Entre vasos e enfeites de porcelana, um objeto certeiro cravou o peito de Raquel, atingindo seu coração. Ao escutar o barulho de louças quebrando, todos correram para o quarto de Madalena. Marcel foi o primeiro a chegar e ver seu grande amor agonizando em meio à poça de sangue: "Fale comigo, meu amor... Fale comigo...". Raquel, ainda com um sopro de vida, pediu que Marcel se aproximasse de seu ouvido e disse: "Não era para ser assim... Não poderia fazer minha irmã sofrer. Por favor, cuide dela como merece". Essas foram as últimas palavras de Raquel. Sua alma se tornando espírito fora recolhida para a pátria espiritual. Foram lamentáveis todos aqueles acontecimentos. O rei e sua esposa enterraram a filha no meio do jardim repleto de flores.

— E Marcel cuidou de Madalena, como Raquel havia pedido? – perguntou Sabrina, em prantos, mal pronunciando as palavras.

— Sim... Por um bom tempo Marcel se dedicou a Madalena, mas sua dor era insuportável, seus pensamentos sóbrios e funestos de dor eram cruelmente insuportáveis, até que um dia ele se suicidou, enforcando-se em uma árvore, entre tantas que existiam no belo palácio.

Sabrina estava em estado de choque, mas não quis que Alexandre parasse aquela história, a história de sua vida passada.

— E Madalena, como ficou?

— Madalena infelizmente não soube lidar com a rejeição do marido e o assassinato involuntário da irmã. Ficou louca, viveu até o término de seus dias na Terra à base de remédios e presa em seu quarto, pois se tornou uma pessoa agressiva.

Sabrina não conseguia parar de chorar. Seus soluços eram gemidos de dor. Alexandre, firme como tinha de ser, terminou sua narrativa:

— Entende agora por que Leandro é um suicida, e por que temos de ajudar Marisa?

Sabrina, depois de alguns minutos, serenou e conseguiu entender os porquês de sua morte prematura e o porquê do apego excessivo de Marisa pelo filho.

— Com certeza, Lívia é Cléo, minha melhor amiga, que em outra vida era minha compreensiva irmã.

— Muito bem, Sabrina! Sinto que conseguiu entender toda a história que acabei de contar a você.

— Eu não só entendi como senti cada personagem daquela época em mim... Madalena é Marisa, Marcel é Leandro, Lívia é Cléo e Júnior foi o bebê que Marcel desprezou?

— Exatamente. Agora o véu de seu passado se dissipou por completo. Precisamos ajudar Marisa em suas provações. E ficar atentos a Leandro. Tanto eu como Marcel experimentamos o fel do "vale dos suicidas".

Capítulo quarenta e oito

A ajuda a Marisa

Leandro não era apaixonado por Cléo, contudo, sentia-se muito bem ao seu lado. Aprendeu a usufruir os ensinamentos da pátria espiritual. Encontrou-se, tornou-se mais sereno e com uma paz imensa a invadir sua alma. Logo, junto com Cléo, comprou um apartamento, e a decoração deixou por conta de sua futura companheira e de Leonor, que cooperava com muito amor. Estavam nos retoques finais. Leandro e Cléo não sentiram necessidade de se casar, apenas foram morar juntos, em companhia de Júnior, que completara cinco anos.

Leila, depois de trabalhar em uma oficina de costura e em lojas de roupas como vendedora, aceitou o convite de Leandro para ser gerente da loja de calçados no shopping, já que o ex-ocupante do cargo arrumou um emprego no interior de São Paulo. Ganhando melhor, ingressou na faculdade de psicologia, e estava indo muito bem.

O único problema ainda era Marisa, que se encontrava cada dia mais perturbada. Leandro e Patrícia, como bons filhos, dedicavam-se à mãe. Patrícia estava mais bem preparada como médium, porém, sofria com a realidade de Marisa.

— Mãe, trouxe um chá e alguns biscoitinhos para a senhora.

Marisa olhou para a filha como se fosse uma estranha, e aninhou-se no colo dela:

— Você é minha amiguinha?

— Não, mãe, sou sua filha.

— Minha filha?

— Sim... Eu sou Patrícia, e Leandro é seu filho.

Marisa, ao ouvir o nome de Leandro, mesmo com problema de memória e confusões mentais, sorriu:

— Amo Leandro.

— Hoje ele e Cléo vêm visitá-la.

— Leandro, sim, essa mulher, não. Não quero vê-la, roubou meu amor.

— Mamãe, Cléo é filha de sua amiga Vitória, e sua amiga também.

— Não... Não é... Ela minha inimiga, levou Leandro de mim.

Patrícia sabia que teria de ter muita paciência.

— Tudo bem, peço para Cléo não vir, está bem?

Marisa balançou a cabeça positivamente, como uma criança.

— Agora, vamos tomar esse chá e comer alguns biscoitos.

O comportamento de Marisa era igual ao de uma criança. Mais que depressa, ela se ajeitou na cama e esperou que a filha lhe servisse. Enquanto a mãe se alimentava, Patrícia elevou seus pensamentos e fez uma prece fervorosa para os amigos espirituais. Patrícia se encontrava já preparada para se entregar aos trabalhos mediúnicos. Num repente, viu Sabrina.

— Se acalme, amiga, tudo dará certo. Esse é meu instrutor, Alexandre.

— Ah... O senhor é o amigo de dona Evangelina?

— Sim... Mas, por favor, não precisa ser formal e me chamar de senhor, afinal, sou tão jovem quanto vocês.

Patrícia abriu um lindo sorriso, gostou do jeito descontraído de Alexandre.

— Patrícia, viemos aqui para juntos trabalhar a alma de sua mãe – disse serena, como sempre, Sabrina.

— Puxa vida, você está tão linda! Estou muito feliz em vê-la!

Marisa não viu, mesmo porque estava confusa mental e espiritualmente, mas pôde sentir que algo a incomodava. Num rompante, começou a gritar e a blasfemar coisas horríveis.

— Tire ela daqui... Tire ela daqui... Tenho ódio... Tenho ódio...

— Ela pode te ver? – perguntou Patrícia, muito assustada.

— Não, Patrícia. Mas há alguns amigos espirituais de baixas vibrações que sopram em seu ouvido coisas sobre Sabrina – explicou Alexandre.

— Por favor, vamos nos concentrar nas vibrações positivas para limpar os miasmas que a envolvem.

Alexandre pôs-se aos pés da cama de Marisa e pediu que Sabrina e Patrícia espalmassem suas mãos sobre a enferma. Ambas obedeceram, e Alexandre introduziu uma prece:

Senhor, meu Pai de misericórdia, estenda suas mãos sobre essa Tua filha, que tanto necessita de entendimento. Abra seus olhos espirituais para que possa enxergar os males que faz a si mesma. Retire todas as ilusões que a arrastam para um abismo sem fim. Vós, que é bondoso, peço clemência para Ti, intercedendo junto ao Mestre Jesus, que é poder e bondade, mesmo sabendo dos atos enganosos e egoístas que praticou. Suplico-lhe que traga nossa irmã à luz para que seu espírito repila com todas as forças esses irmãozinhos ignorantes e viciosos. Que o bálsamo consolador penetre em sua alma cansada e sequiosa de entendimento, limpando todos os males que cultivou por todo esse tempo. Confio em sua bondade e sabedoria, aqui ou em qualquer dimensão em que eu possa estar.

Assim que Alexandre terminou sua prece, Marisa caiu em sono profundo para que os espíritos de luz pudessem tratá-la enquanto acontecia o repouso do corpo material. Apareceu uma luz forte iluminando todos os que ali se encontravam – a luz verde em especial permaneceu sobre o corpo material de Marisa, plasmando a cura de que tanto necessitava.

— Puxa, que coisa maravilhosa! – exclamou Patrícia com lágrimas nos olhos.

— Querida Paty, precisamos voltar algumas vezes para fazer este trabalho, trazendo conforto para sua mãe. Assim que ela estiver melhor e pronta, você será incumbida de levá-la às reuniões na casa da nossa generosa Evangelina.

Patrícia não contestou. Acreditava piamente nas palavras do novo amigo Alexandre.

— Sim... A hora que vocês quiserem. Serão sempre bem-vindos!

Sabrina aproximou-se da amiga e a abraçou forte.

— Como pode ser tão generosa com minha mãe, que te odeia tanto?

Sabrina se afastou para poder olhar nos olhos da jovem e respondeu:

— Ao contrário do que sua mãe alimenta, nunca fui sua inimiga. E, depois, preciso ajudar seu irmão a continuar em suas provações.

— Não tem ciúme dele? Ele agora está vivendo maritalmente com nossa amiga Cléo!

— Não, querida amiga, não sinto ciúme. Peço a Jesus o melhor para ele. E o melhor para ele é ter Cléo ao seu lado.

— Bem... Agora precisamos ir, chegou a hora, Sabrina – disse Alexandre.

Sabrina se despediu de Patrícia, que mantinha um brilho no olhar que nunca pensamos que pudesse existir. Alexandre também se aproximou da jovem para se despedir:

— Patrícia, continue sua senda na escala evolutiva, nunca deixe sua doutrina e seus ensinamentos. Você está indo muito bem. Confie sempre no amor de nosso Criador.

Patrícia, sem palavras de tanta emoção, acompanhou com os olhos a amiga e seu instrutor volitarem, desaparecendo como que por encanto.

Após o jantar, Leandro, acompanhado do filho e de Cléo, foi à casa de seus pais. Eduardo, feliz, os recebeu.

— Oh, meu filho, que bom que veio!

E abraçou os três. Estava muito feliz na companhia do neto e de Cléo, que agora fazia parte da família. Parecia que o filho havia encontrado o equilíbrio.

— Onde está mamãe?

Patrícia, que vinha logo atrás, respondeu, depois de abraçá-los:

— Mamãe está repousando.

— Mas ela está bem?

— Agora, sim.

— O que quer dizer?

— Hoje aconteceu uma coisa extraordinária, já contei a papai.

— Pelo brilho nos seus olhos, deve ter sido um acontecimento bom – concluiu Leandro.

— Sabrina esteve aqui acompanhada do instrutor dela.

— Que notícia ótima!

— Você, meu irmão, não está entendo. Eu os vi!

Leandro se emocionou. Cléo ficou enciumada, pois seu companheiro demonstrava uma felicidade radiante.

— Conte-me tudo, por favor.

Patrícia contou tudo o que houve. No fim da narrativa, Leandro exclamou:

— Puxa vida, e eu que não gostava quando você tinha esses sintomas mediúnicos!

— Pois é, meu irmão, mas antes eu só pressentia. Depois de muitos estudos e treino é que tive o privilégio da visão como dona Evangelina.

— Isso é uma dádiva! E como a Sabrina está?

— Muito bem, e muito bonita também.

Cléo estava apreensiva com aquela conversa toda, e Leandro percebeu:

— Cléo, não se sinta em segundo plano. Sabrina foi uma parte boa da minha vida, mas você também é, e sempre será.

Cléo ficou sem graça.

— Eu sei que ainda a ama.

— Por favor, Cléo, Sabrina pertence a outro mundo, seus ideais e suas metas agora são outros. Se eu disser que ela não se importa com cada um de nós, estarei omitindo uma realidade. Mas você acabou de ouvir por que ela veio.

— Eu sei, veio por causa de dona Marisa. Perdoem-me, sou uma tola mesmo.

Leandro segurou nas mãos de Cléo e disse gentilmente:

— Eu a amo. Sabrina agora pertence a uma outra vida. Deixe que ela cumpra com suas tarefas. Isso tudo inclui você também, pode acreditar no que digo. Sabrina está torcendo por nós dois sempre.

— Puxa, me perdoem, minha atitude foi ridícula. Sabrina foi e sempre será minha melhor amiga.

— Tudo bem, esqueçamos isso tudo. Vou pedir para a Deolinda trazer um café fresquinho para nós. Vamos com o vovô? – Eduardo convidou o neto.

— Enquanto isso, vou ver mamãe – disse Leandro, já se retirando.

Leandro foi ao quarto da mãe e entrou sem fazer barulho para não perturbá-la. Aproximou-se e sentou-se ao seu lado. Com carinho, passou a mão em seus cabelos. Ela estava serena, mas pálida. Leandro, como um aprendiz, espalmou suas mãos e fez uma singela prece. Ao término, ela despertou:

— Leandro...

Marisa tomava muitos remédios controlados pelos abençoados psiquiatras. Contudo, do filho amado nunca se esqueceu. Jogou-se em seus braços e o apertou com a sensação de perda.

— Estava com muita saudade da senhora! – disse Leandro emocionado por vê-la mais serena.

— Como o amo, meu filho... Como o amo...

— Eu também, mãe, a amo muito, preciso vê-la bem.

— Se voltasse a morar aqui, com certeza eu estaria sempre bem.

Leandro afrouxou o abraço para olhar nos olhos da mãe.

— Eu sei disso. Só que as coisas mudaram agora, tenho minha própria casa e uma companheira maravilhosa.

— Mas por que fez essa escolha? Eu poderia cuidar de você.

— Sei que cuidaria de mim melhor que qualquer pessoa, mas agora estou casado.

— Juntado, quer dizer...

— Para mim é a mesma coisa.

— Não quero falar sobre essa união insana, quero saber do meu neto.

— Eu vou buscá-lo para a senhora ver.

Marisa se ajeitou melhor na cama e Leandro foi buscá-lo. Assim que Júnior entrou, Leandro o fez abraçar a avó. Júnior obedeceu, pois sentiu que a avó estava sem aqueles acompanhantes. Abriu os bracinhos e correu a seu encontro.

— Minha querida criança, que saudade!

Marisa parecia estar em seu estado normal. Júnior correspondeu ao abraço.

Um adendo: caso não saibam, as crianças têm um sexto sentido mais apurado que os adultos. Sentem muito mais quando algo não está bem no ambiente familiar. Antes dos sete anos, são puros e isentos das vaidades mundanas e ilusórias.

— Como você cresceu, meu rapazinho!

— Sou forte, ó, vovó... – Júnior dobrou o pequeno braço para mostrar seus músculos.

Marisa achou muita graça. Leandro deixou que eles se entendessem. Lembrou-se de dona Evangelina, que disse que seria bom que sua mãe mantivesse contato com o neto, pois as crianças têm grandes poderes de higienizar os ambientes e até mesmo pessoas enfermas. Elas possuem uma aura em torno de seu corpo físico e espiritual que ajuda a eliminar quaisquer energias negativas. Onde existem crianças existem as bênçãos de Deus.

— Bem... Vou deixá-los aqui e vou tomar um café que papai pediu que Deolinda fizesse. Tudo bem, mãe?

— Tudo, meu filho, vá. O Júnior fará companhia para a vovó, não é, meu querido?

Leandro ficou pasmo. Sua mãe o esqueceu por algum tempo. Pensou com ele mesmo: "Isso... isso... Esse é o caminho, obrigado, Senhor, que a alegria do meu filho ajude a dar o que minha mãe está necessitando".

Capítulo quarenta e nove
o aprendizado de sofia

Sabrina não parava um minuto. Agora se sentia mais preparada, auxiliava em todas as tarefas, principalmente nos resgates de irmãos do vale dos suicidas. Zé e Ana Maria se afeiçoaram a ela, e com isso aprendeu muito. Com sua bondade e sua dedicação, conseguia doutrinar alguns irmãos em rebeldia e tormentas e fazê-los entender qual era o significado da "vida" que nosso Criador generosamente oferecia quando encarnados e os porquês de Ele não aceitar que seus filhos encarnados ceifassem suas vidas corpóreas sem permissão.

Deus, em sua bondade infinita, nos perdoa de qualquer ato impensado se pedirmos realmente de coração. Deus nos entende em quaisquer circunstâncias, mas o suicídio para ele ainda é um ato abominável de falta de fé e confiança em suas variadas oportunidades. Quando digo "variadas", quero dizer que cada caso é um caso, e nosso Pai Maior sabe em sua sabedoria onipotente e onipresente o que se passa com cada um de Seus filhos. Por muitas vezes blasfemamos que Ele, o Soberano, esqueceu-se de nós, mas digo com toda a certeza que jamais faria isso. Apenas nos ensina, por meio dos famosos conceitos: "ação e reação" e "causa e efeito". Por isso, temos o dever de saber que caminho e atitude tomar, mesmo sendo todos livres. O "livre-arbítrio" é uma ferramenta poderosa e de igualdade perante todos os irmãos encarnados e desencarnados, contudo, precisamos estar sempre atentos e confiantes de que o que fizermos estará a nosso favor. Para elucidar, sigam sempre: "Amar a Deus sobre todas as coisas, e ao próximo como a si mesmo". Esses dois simples mandamentos farão toda a diferença na vida de cada um de vocês.

Sabrina estava feliz a cuidar de dois irmãozinhos que conseguiu trazer para o mundo de luz, de esperança, de aprendizado. Sofia, muito melhor, acompanhava Sabrina para poder entender alguns fatos que para ela ainda eram injustos.

— Bom dia, Sabrina!

— Bom dia, minha querida! Como se sente?

— Muito melhor, mas às vezes sinto um pequeno mal-estar.

— É normal, logo, logo isso tudo será passado. Será que poderia me auxiliar com suas vibrações sobre este nosso irmãozinho?

— Como assim? Está me pedindo para eu impor minhas mãos sobre as chagas dessa pessoa?

— Desse irmão, Sofia... Desse irmão...

Sofia entendeu o que Sabrina quis dizer, mas ela ainda achava difícil lidar com aqueles irmãos que chegavam do vale.

— Vamos, venha, vou lhe ensinar.

— Tem certeza disso, Sabrina? O que posso oferecer a esse "irmão"?

— Não se preocupe, apenas eleve seus mais puros sentimentos de amor e compaixão, e verá os resultados.

Sofia timidamente se aproximou do irmão recém-chegado com grandes chagas abertas e espalmou suas mãos como Sabrina estava fazendo. Pela primeira vez, Sofia se entregou com todo o seu amor a pedir a nosso Mestre Jesus um alívio para aquele irmão sofredor. Parecia se ver naquele estado lamentável, quando ali chegou. Não demorou muito e de suas mãos, assim como das de sua amiga Sabrina, saíam grandes e fortes luzes verdes a penetrar os ferimentos daquele irmão. Sofia não pôde conter a emoção ao ver que sua entrega àquele irmão era sincera. Não conseguiu segurar as lágrimas que vertiam de seus olhos. Pela primeira vez sentiu grande felicidade e confiança de que ela não era a coitada que se penalizava por si mesma. Sabrina olhou para ela e sentiu a felicidade inundar seu coração. Ao término, cobriu o paciente com um alvo lençol e convidou Sofia para mais alguns trabalhos, para que pudesse confiar nos sentimentos verdadeiros de irmandade, de caridade ao próximo. Quando acabaram, sentiu que Sofia havia doado muitas energias àqueles irmãos que tanto necessitavam.

— É hora de parar, foi de grande valia sua colaboração. Por favor, sente-se que agora vou repor suas energias doadas.

Sofia realmente precisava, e se encontrava ainda um pouco debilitada. Não estava por completo confiante. Mas devo acrescentar que cabe a cada um de vocês se ajudar, e não cultivar lembranças do passado que poderão arrastá-lo à demora da evolução. Nunca devemos nos sentir os coitados, isso deixaria claro na visão do Criador que Ele não é justo com seus filhos. Precisamos ter a certeza de que nosso Criador ama todos igualmente, como um pai ama seus filhos. Perdoem-se de coração antes de mais nada, pois só assim chegarão à conclusão de que apenas pagamos nossos próprios débitos de acordo com nossos atos. Depois de terem se perdoado de todo o coração, poderão prosseguir, deixando o passado onde é seu lugar. A palavra "passado" já diz por si só – que já se foi, já era, acabou. Olhem para a frente, para um novo futuro. Só assim novas oportunidades chegarão. Bem... Voltemos a Sabrina e Sofia.

— Sente-se melhor?

Sofia levantou de onde se encontrava relaxada, recebendo novas energias, e abraçou Sabrina.

— Como pode ser assim, tão generosa?

— Eu? Quem me dera... Eu apenas tenho meus motivos, como Alexandre teve os dele.

— Alexandre foi o grande amor da minha vida.

— Ah... E eu não sei?

— Sabe?

— Alê agora é meu amigão. Mas não sinta ciúme, viu? Alexandre contou sua história de vida corpórea.

— Então você sabe...

Sabrina gentilmente a interrompeu:

— Sei tudo o que aconteceu com vocês. Alexandre ficou vários dias ao seu lado quando aqui chegou. Ele a ama.

— Você não sabe como isso me conforta.

— Mas aqui demonstramos nossos sentimentos de amor de outra forma. Pelo menos, foi isso o que aprendi com Alê.

Sofia começou a rir.

— Do que está rindo com tanto entusiasmo?

— Você o chama de Alê, como se estivesse na Terra.

— É, na verdade, sei que Alê é para os íntimos, mas às vezes gosto de deixá-lo bravinho, sabe?

— E como sei. Mas eu o chamava de Alê quando éramos namorados.

— Sofia, você deveria agradecer muito por ter seu amor aqui a seu lado. Alexandre trabalhou muito em prol de sua chegada.

— Verdade?

— Sim, mas não diga que eu contei, afinal de contas, não somos mais humanos, e fofoca aqui é imperdoável.

— O que é imperdoável, minha querida Sabrina? – perguntou Alexandre, que vinha entrando na câmara de tratamento.

— Ah... Nada...

— Tem certeza de que não é nada?

— Claro que tenho, oras! Embora saiba muito bem que lê pensamentos.

Alexandre riu do jeito extrovertido de Sabrina, e, em seguida, com os olhos brilhantes, viu Sofia.

— Como está, minha querida?

— Muito bem. Hoje, pela primeira vez, auxiliei Sabrina com os recém--chegados!

— Sabrina!

— Ok, ok... Sei que Sofia ainda está em pleno restabelecimento, mas você não foi tão atencioso e generoso comigo? E, depois, já devolvi as energias dela. Você pegou pesado comigo, por que não posso fazer o mesmo com sua amada?

— Sabrina, olhe seu palavreado!

— Desculpe... Desculpe...

— Já terminaram seus afazeres?

— Sim, meu senhor...

— Você, Sabrina, é um dos espíritos mais terríveis que já conheci!

— Ah, Alê, sei que gosta de mim.

Alexandre não respondeu nada, já sabia como era o jeito de Sabrina, às vezes ela achava que estava em sua casa, na sala de estar.

— Bem... Se já terminaram, poderia andar um pouco com você, Sofia?

— Já vi que estou sobrando! – brincou Sabrina.

— Sabrina, quantas vezes já...

Sabrina se adiantou:

— Já sei... Já sei... "Contenha-se!"

— Tenho apenas alguns minutos para falar com Sofia. Depois teremos uma longa conversa, viu, dona Sabrina?

— Já sei, teve notícias de Leandro!

— Depois, Sabrina... Depois...

Alexandre se retirou com Sofia, mas ria por dentro por ver as aflições de Sabrina. Em companhia de sua amada, ganhou o imenso verde. Aproximaram-se do lago e ele estendeu sua mão para que Sofia sentasse também.

— Por que faz isso com Sabrina? Ela é tão doce. É muito melhor que eu.

— Pare de se menosprezar, esqueça o que passou, olhe para o presente. Enquanto alimentar...

Sofia o interrompeu:

— Já sei de tudo. Não precisa se dar ao trabalho de passar sermão em mim. Hoje tive a experiência diante dos meus olhos. Não quero mais cultivar sentimentos negativos, nem tampouco me achar a última dos mortais. Sabrina não precisou me dar sermão para me ensinar.

— Me desculpe... Sei que às vezes sou rude. Sei também quão generosa ela é. Foi uma ótima aprendiz.

— Me fala um pouco dela.

— Não tenho muito a falar, contudo, ela se esforça muito para interceder junto ao Mestre Jesus. Deixou um grande amor na Terra. Seu nome é Leandro, hoje está casado com sua melhor amiga, Cléo.

— Não acredito! A melhor amiga dela a traiu?

— Não, Sofia. Ao contrário, ela trabalhou e trabalha incessantemente para o bem-estar de Leandro e Júnior. Leandro só está na boa companhia de Cléo a pedido dela.

— Não acredito no que estou ouvindo!

— Sofia, há muitos ensinamentos dos quais você precisa aos poucos se inteirar. Sabrina trabalhou muito para conseguir seu intento. Ela é um espírito generoso, e não só fez com que sua melhor amiga preenchesse sua falta como ainda intercede pela mãe de Leandro, que há muitas vidas foi sua inimiga.

— Mas essa Cléo pelo menos ama Leandro?

— Sempre amou, os três eram amigos desde a adolescência.

— Preciso fazer muita penitência para aceitar fatos como esses.

— É bom saber sobre Sabrina, isso mostrará a você como podemos ser melhores. É de espíritos assim que o planeta Terra precisa. Para que possamos unificar a paz mundial.

— Mas nunca serei como ela!

— Não diga "nunca", pois é uma palavra muito forte. Ela pode nos deter no passado e em provações desagradáveis.

— Então Leandro nunca a amou?

— Ele a ama com todo o coração, apenas fez o que Sabrina sugeriu.

— Como assim?

— Não tenho autorização no momento para falar das vidas de uma irmã, o que posso lhe adiantar, para que cresça em sua evolução, é que Leandro foi um de nós.

— Está querendo dizer que Leandro foi um suicida?

— Sim...

— Conte-me mais!

— Querida Sofia, eu a amo desde que a deixei, mas isso não me dá o direito de falar sobre a vida de outros irmãos. Se um dia quiser saber a fundo sobre a bondade de Sabrina, pergunte a ela. Cabe a ela contar os fatos de suas existências, e não a mim. Eu apenas cumpro com o meu dever sendo o instrutor, como fui assistido por outros espíritos de luz, que hoje agradeço com meu trabalho. Interessei-me sobre o caso de Sabrina por ter passado pelos mesmos anos cruéis que Leandro também, infelizmente, teve como experiência. Depois de tanto pedir a Diógenes, consegui essa missão.

Alexandre entrou com outros ensinamentos, deixando o caso de Sabrina de lado, pois não era seu direito falar sobre sua protegida. Sofia ficou atenta às explicações elucidativas que o amor de sua vida expunha com grande desempenho. Já estava anoitecendo quando Alexandre resolveu procurar Sabrina e colocá-la a par do andamento de seu caso. Assim que chegaram à casa de Amarilis, onde Sofia também foi convidada a se hospedar, Alexandre bateu à porta e pediu licença:

— Posso entrar?

— Amarilis ficou feliz.

— Claro que sim, meu amigo.

Alexandre entrou acompanhado de Sofia e foram convidados a se sentar à mesa.

— Por favor, juntem-se a nós e se sirvam... – disse Sabrina, que depois de muitos anos já se acostumara com a refeição.

— Sofia, por favor, você precisa dessa água, quer dizer, dessa sopa urgentemente para recompor suas energias.

— Sei que a cada refeição me sinto mais revigorada, mas isso não tem gosto de nada!

Sabrina caiu na gargalhada.

— Não disse? Sofia concorda comigo plenamente.

— Dona Sabrina, você deveria ser a primeira a ensinar à Sofia que essa refeição lhe fará muito bem, em vez de desdenhar.

— Xi... Já começou...

Sofia e Amarilis riram muito das picuinhas dos dois irmãos, que no fundo estreitavam as afinidades.

— Vá se acostumando, Sofia, esses dois de vez em quando se estranham.

— Tenho certeza de que se gostam. E, depois, não tem como não gostar de ambos – disse Sofia feliz.

— Fale por você, Sofia, que ama esse chato, mas eu? Eu não faço questão nenhuma de tentar amá-lo.

Todos riram do jeito engraçado que às vezes Sabrina demonstrava.

— Sabrina, será que podemos conversar na outra sala?

Sabrina olhou curiosa, mas não disse nada, apenas acompanhou Alexandre. Ela sabia a hora de brincar e a hora de falar sério. Assim que adentraram a outra sala, Alexandre foi logo expondo os últimos fatos:

— Trouxe boas notícias.

— Por favor, fale logo.

— Depois de alguns trabalhos de passes com a nossa irmã Patrícia, o tratamento está surtindo efeito. Júnior, embora pequeno, está fazendo muito bem sua parte. Ele tem feito muito bem a Marisa.

— Que bom! Como posso lhe agradecer?

— Sempre agradecemos com orações, Sabrina. As orações sempre farão parte de nosso caminho. Sejam boas notícias, sejam más notícias. Se forem boas, oramos para cada dia mais crescermos espiritualmente, se forem más, fazemos com ainda mais fervor para alcançar nossas metas.

— Todos os dias aprendo mais com você, Alexandre. Mesmo sabendo de toda sua história de vida corpórea, jamais o trocaria por outro.

Sabrina abraçou Alexandre com muito amor e carinho. Ele não se importou, já se acostumara com esse contato que era próprio de sua protegida.

— E agora, o que faremos?

— Agora temos que ir para próxima etapa.

— E qual seria?

— Tentar fazer que Marisa vá até Evangelina.

— Será que conseguiremos?

— Será nossa tarefa se desejamos salvar mais uma irmã.

— Estou com você. Farei minhas preces pedindo o auxílio de Jesus.

— Fique preparada, então, amanhã será um longo dia para nós dois.

Capítulo cinquenta

Marisa vai melhorando

No dia seguinte, no horário do planeta Terra, Alexandre e Sabrina adentram a casa de Evangelina, que tomava o café da manhã.

— Como está, irmã?

— Sabrina! Que bênção tê-la aqui em meu lar!

— Como está, dona Evangelina?

— Agora, muito melhor, com a visita de vocês.

— Termine sua refeição, Evangelina, esperamos. Temos assuntos a tratar.

— Já terminei, imagine deixá-los esperando sabendo que são muitas as suas tarefas.

Evangelina saiu da mesa e se acomodou em sua sala, que sempre estava preparada para os amigos espirituais. Sobre a mesa havia uma enorme toalha branca com um vaso de flores brancas e uma jarra de água.

— Sou toda ouvidos, podem falar.

— Tem tido notícias de Marisa? – perguntou Alexandre.

— Tenho, sim. Patrícia sempre me dá notícias dos acontecimentos.

— Isso é muito bom. Agora, partiremos para próxima etapa do tratamento. Júnior, embora uma criança ainda, tem nos auxiliado muito.

— Patrícia me contou, disse que a mãe não o repele mais.

— Exatamente. Com a presença de Júnior e nossos passes, afastamos os espíritos ignorantes. Agora, podemos avançar com nossas tarefas.

— E qual seria a próxima etapa?

— Pensei em trazê-la aqui em suas reuniões, mas ao mesmo tempo temo que ela resista. Sendo assim, peço encarecidamente que vá lá hoje à noite, quando Leandro, Cléo, Vitória e Júnior se juntarem a Patrícia e Eduardo, para que possamos juntos tentar definir os esclarecimentos quanto à suas enfermidade e sua obsessão.

— Mas como farei para ir lá sem ser convidada?

— Deixe conosco. Sabrina e eu trabalharemos nisso.

— Fico feliz em poder ajudar.

Sabrina se aproximou de Evangelina e falou:

— Sinto-me feliz com sua fé e confiança. A senhora nunca coloca obstáculos, sempre confia em nós, da pátria espiritual, com muita certeza.

— Mas é claro, minha querida, para que eu serviria então, se não confiasse em vocês? Quer maior prova que poder ter o privilégio de enxergá-los?

— A senhora merece todos os bons votos de nossa parte. Fala que nos vê como se fosse um fato corriqueiro.

— Ah... Mas não é só privilégio meu, Patrícia está a cada dia desenvolvendo sua mediunidade com muito desempenho.

— Médiuns, Evangelina, todos são, apenas alguns têm suas sensibilidades mais apuradas. Em meio aos familiares, encontramos a senhora para podermos fazer essa ponte, entre seus ensinamentos e Patrícia. Nada é por acaso, tudo foi muito bem trabalhado para que pudéssemos, entre tantos encarnados, encontrar o melhor caminho. Se Patrícia não tivesse aquela crise em que pensavam estar doente, não teríamos esse apoio que ela, com sua fé e confiança, concluiu com esse elo. Tudo de que precisávamos era de uma médium como a senhora. Nosso Criador, em sua infinita sabedoria, uniu os irmãos certos para que juntos pudessem interceder com nossa dedicação e amor junto aos irmãos necessitados. Conforme a necessidade do caso, procuramos o elo mais próximo para que nosso trabalho tenha êxito.

— Sempre pensamos saber tudo sobre a vida da espiritualidade, mas o universo é uma grande escola. Mais uma vez aprendi com sua sábia palestra.

— Então, está combinado. Terá um convite para hoje à noite. Prepare-se para que juntos possamos findar mais essa etapa.

— Pode deixar, me prepararei com muito amor em minha alma.

— Dona Evangelina, agradeço por tanto ter auxiliado Leandro. Sinto-me feliz e confiante de que Cléo, com sua bondade e amor, fortaleça essa união que se fez entre ela, Leandro e Júnior.

Alexandre e Sabrina se despediram e volitaram para concluir a tarefa. Logo adentraram o quarto de Patrícia, que se arrumava para fazer a primeira refeição. Não demorou muito e ela primeiro sentiu a presença de Sabrina:

— Sabrina... Sabrina, sei que está aí.

Em poucos segundos Patrícia pôde visualizar Sabrina com muita clareza. Alexandre achou melhor esperar do lado de fora, já que Patrícia estava em sua intimidade.

— Como está, minha amiga?

— Muito bem, graças a todos vocês, amigos de luz.

— Sua mãe tem melhorado consideravelmente.

— É verdade, dia sim dia não Leandro vem nos visitar e fazemos orações em prol de sua melhora. Até Maurício e dona Vitória têm vindo para fortalecer nossas vibrações. Pena que mamãe não se interessa. Ela ainda resiste a juntar-se a nós.

— Mas já deu um grande passo. Nós, espíritos, na senda de socorrer nossos irmãos encarnados, nos sentimos felizes, já que sua mãe sabe que se reúnem para fazer orações aqui em sua casa.

— Não é bem assim...

— Já sei o que vai dizer. Que essas orações são feitas enquanto Júnior faz companhia a ela. Mas ela aos poucos vem sentindo algo mudar em seu coração obsessivo. Júnior tem feito a parte dele, parece até que sabe por que tem de ficar com a avó.

— É verdade, sempre que chega, quer ficar com minha mãe.

— Isso é providencial a todos nós. Com a ajuda do neto, ela tem mudado suas energias. A cada visita de Júnior, melhora. Júnior tem o poder, como qualquer criança, de trazer alegria e boas vibrações aos familiares, fora que sua alegria faz um trabalho esplêndido de higienização sem que ela tenha consciência. E vocês aproveitam e se reúnem para os trabalhos maravilhosos que têm ocorrido.

— Puxa vida, como posso agradecer a todos vocês?

— Orando sempre. Orando nas horas difíceis para conseguir seus objetivos e nas horas de alegria e satisfação para cultivar boas vibrações. Orar em quaisquer circunstâncias é bom. Já diz a frase: "Orai e vigiai sempre". Bem, Patrícia, vim em missão.

— Em missão?

— Sim... Vim pedir-lhe que convide dona Evangelina para esta noite, quando todos estarão reunidos. Peço que convide também Leonor e Carlos, que serviram de instrumento para minha vinda à Terra.

— Mas e mamãe? Se ela desconfiar que dona Evangelina estará aqui, esta casa vai desabar!

— Temos que tentar, minha querida. Preciso de sua ajuda para poder findar as provações que há entre mim e sua mãe.

Patrícia não questionou mais. Sentiu que havia muito mais fatos do que ela poderia imaginar.

— Tudo bem, confio na pátria espiritual, sei que tudo vai dar certo.

— Mas, antes, devo pedir-lhe mais um favor: comunique todos, inclusive Maurício, que ainda está alheio aos nossos trabalhos. Prepare-o e peça que faça parte dessa reunião. Ele também precisa se entender com sua mãe.

— Mas não estou entendendo... Maurício tem participado dos trabalhos de dona Evangelina com muito prazer.

— Patrícia, você tem se dedicado muito aos estudos da doutrina, mas ainda não consegue perceber tudo. Maurício tem sua parcela de culpa, ele aceita sua mãe por amor a você, mas ainda alimenta sentimentos de mágoa. E isso não é bom, pois em algum dia de sua vida trará para si enfermidades cruéis.

— Eu entendo. Pode deixar, confiarei sempre na doutrina que escolhi para mim. Pode deixar, telefonarei para dona Evangelina e para Maurício, pedindo que não falte.

— Muito bem, que a paz de Jesus esteja sempre contigo. Até mais.

Sabrina se despediu. Encontrou com Alexandre e retornaram à pátria espiritual.

— Gostei de ver...

— O que foi que fiz?

— Se saiu muito bem, sábias palavras. Conseguiu convencer Patrícia a convidar Evangelina e a convencer Maurício a não faltar. Hoje teremos bons resultados em nome de Deus.

— Que assim seja. Que possamos sair vitoriosos.

Capítulo cinquenta e um
Marisa finalmente se rende

Patrícia ligou para Evangelina, Maurício, Leonor e Carlos e pediu que não faltassem à reunião de logo mais à noite, e que precisamente às oito horas estivessem em sua casa. Um pouco antes do horário marcado, Alexandre, acompanhado de Diógenes, Amarilis e Sabrina, adentraram a residência de Eduardo e Marisa, para que pudessem preparar o ambiente. Fizeram suas preces, pedindo ao Mestre Jesus que intercedesse junto a eles para aquela tarefa. Aos poucos os convidados foram chegado. Como sempre, Júnior correu para o quarto da avó – estava começando a sentir amor por aquela senhora. Quando todos estavam reunidos, Evangelina se pronunciou:

— Bem... Vocês todos foram convidados, inclusive eu, para que possamos cumprir uma tarefa de extrema importância para todos nós. Mas, antes de começar, peço autorização para os amigos da pátria espiritual, que já estão aqui a postos para primeiro conversar com a dona da casa, Marisa.

Os presentes olharam para os lados na tentativa de conseguir ver o que Evangelina e Patrícia viam perfeitamente, com os olhos marejados de lágrimas. Não demorou muito Leandro sentiu um suave perfume no ar. Não disse nada, mas sentiu-se plenamente agradecido por tão boa-venturança. Alexandre se aproximou de Evangelina e lhe passou as instruções:

— Querida amiga Evangelina, você tem nossa permissão para, antes de começar a reunião, tentar fazer com que Marisa participe desse banquete de boas e sinceras vibrações.

Evangelina se levantou e pediu que Patrícia lhe mostrasse o quarto de sua mãe. Assim que chegou em frente à porta, Patrícia manifestou-se:

— Quer que entre com a senhora?

— Não é preciso... Preciso estar só; e, depois, temos nosso amado Júnior, que já se encontra com a avó.

— Tudo bem, se é assim, ficarei junto dos outros convidados em prece para que a senhora tenha êxito.

Patrícia se juntou aos outros e pediu que todos se mantivessem em prece. E, assim, cada um, em seus pensamentos e à sua maneira, pediu ao Criador para que Evangelina e Marisa se entendessem.

Evangelina bateu à porta delicadamente e esperou pela resposta:

— Entre...

Júnior, a pedido da avó, correu para abrir a porta:

— É a dona Evangelina, vovó...

Marisa, depois de alguns passes e a convivência com o neto, estava bem mais equilibrada, mas quando o ouviu pronunciar o nome de Evangelina, se sentiu incomodada.

— Posso entrar? - pediu a senhora.

— Já que está aqui, pode, né?

Evangelina não ligou para a má vontade de Marisa e entrou. Viu uma poltrona ao lado da cama e outra vez pediu gentilmente:

— Posso me sentar?

Marisa, sem simpatia, respondeu:

— Pode...

A senhora acomodou-se, e em seguida Alexandre e os demais amigos se postaram ao lado de Marisa e impuseram as mãos, buscando fluidos benéficos para ela.

— Faz tempo que não nos vemos. Como tem passado?

Júnior pulou sobre a avó e ficou a escutar a conversa.

— Como posso não ficar bem com uma coisinha tão linda como essa? – respondeu Marisa se referindo a Júnior.

— É mesmo, uma criança faz muito bem para nossa alma.

Evangelina apenas observava Marisa, radiante com o neto em seus braços. Parecia que só havia ele ali.

— Sabe, dona Evangelina, depois que esse garoto esperto se achegou a mim, parece ter trazido muita sorte.

— Vejo que se sente feliz, então?

— Muito...

— Fico muito feliz também pela senhora e por todos os seus familiares.

Marisa na hora se lembrou do filho.

— A senhora sabe que Leandro é minha vida? Vivo por ele e, embora venha aqui em casa dia sim, dia não, já não o vejo como meu garotinho.

— É, dona Marisa, temos tanto amor por nossos filhos, mas quando crescem eles são obrigados a seguir seu caminho. Leandro não lhe dá atenção?

— Pelo contrário, é sempre muito carinhoso, e diz sempre que me ama.

— Então, dona Marisa, a senhora não perdeu Leandro, ele apenas tem que prosseguir seu caminho. Quantos filhos somem pelo mundo e os pais nunca mais os veem?

Marisa ficou a pensar, e logo respondeu:

— É verdade. Até que a senhora, por não ter filhos, sabe muito bem como é a vida. Mas, olha... Vou falar uma coisa para a senhora. É muita ingratidão um filho sumir depois de tudo o que fizemos por ele, não acha?

Evangelina, para tentar fazê-la entender, respondeu com outra pergunta:

— Sabe por que eu sei, dona Marisa?

Marisa, meio confusa, balançou a cabeça negativamente.

— Porque, embora eu não tenha tido essa dádiva de ser mãe, estudo os ensinamentos de Deus, e com isso aprendi que somos apenas instrumentos para que eles possam chegar aqui na Terra. Mas não nos pertencem, e, por mais que os amemos, um dia, como os pássaros, eles voam livres para continuar seu curso.

Marisa ainda tinha uns lampejos de confusão mental.

— Mas o que fazemos quando amamos tanto um filho?

— Amamos os netos, como a senhora tem feito.

Marisa, olhando para o rostinho do neto, sorriu.

— Acho que a senhora tem razão. Afinal, temos nossos filhos para que um dia eles possam nos presentear com muitos netos!

— Isso mesmo. A senhora ainda terá tantos netos que não saberá qual deles vai amar mais.

— Será que virá mais algum por aí?

— Não sei responder isso com certeza, mas quem sabe Cléo não lhe dá mais um neto, ou Patrícia? Quem sabe?

— Não gosto mais de Cléo, eu a tinha como uma filha, e, veja, agora me traiu!

— Cléo não a traiu, a senhora é que alimenta esse sentimento de discórdia. Se der uma única oportunidade para ela, verá que ela também a ama como mãe. A senhora nunca perderá nada, sempre ganhará mais filhos.

— Como assim? Não estou entendendo aonde quer chegar.

— É simples, em vez de a senhora perder um filho, ganhou uma filha, e acontece a mesma coisa com Patrícia: em vez de perdê-la, ganhou outro filho. Cléo e Maurício estão apenas esperando que a senhora abra seus braços e faça valer esse ganho. Se fizer isso, pode ter certeza absoluta de que trará ainda mais para junto da senhora e do senhor Eduardo o aconchego de seus filhos amados. E, quem sabe, mais netos? A vida é assim, quando pensamos que estamos livres dos filhos por terem se casado, aumentamos ainda mais nossa família com os agregados que chegam. Em vez de diminuir as refeições, terá sempre que colocar mais água no feijão. Porque vão amá-la tanto que sem esperar estarão aqui dando trabalho, mas também trazendo amor, harmonia e felicidade.

Marisa silenciou por longos minutos. Evangelina ficou com medo da reação dela, mas Alexandre fez sinal de que estava no caminho certo.

— Pensando por esse lado, sabe que a senhora está certa?

— Está vendo? Às vezes aquela tranquilidade que as mães tanto almejam se dá ao contrário, porque sempre terá um filho ou outro pedindo: "Mãe, dá para ficar com meu filho hoje? Preciso resolver tantas coisas".

Marisa deu um leve sorriso, e em seguida se manifestou:

— A senhora é muito sábia apesar de nunca ter tido filhos!

— Mas tenho a alma feminina. Isso é um segredo só nosso.

Marisa ficou feliz pensando que Evangelina havia contado seus segredos.

— Bem... Conversamos muito hoje. Preciso me juntar aos outros, estão me esperando. Posso vir visitá-la outro dia?

— Mas a senhora já vai? Nem conversamos muito!

— É que hoje, em especial, em vez da reunião espírita ser em minha casa, será aqui. Patrícia e seu marido estão interessados nos ensinamentos. Então, resolvi abrir uma exceção. Não quer participar? Estão todos os seus filhos lá embaixo.

— Está falando de Cléo e Maurício também?

— Sim... Não acabamos de falar que a senhora ganhou mais filhos?

Marisa sorriu, entendo a realidade da vida. Ela parecia mais simpática com Evangelina.

— Me desculpe, dona Evangelina, mas sinto receio dessas reuniões. Mas, olha, é um segredo só nosso.

— Pode deixar, estará guardado a sete chaves. Sinto muito que a senhora não queira estar com todos os seus familiares hoje, em especial.

— Por que "em especial"?

— Porque estão todos à sua espera, eles a amam muito. É uma pena, seria uma ótima oportunidade de trazer Cléo e Maurício para perto de seu convívio. Já pensou que bênção esta casa sempre cheia? Bem... Mas agora tenho que ir, todos já devem estar cansados de nos esperar.

— A senhora disse "nos esperar"?

— Sim... A pessoa mais importante para eles com certeza é a senhora, eu sou apenas uma bisbilhoteira no meio de sua família.

Evangelina não a deixou responder e se levantou para sair. Quando estava na porta, Marisa disse com alegria:

— Volte outras vezes!

— Voltarei... – respondeu Evangelina.

Assim que ela fechou a porta atrás de si, seus amigos espirituais atravessaram a parede. Muito aflita, disse:

— Sinto muito, mas não consegui convencê-la.

— Não se aflija, minha cara senhora, vá e se reúnam em volta da mesa, como havíamos combinado – disse Diógenes.

A senhora, meio decepcionada, desceu e indicou o lugar em que cada um deveria sentar. Todos se acomodaram para o início dos trabalhos.

— Por que não vai também, vovó? Eles gostam tanto da senhora! – disse Júnior com carinha de pidão.

— Você acha que eu devo me juntar à nossa família?

— Sim, vovó... Eu acho. Gostaria tanto de ter uma família grandona...

Marisa riu quando o neto abriu seus pequenos braços, fazendo um gesto de grande família.

Estavam todos prestes a começar o Evangelho quando se surpreenderam com Marisa, de mãos dadas com o neto, se aproximar:

— Cabe mais um? – perguntou ela, muito envergonhada.

— Claro que sim, aliás, seu lugar está vago, à sua espera.

Marisa sentou-se e colocou o neto no colo. Todos se admiraram. Sabrina, então, estava a ponto de explodir de tanta felicidade. Foi dado o início e Evangelina fez uma bela e edificante prece para abrir os trabalhos. Estavam todos concentrados na palestra de Evangelina quando Patrícia mostrou que estava recebendo a visita de algum amigo:

— Boa noite a todos... Que a paz de Jesus esteja com todos vocês.

Marisa se arrepiou toda, mas não disse nada, apenas esperou como os outros.

— Todo amor sincero é infinito. Há várias formas de amor. Amamos nossos pais, nossos irmãos, nossos amigos, até que um dia encontramos outra forma de amor. Um amor profundo, puro, muitas vezes pensamos até que dói. Mas, se refletirmos, o amor sincero, verdadeiro e puro não nos faz sofrer. Se sofremos, na verdade não era amor, apenas orgulho ferido, mágoa, egoísmo. E aos poucos nos tornamos escravos de um sentimento a que damos o nome de "amor", mas na verdade o nome correto é "obsessão". O amor verdadeiro é infinito. Traz felicidade, harmonia e uma paz reconfortante, cheia de luz. Confiamos um no outro, nos sentimos seguros, fortes para quaisquer provações. Eu, quando estava aqui entre vocês, amei de toda a minha alma um rapaz e tivemos um maravilhoso filho. Mas, por ironia do destino, tive que partir. E hoje vim dizer que ninguém teve culpa pela minha passagem. Eu já tinha uma enfermidade congênita no órgão coração e tive que partir sem prévia, sem avisos, sem despedidas. Nossos caminhos são assim, uma hora no corpo material, outra como espírito. Contudo, não paramos nunca. Estamos sempre em grandes transformações. Mas nunca esquecemos o amor verdadeiro. Por isso, deixei um diário para meu amado Leandro, para que ele lesse e refletisse sobre todos os acontecimentos à sua volta e desse uma oportunidade a si mesmo. Fiz muitos amigos, como Cléo, Patrícia e tantos outros, mas fiz alguns inimigos. Mas quero dizer a essa pessoa que não cultivo mágoa ou qualquer sentimento negativo. Aprendi que amar verdadeiramente é querer o bem do ser amado. Queremos que prossiga da melhor maneira possível. E foi o que aconteceu com nosso querido Leandro. Quando digo "nosso querido Leandro", quero dizer que jamais o disputei com a senhora, dona Marisa, apenas o amava. E deixo bem claro que almejo sua felicidade junto a seus familiares e amigos. Ame seu filho verdadeiramente, mas não o afaste, traga-o para o mais perto possível. Como uma grande família, se acerte com Maurício para que Patrícia seja feliz, aceite Cléo porque sei que seu filho estará em boas mãos. E, em primeiro lugar, se perdoe, para que possa ser perdoada. Faça de seu caminho o melhor possível, não cultive o sofrimento, porque todos a amam e sofrem quando não está bem. Abençoe a união de Maurício e Patrícia, porque é isso que vale a pena. Hoje estamos aqui reunidos, e o amanhã só a Deus pertence. Viva o presente e aproveite todos os minutos de sua vida. Bem... Meu tempo está se findando, mas quero que dona Evangelina também faça parte dessa grande família. Estou orgulhosa de suas atitudes e condutas. Este é o caminho: lutar por nossos objetivos com lealdade, sendo fiéis a nós mesmos. Que o bálsamo consolador de nosso Mestre Jesus recaia sobre cada um de vocês. E que as bênçãos de nosso Criador os coloquem no caminho do bem, para o bem...

Sabrina se foi, e todos os que se encontravam em volta da mesa choravam de emoção e agradecimento por tão esperada visita.

Evangelina serviu a água fluida que estava sobre a mesa, repondo as vibrações positivas para cada alma de acordo com suas necessidades. Marisa era quem mais chorava, suas lágrimas desciam com um misto de remorso e alívio por ter tido a oportunidade de ouvir Sabrina. Embora absorvesse cada palavra sábia da visitante, sentia-se envergonhada. Não havia dúvida em seu coração, aquela bondosa visita era Sabrina.

Capítulo cinquenta e dois

Enfim, a paz

Sabrina ficou por alguns minutos imobilizada pelas energias fluídicas da passagem entre o mundo material e o espiritual. Quando usamos um médium para comunicação, há sempre esse efeito em ambas as partes. Patrícia também se encontrava adormecida. Todos esperaram pacientemente que seus reflexos voltassem.

Enquanto isso, Evangelina fez as preces, findando a reunião. Marisa se agarrou ao filho, chorando compulsivamente. Leandro, também emocionado, silenciou, deixando apenas os sentimentos verdadeiros fluírem em lágrimas. Quando tudo se acalmou e todos estavam mais refeitos, Evangelina elucidou os acontecimentos.

— Bem, meus queridos, todos conseguiram perceber de quem se tratava?

Marisa, afrouxando o abraço do filho, se pronunciou:

— Era Sabrina? Era Sabrina?

— Sim, minha querida, era nossa amada Sabrina. Ela há muito tem trabalhado para ver esta família toda reunida – disse Evangelina.

Quanto mais ela proferia as palavras, mais Marisa chorava. Evangelina aproximou-se gentilmente de Marisa e segurou suas mãos trêmulas.

— Ela quer o seu bem, dona Marisa. Aceite os fatos de sua vida, assim será menos penoso, digo até mais harmonioso.

Marisa soluçava. Patrícia trouxe lenço de papel e aproveitou para abraçar a mãe.

— Oh, minha filha, você me perdoa por tudo o que lhe causei?

— Claro, minha mãe. O que importa é a senhora ter certeza de que era Sabrina.

— Não apenas tive certeza como pude sentir sua presença.

Marisa, ainda muito confusa e debilitada, pediu que Maurício e Cléo se aproximassem. Eles atenderam de pronto. Marisa pegou a mão de cada um e disse, com a voz entrecortada:

— Me perdoem... Por misericórdia, me perdoem.

Não tinha quem não tivesse se emocionado com a sinceridade da alma daquela criatura. Cléo e Maurício a abraçaram sem dizer nada. Marisa, mesmo muito confusa e sem entendimento da doutrina espírita, sentiu que havia uma razão, uma explicação para tudo o que sentiu. Lamentou-se por muitas vezes ter sido tão ignorante com Sabrina. Mas, como diz Evangelina, devemos nos inteirar aos poucos sobre essa abençoada doutrina, pois, apesar de para alguns serem ensinamentos simples de se colocar em prática, para os leigos eles são complexos.

Com o passar do tempo, Marisa foi sentindo, gradativamente, os ensinamentos do espiritismo. Não faltava a uma reunião na casa de Evangelina. E realmente, aos poucos, se fez uma grande família.

Sabrina pôde seguir seu caminho na senda da evolução dos irmãos que chegavam à sua pátria precisando de auxílio. Seu amor por Leandro continuou bem guardado em sua existência. Ela esperaria o tempo que fosse preciso para revê-lo.

Mas posso dizer que não é fácil entender como foi a história de nossa Sabrina. É preciso cultivar um amor sincero, puro e de total desprendimento de valores que os encarnados tanto cultivam, entre eles o egoísmo. Com a ajuda de Sabrina pude abordar o suicídio. Por mais difícil que sejam vossas provações, garanto que ceifar a existência não é, e nunca será, a solução. As orações de todos os dias são um grande tesouro a si mesmos e à evolução da humanidade. Não importa a religião ou o credo que cada um segue. O que importa mesmo é amar a Deus sobre todas as coisas e a teu próximo como a ti mesmo.

Gostaria também de elucidar que os trabalhos dos irmãos do lado de cá são imensos e incessantes, na busca de trazer entendimento e desviar pensamentos negativos cultivados por milhões e milhões de irmãozinhos que cogitam buscar alívio para seus problemas exterminando sua vida corpórea. Reflitam muito sobre isso, pois nosso Criador nos perdoa e nos oferece muitas oportunidades de corrigir nossos erros, mas ceifar a vida, para Ele, é imperdoável... Pensem nisso sempre que se encontrarem em aflição. Lembrem-se de que só as preces sinceras é que nos levam a um caminho melhor.

Um grande abraço...
Alexandre Villas

Romances do espírito Alexandre Villas
Psicografia de Fátima Arnolde

O diário de Sabrina

Leandro e Sabrina se amam desde a época da escola, mas enfrentam uma série de dificuldades para viver esse amor, incluindo a mãe possessiva do rapaz e a irmã invejosa da moça. Uma história emocionante, repleta de desencontros e reencontros e que mostra a verdadeira força do amor.

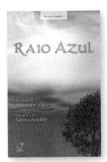

Raio Azul

O renomado pintor Raul nasceu no Brasil mas foi ainda pequeno para a Espanha. Ao se tornar adulto, algo inexplicável o impulsiona a voltar à sua terra natal. Aqui chegando, reconhece em um quadro uma mulher misteriosa que o persegue em suas inspirações. Uma história arrebatadora!

Quando setembro chegar

Silvana sai da Bahia rumo a São Paulo para crescer na vida. Ela e Sidney se tornam grandes amigos e fazem um pacto por toda a eternidade. Um belo romance, que nos ensina que somos os roteiristas da nossa própria história e evolução.

Por toda a minha vida

A família D'Moselisée é respeitada pela sociedade francesa por seus famosos vinhos. Contudo, não podem desfrutar desse conforto porque o pai acha desperdício receber amigos. Este romance nos traz uma linda história de reencontros de almas afins em constante busca de aprendizado.

Enquanto houver amor

O médico Santiago e Melânia formam um casal feliz de classe média alta. Mas Melânia desencarna em um acidente, e a família começa a viver momentos tormentosos. Um romance que nos ensina que o verdadeiro amor supera todas as dificuldades.

Uma longa espera

Laura, moça humilde, envolve-se com um rapaz de classe alta. Como sabia que os pais dele jamais aceitariam, ao engravidar, decide terminar o romance. Devido a complicações durante a gestação, ela desencarna assim que os gêmeos nascem. Antes de partir, ela pede que sua grande amiga Isabel cuide das crianças. Assim começam suas aflições.

Memórias de uma paixão

Mariana é uma jovem de 18 anos que cursa Publicidade. Por intermédio da amiga Júlia, conhece Gustavo, e nasce uma intensa paixão. Até Gustavo ser apresentado para Maria Alice, mãe de Mariana, mulher sedutora, fútil e egoísta. Inicia-se uma estranha competição: mãe e filha apaixonadas pelo mesmo homem.

Envolventes romances do espírito Margarida da Cunha com psicografia de Sulamita Santos

Pronto para recomeçar

João Pedro é um menino calado e estudioso e que sonha ter uma banda de rock. Vivendo em um lar sem harmonia com a mãe carinhosa e o pai violento, ao entrar na adolescência, começa a se envolver com drogas. Uma história com ensinamentos valiosos sobre a vida após a morte e sobre nossas batalhas cotidianas.

Um milagre chamado perdão

Ambientado na época do coronelismo, este romance convida-nos a uma reflexão profunda acerca do valor do perdão por intermédio de uma emocionante narrativa, na qual o destino de pessoas muito diferentes em uma sociedade preconceituosa revela a necessidade dos reencontros reencarnatórios como sagradas oportunidades de harmonização entre espíritos em processo infinito de evolução.

O passado me condena

Osmar Dias, viúvo, é um rico empresário que tem dois filhos – João Vitor e Lucas. Por uma fatalidade, Osmar sofre um AVC e João Vitor tenta abreviar a vida dele. Contudo, se dá conta de que não há dinheiro que possa desculpar uma consciência ferida.

Os caminhos de uma mulher

Lucinda, uma moça simples, conhece Alberto, jovem rico e solteiro. Eles se apaixonam, mas, para serem felizes, terão de enfrentar Jacira, a mãe do rapaz. Um romance envolvente e cheio de emoções.

Doce entardecer

Paulo e Renato eram como irmãos. Amigos sinceros e verdadeiros. O primeiro, pobre e o segundo, filho do coronel Donato. Graças a Paulo, Renato conhece Elvira, dando início a um romance quase impossível.

À procura de um culpado

Uma mansão, uma festa à beira da piscina, e, de madrugada, um tiro. O empresário João Albuquerque de Lima estava morto. Quem o teria matado? Os espíritos vão ajudar a desvendar o mistério.

Desejo de vingança

O jovem Manoel apaixona-se por Isabel. Depois de insistir, casam-se mesmo ela não o amando. Mas Isabel era ardilosa e orgulhosa. Mais tarde, envolve-se em um caso de traição conjugal com desdobramentos inimagináveis para Manoel e os dois filhos.

Laços que não se rompem

Margarida, filha de fazendeiro, conhece Rosalina, filha de escravos, e ambas passam a nutrir grande amizade. Um dia, a moça se apaixona por um escravo. E aí começam suas maiores aflições.

Livros de Elisa Masselli

Deus estava com ele

Walther é um jovem que mora no exterior, tem uma boa profissão e uma vida tranquila. Após a morte de sua mãe, descobre segredos que o fazem tomar uma atitude que muda completamente sua vida, levando-o a repensar conceitos, preconceitos e a conhecer a espiritualidade. Uma história emocionante e repleta de ensinamentos.

As chances que a vida dá

Selma leva uma vida tranquila em uma pequena cidade do interior. O reencontro inesperado com uma amiga de infância traz à tona todo o peso de um passado que ela não queria recordar, e toda a segurança de seu mundo começar a ruir de um dia para o outro. Que terrível segredo Selma carrega em seu coração? Neste livro, vamos descobrir que o caminho da redenção depende apenas de nós mesmos e que sempre é tempo de recomeçar uma nova jornada.

Apenas começando

Ao passarmos por momentos difíceis, sentimos que tudo terminou e que não há mais esperança nem um caminho para seguir. Quantas vezes sentimos que precisamos fazer uma escolha; porém, sem sabermos qual seria a melhor opção? Júlia, após manter um relacionamento com um homem comprometido, sentiu que tudo havia terminado e teve de fazer uma escolha, contando, para isso, com o carinho de amigos espirituais.

Não olhe para trás

Olavo é um empresário de sucesso e respeitado por seus funcionários. Entretanto, ninguém pode imaginar que em casa ele espanca sua mulher, Helena, e a mantém afastada do convívio social. O que motiva esse comportamento? A resposta para tal questão surge quando os personagens descobrem que erros do passado não podem ser repetidos, mas devem servir como reflexão para a construção de um futuro melhor.

Impressão e acabamento:

tel.: 25226368